JN099290

民事判例 *25*
2022年前期 現代民事判例研究会編

日本評論社

民事判例 25——2022 年前期　目次

本号の対象裁判例について　2

第 1 部　最新民事裁判例の動向

取引裁判例の動向……………………………………………………………………… 谷江陽介　3
担保裁判例の動向……………………………………………………………………… 大澤慎太郎　15
不動産裁判例の動向…………………………………………………………………… 田中淳子　18
不法行為裁判例の動向………………………………………………………………… 石井正人　25
家族裁判例の動向……………………………………………………………………… 合田篤子　42

第 2 部　最新専門領域裁判例の動向

環境裁判例の動向……………………………………………………… 桑原勇進・島村　健　49
医事裁判例の動向……………………………………………………………………… 手嶋　豊　59
労働裁判例の動向……………………………………………………………………… 小鍛冶広道　64
知財裁判例の動向……………………………………………………………………… 城山康文　77

第 3 部　注目裁判例研究

取引 1 —— 宅地建物取引業法に違反する名義貸しおよび利益分配の合意の効力
　　　　（最三判令 3・6・29）…………………………………………………… 片山直也　86

取引 2 —— 家賃債務保証業者が定めた無催告解除権と明渡しみなし権限等を付与する条項への
　　　　消費者契約法 8 条 1 項 3 号・10 条の適用と 12 条 3 項に基づく差止請求の可否
　　　　（大阪高判令 3・3・5）………………………………………………… 中野邦保　90

担　保 —— 根抵当権の実行により開始された担保不動産競売における被担保債権の債務者に、
　　　　当該被担保債権にも効力が及ぶ免責許可決定がなされた場合において、債務者の
　　　　相続人に目的不動産の買受申出資格が認められた事例
　　　　（最一決令 3・6・21）…………………………………………………… 大澤慎太郎　94

不動産 —— 特優賃マンションの賃貸人が通常損耗等修繕費を借上料から差し引いた転貸人に
　　　　不当利得返還請求等をすることが信義則に反するとされた事例
　　　　（大阪地判平 30・12・5）………………………………………………… 松尾　弘　98

不法行為 1 —— 交通事故による車両損傷を理由とする不法行為にづく損害賠償請求権の
　　　　短期消滅時効の起算点（最三判令 3・11・2）……………………… 白石友行　102

不法行為 2 —— 旧優生保護法のもとで優生手術を受けた被害者の国に対する損害賠償請求権
　　　　の改正前民法 724 条後段による制限——大阪訴訟の展開
　　　　（大阪地判令 2・11・30）………………………………………………… 村山淳子　106

家族 1 —— 負担付き「相続させる」旨の遺言の解釈（大阪地判令 3・9・29）……… 神野礼斉　110

家族 2 —— 後に特別代理人に選任される未成年者の親族が親権者の肩書で行った遺産分割
　　　　協議の効力及び特別代理人の注意義務（東京地判令 2・12・25）…… 水野貴浩　114

環　境 —— 予防原則に基づく条例の規制と憲法 22 条 1 項
　　　　——健全な水循環の保全を目的とした条例に基づく規制対象事業認定処分取消請求事件
　　　　（最三判令 4・1・25）…………………………………………………… 及川敬貴　118

医　事 —— 医療契約に消費者契約法 10 条が適用された事例
　　　　（津地四日市支判令 2・8・31）………………………………………… 高嶌英弘　122

労　働 —— 合意の成立の見込みのない状況下での誠実交渉命令が労働委員会の裁量権の
　　　　範囲を逸脱しないとされた例（最二判令 4・3・18）………………… 沢崎敦一　126

知　財 —— 商標の剥離抹消行為と商標権侵害・不法行為の成否（大阪高判令 4・5・13）… 木村耕太郎　130

今期の裁判例索引　134

●本号の対象裁判例について

　『民事判例 25　2022 年前期』のうち、最新裁判例を紹介・検討する第 1 部、第 2 部、第 3 部では、基本的に、2022 年 1 月〜6 月に公刊された裁判例登載誌に掲載された裁判例を対象としている。

◆「第 1 部最新民事裁判例の動向」で対象とした裁判例登載誌は以下のとおりである(括弧内は略語表記)。それ以降(若しくはそれ以前)の号についても対象としていることがある。なお、前号までの当欄ですでに紹介された裁判例については省略している。また、環境、医事、労働、知財に関する裁判例については、原則として第 2 部の叙述に譲るものとしている。

最高裁判所民事判例集 (民集)	75 巻 4 号〜75 巻 8 号
判例時報 (判時)	2499 号〜2516 号
判例タイムズ (判タ)	1490 号〜1495 号
金融法務事情 (金法)	2177 号〜2188 号
金融・商事判例 (金判)	1631 号〜1643 号
家庭の法と裁判 (家判)	36 号〜38 号（「家族裁判例の動向」のみ）

◆「第 2 部最新専門領域裁判例の動向」では、第 1 部で対象とした上掲の裁判例登載誌を基本としつつ、各専門領域の特性に応じて、裁判例登載誌等の対象が若干変わっている。

「環境裁判例の動向」→上掲の民集、判時、判タのほか、判例地方自治（判例自治）479 号〜485 号を付加。2022 年 1 月〜6 月に裁判所 HP に掲載されたものも含める。
「医事裁判例の動向」→上掲の民集、判時、判タ、金法、金判のほか、2022 年 1 月から 6 月が判決の言い渡し日かつ 2022 年 6 月末日までに HP に掲載された裁判所 HP に掲載されたものも含める。
「労働裁判例の動向」→上掲の民集、判時、判タのほか、労働判例（労判）1253 号〜1263 号、労働経済判例速報（労経速）2465 号〜2481 号を付加。
「知財裁判例の動向」→言渡日が 2022 年 1 月〜6 月であって、2022 年 6 月末時点で裁判所 HP に掲載されたもの、また、行政裁判例（審決取消訴訟の裁判例）も含める。

◆裁判例登載誌の表記は、本文では紙幅の都合により原則として 1 誌のみを表示し、「今期の裁判例索引」において可能な限り複数誌を表示することとした。

◆「第 3 部注目裁判例研究」では、第 1 部、第 2 部の「動向」で対象としたもののうち、とくに注目すべき裁判例をとりあげ、検討を加えている。なお、「動向」欄では前号までに紹介済みとして省略した裁判例であっても、今期対象とした裁判例登載誌等にも登場したものについては、第 3 部で検討する対象に含めている。

本書の略号

民集	：最高裁判所民事判例集	金判	：金融・商事判例
集民	：最高裁判所裁判集民事	家判	：家庭の法と裁判
裁時	：裁判所時報	判例自治	：判例地方自治
訟月	：訟務月報	労判	：労働判例
判時	：判例時報	労経速	：労働経済判例速報
判タ	：判例タイムズ	ほか、雑誌名は通常の略記法に従う	
金法	：金融法務事情		

取引裁判例の動向

谷江陽介　立命館大学教授

現代民事判例研究会財産法部会取引パート

はじめに

　今期の最高裁判例は、1つのみである（→ [7]）。同判決は、宅地建物取引業法3条1項の免許を受けない者が宅地建物取引業を営むために免許を受けて宅地建物取引業を営む者からその名義を借り、当該名義を借りてされた取引による利益を両者で分配する旨の合意について、公序良俗に反して無効であると判断した。宅地建物取引業法の趣旨に着目して公序良俗違反を認めたものであり、注目に値する。下級審裁判例においても、公序良俗・暴利行為にかかわる判決がみられる（→ [8][9]）。

　下級審裁判例の傾向としては、説明義務（→ [19] ～ [21]）、安全配慮義務（→ [24] ～ [27]）といった債務不履行にかかわる判決が比較的多かった（[22]も説明義務の事例であるが、不法行為責任の成否が問われている）。また、信義則（→ [1] ～ [3]）にかかわる判決も出現しており、リース契約に基づくリース料請求が信義則に基づいて制限された事例（[1]）は、リース会社とサプライヤーの顧客との間の私法上の権利義務の内容を考える際に「小口リース取引に係る自主規制規則」を参照している点で、興味深い。その他、保険契約・共済契約における約款の解釈や有効性が問題となった事例も多く出現している点を指摘することができる（→ [37] ～ [40]、[43]）。

　なお、前回までに「取引裁判例の動向」で取り扱われた同一の裁判例については改めて紹介することはしない。

1　信義則

　[1] 大阪高判令3・2・16判時2512号17頁（上告・上告受理申立て）は、リース料の支払請求を信義則に基づいて制限した事例である。事実関係を整理すると、以下の通りである。

　(1) オーダーメイドのゴルフクラブの製作やゴルフレッスン等をしていた個人事業主Yは、平成22年、ゴルフスタジアムAの営業担当者の訪問による勧誘を受け、Aが提供するソフトウェアについて信販会社との間で信販契約を締結するとともに、A－Y間で広告契約（従前契約）を締結し、AがYに対して支払う広告料をもってYの信販会社に対する支払に充てることとした。

　(2) 平成27年6月頃、Yは、従前契約の終了時期にAの営業担当者から、契約の継続についての勧誘を受け、契約を継続することとし、Aとの間で広告契約を締結するとともに、Aが持参したリース会社Xの契約書用紙を用いて、Xとの間でB提供のゴルフスイング解析ソフトのリース契約を締結した。

　(3) Yは、平成27年7月以降平成29年2月まで、Aから本件広告契約に基づいて、リース料相当額の金員の支払があり、これを本件リース契約に基づくXへの支払に充てていたが、平成29年3月からAによる支払が止まると同時に、同月にXに支払うべきリース料を支払わず、期限の利益を喪失した（Aはその後破産手続開始決定を受けた）。

　本件は、上記事実のもとでXがリース料の支払を求めたものであり、この請求が信義則に基づいて制限されるのかが争われた（原審〔京都地判令2・7・17判時2512号28頁〕は、信義則違反を否定した）。本判決は、「Xは、リース会社として、ゴルフスタジアムその他のサプライヤーと業務提携することにより、直接顧客に対する勧誘行為をしたり、自ら全ての事務手続を行ったりすることなく、リース契約を獲得するとの利益を得ているのであるから、サプライヤーの行為について全く責任を負わないと解するのは相当ではない。本件自主規制規則（筆者注：リース事業協会は、平成27年1月21日に「小口リース取引に係る自主規制規則」を制定・施行した。同規則は、苦情を受けたサプライヤーの情報登録、サプライヤーの定期的な管理、サプライヤーと顧客との間の取引行

為の状況を含む一定の事項の確認等を行うことを定めている）は、リース事業協会の内部規制にすぎないものではあるが、……リース会社が遵守すべき業界のルールを対外的に公表したものとして、リース会社とサプライヤーの顧客との間の私法上の権利義務の内容を考えるに当たっても参照されるべきである。……サプライヤーと業務提携して小口リース取引を行うリース会社は、少なくとも本件自主規制規則に定める程度の各施策を講じることを通じて、サプライヤーの顧客に対する不当な勧誘等を防止し、顧客を保護することが私法上も期待されており、これを懈怠したことにより、顧客に不利益が生じたと認めるべき具体的事情が存在する場合には、リース契約が有効に成立している場合においても、リース会社の顧客に対するリース料の請求が信義則上制限される場合があるというべきである」と判示した上で本件事案につきＸとＹの状況を踏まえて詳細に検討した結果、Ｘの態様により顧客に不利益が生じたと認めるべき具体的事情が存するとして、信義則に基づきリース料請求は７割に制限されると判断した（なお、リース契約を特定商取引法９条１項に基づき解除したとのＹの主張に対して、本判決は、Ｙの販売業者該当性を肯定して、同法26条1項の適用除外事由が存するとして、同主張を認めなかった）。

[2] **東京地判令2・1・29**判時2503号33頁（控訴、和解）は、宝飾品等の販売会社Ｙが、Ｘ（昭和7年生まれ）に対し、平成14年7月27日から平成28年3月25日までの間、合計221回にわたり、宝飾品、時計、眼鏡、衣類等を販売し、Ｘが合計6473万2882円を支払った事案において、平成25年12月頃には、Ｘの判断能力は高額な取引をするのに必要な能力という観点からは既に相当程度低下していたものと認めるのが相当であること、ＹのＢ店の店長や同店のレディにおいては、本件取引がＸにとってその生活に通常必要とされる分量を著しく超えた過大な取引であることを認識していたことから、遅くとも平成25年12月時点では、Ｙは「社会通念に照らし、信義則上、Ｘとの本件取引を一旦中断すべき注意義務を負っていた」として、Ｘの請求（不法行為に基づく損害賠償請求）を認容した（Ｘの子Ａは本件取引の継続による損害の拡大を阻止することができる立場にあったとして、過失相殺により3割減額）。

[3] **長野地判令2・11・27**判時2502号43頁（控訴〔棄却〕）は、Ｘが提出した辞任願に基づく座主による解任について、辞任願は日付を空欄にして何らの期限を定めることなく提出したもので宗教法人Ｙの住職の地位を失わせる効力を有しておらず、解

任前にこれを撤回しているとして、ＸがＹの代表役員及び責任役員の地位にあることの確認を求めるとともに、未払給与の支払を求めた事案である。

本判決は、辞任願提出に至る経緯を詳細に検討した上で、辞任願の撤回はＸと宗教法人Ａとの間の紛争解決に向けて積み重ねられてきた枠組みを崩壊させるのみならず、自らの利益になることが実現するや辞任の申請を撤回するという身勝手なものであり、Ｘとの間の紛争解決の調整方針に従ってＸに対する配慮や譲歩をしてきたＹの関係者等に混乱と損害をもたらすものであることを指摘し、「Ｘが作成した本件辞任願はＹの住職の辞任の申請として有効なものであり、信義則によりＸが同申請を撤回することは許されない」として、Ｘの請求を棄却した。

2　意思能力

[4] **仙台高判令3・1・27**判タ1492号89頁（上訴関係不明）は、亡Ａの子であるＹ₁が、Ａの妻である亡Ｂとの間で、Ｂが有するＡの相続に係る相続分を譲り受ける契約（相続分譲渡契約）を締結した（契約時にＢは97歳であった）事案である。Ａの子であるＸらは、Ｂはアルツハイマー型認知症に罹患しており、契約時に意思能力を欠いていたとして、Ａの相続人であるＹらに対し、本件契約の無効確認を求めた（控訴審において、Ａの遺産の2分の1がＢの遺産に属することの確認請求に訴えを交換的に変更した）。

原審（福島地判令元・12・13判タ1492号99頁）は、アルツハイマー型認知症により、重度の記憶障害や理解力の低下等がみられたものの、本件契約時において異常な挙動はみられず、Ｙ₁とＢのこれまでの関係からＢが本件契約を締結するに足る動機があるといった事情に鑑みれば、比較的単純な内容の本件契約の結果を弁識し、判断する能力を欠いていたとまでは認められないとして、Ｘらの請求を棄却した。

これに対して、本判決は、アルツハイマー型認知症に関する医師（鑑定人）の鑑定を踏まえた検討を行った結果、「本件契約締結当時のＢは、相続分譲渡が周囲に与える影響を理解した上で判断を下すことや、自分の判断の理由と経過を周囲に説明することができなかったことはもとより、相続分譲渡に関連する状況と情報を理解すること自体ができなかったと認めることが相当であ」り、「本件契約当時のＢにＡの相続に係る自己の相続分をＹ₁に無償譲渡するという意思表示のために必要とされる意思能力がなかった」ことから本件契約は無効であるとして、

Xらの遺産確認請求を認容した。

3 法律行為

(1) 法律行為の解釈

[5] 東京地判令2・11・6判時2501号87頁（確定）は、人材派遣を業とするXが、医療法人Yとの間で締結した人材紹介取引契約に基づき、Aの紹介手数料（156万6000円）を求めた事案である。本件契約には、Yの都合により内定を取り消した場合、Xに手数料を支払う旨の定めが置かれていた（2条6項）。本件では、Aの履歴書や職務経歴書に年齢や入学・卒業年度の間違いがあったこと等を理由にYがAの内定を取り消したことが、Yの都合による内定取消しといえるのかが争われた。

本判決は、履歴書と職務経歴書の誤記や齟齬・矛盾のある記載については、経歴詐称等の悪質な意図に出たもの、虚偽の経歴を意図的に記載したものとまでは認められず、「本件においてYがAの採用内定を取り消した事由は、採用内定当時知ることができず、また知ることが期待できないような事実であったとはいえず、……解約権留保の趣旨、目的に照らしてみたときに、Yの内定取消しが、客観的に合理的で社会通念上も相当なものとまではいえない。……内定取消しについては、本件契約2条6項にいうYの都合による内定取消しに当たるものとして、紹介手数料の支払を免れないものと解するのが相当である」として、Xの請求を認容した。

[6] 東京地判令3・6・7判時2504号102頁（控訴）は、医療法人Yの出資持分を有する社員であったXが、Yを退社したと主張して、出資金返還を請求した事案である。Yの定款に、社員の資格喪失事由として除名、死亡、退社を掲げる規定（第7条）に加えて、「前条に定める場合の外やむを得ない理由のあるときは、社員はその旨を理事長に届け出て、その同意を得て退社することができる」（第8条）旨の規定が置かれていた。本件では、Yの理事長はXの退社に同意したことはなかったところ、Xの退社に理事長の同意が必要なのか否かが争われた。

本判決は、Y設立時にはごく少数の者が多額の持分を有していたことから、Yの存立が直ちに危うくなるような社員による自由で一方的な意思表示による退社及びこれに伴う持分の払戻しを認容する規定を置いたとは俄かに考え難いとして、「本件定款は、出資持分の払戻しを伴う社員資格の喪失については、一定の要件の下に制限的に認めることとするものであると解するのが合理的であ」り、退社につ

いては、第8条の要件を充足することが常に必要であって、同条は「前条に定める場合の外」との文言にかかわらず、第7条に規定する退社についての手続を定めた規定であると解するのが相当であると判示した。その上で、本件においては、Yの理事長の同意があったとは認められないことから退社の事実は認められないとして、Xの請求を棄却した。

(2) 公序良俗・暴利行為

[7] 最三判令3・6・29民集75巻7号3340頁は、宅地建物取引業法3条1項の免許を受けない者が宅地建物取引業を営むために免許を受けて宅地建物取引業を営む者からその名義を借り、当該名義を借りてされた取引による利益を両者で分配する旨の合意について、同法12条1項（無免許事業等の禁止）及び13条1項（名義貸しの禁止）に違反し、同法の採用する免許制度を潜脱するものであって反社会性の強いものであるとして、公序良俗に反して無効であるとした。本判決については、注目裁判例研究・取引1（片山直也教授）参照。

[8] 大阪地判令2・10・19判時2511号98頁（控訴〔後訴え却下〕）の事案は、以下の通りである。会社X（ガールズバーやキャバクラ店を経営）は、その業務内容の中心が男女間の接待であり、従業員が私的交際を行うと担当する客が離れてしまって損失が発生し、店舗の風評被害、従業員の友達の退職等の被害が予想されることを理由として、全従業員に対し、私的交際の絶対禁止とそれに違反した場合の違約金（200万円）の支払を内容とする同意書への署名を求めていた。Xと雇用契約を締結し、本件同意書に署名したYは、本件同意書に記載の私的交際しない旨の約束に違反して、系列店の副店長と交際を開始した。そこで、Xは、違約金の支払を求めた。

本判決は、本件同意書について、「労働契約の不履行について違約金を定めたり、損害賠償額を予定する契約をしたりすることを禁じた労働基準法16条に違反しており、無効である」とした上で、「人が交際するかどうか、誰と交際するかはその人の自由に決せられるべき事柄であって、その人の意思が最大限尊重されなければならないところ、本件同意書は、禁止する交際について交際相手以外に限定する文言を置いておらず真摯な交際までも禁止対象に含んでいることや、その私的交際に対して200万円もの高額な違約金を定めている点において、被用者の自由ないし意思に対する介入が著しいといえるから、公序良俗に反し、無効というべきである」と判示して、Xの請求を棄却した。

[9] 神戸地洲本支判令3・3・11判時2509号58頁（確定）は、自動車事故で死亡したAの配偶者Xが、行政書士Yとの間で、本件事故に係る自動車損害賠償責任保険の請求事務を委任する契約を締結した事案である。本件契約には、「請求事務に関係する書類の増大・複雑多様・難易等保険金請求事務としての特殊性に鑑み」保険会社等よりXに支払われた保険金等の金額の10％を支払うものとする旨の条項（本件報酬条項）が定められていた。Yは、本件契約に基づき、保険会社に対して本件事故に係る自賠責保険の被害者請求を行い、保険会社は、Xに対して自賠責保険金（3000万7790円）を支払った。その後、Yは、Xに対して本件契約に基づく報酬として300万円の支払を請求し、Xは同報酬として300万円を支払った。上記経緯のもとで、Xは、本件条項に基づきYが300万円を受領したことは暴利行為であるとして、不法行為に基づいて損害賠償を請求した。

本判決は、Yが記入をしたのは関係者の住所氏名等の情報や、振込先口座の情報といった形式的な内容に過ぎないという事務の性質によると、YはXの自賠責保険の請求に関する経験や知識の乏しさに乗じて著しく過大で業務に見合わない報酬を受領したものといわざるを得ないとして、Yが本件条項に基づいてXから300万円を受領したことは暴利行為であり、不法行為が成立すると判断した。その上で、日本行政書士連合会が調査した自賠責保険請求の報酬（最頻値は10万円）の実態を踏まえて、Xに生じた経済的損害を290万円と評価した。

(3) 錯誤

[10] 東京地判令2・1・27判タ1492号237頁（控訴）は、いわゆる不動産サブリース取引において、建物の所有者Xと不動産の賃貸・管理等を目的とする会社Yとの間で、建物メンテナンスに関する旧契約を合意解除し、新たな契約を締結した事案であり、契約の変更点についてXに錯誤が生じたか否か（①長期修繕保証金の取扱いに関する錯誤、②修繕費用積立金の性質に関する錯誤、③修繕業務の履行時期に関する錯誤）、Xが自己の負担によりメンテナンス業務を行うとする契約書の規定が公序良俗違反に当たるか否かが争点となった。

錯誤に関して、契約書の記載やYからの説明によればXの誤信は認められず（①及び②）、Xは修繕義務の履行時期（本件修繕目安表に記載された時期）はあくまでもおおよその目安であると認識して本件契約を締結したと認められ、その時期にYが必ず修繕業務を実施すると誤信して本件契約を締結したとは認められないとした（③）。その上で、公序良俗違反に関して、本件契約はYにおいて修繕業務を行う原則を定めて、例外として、本件規定によりYが客観的に必要性がないと判断するものについては、Xにおいて修繕等を行うべきことを定めたものにすぎず、本件規定には一定の合理性があるとして、Xの請求を棄却した。

(4) 詐欺

[11] 東京高判令3・1・29判時2508号10頁（上告・上告受理申立て）は、指定暴力団の構成員を含むグループによって行われた特殊詐欺行為（息子になりすまし金員をだまし取る詐欺行為）につき、当該指定暴力団の指定暴力団員としての地位と資金獲得行為とが密接に結び付いており、暴力団員による不当な行為の防止等に関する法律（暴対法）31条の2の「威力利用資金獲得行為」を行うについてされたものであるとして、同条に基づく指定暴力団の代表者等の損害賠償責任を認めた。同様に暴対法31条の2に基づく代表者等の責任が認められたものとして、[12] 東京高判令3・3・22判時2513号12頁（上告・上告受理申立て〔不受理〕）、[13] 東京地判令3・2・26判時2514号43頁（控訴〔後和解〕）がある。

(5) 代理

[14] 東京地判令3・8・25金判1634号10頁（控訴〔後確定〕）の事案は、以下の通りである。X（フィリピンの会社）は、詐欺グループによって改ざんされた送金先情報に基づき、銀行Yに開設された口座に送金させられた結果（銀行Aに対しB経由で送金依頼がなされた）、金員を詐取されたとして、①主位的に、受取人の特定に当たり、YがXとの間の準委任契約に基づく善管注意義務の内容である調査確認を怠った債務不履行責任、②予備的に、Yの担当職員が受取人の特定のための調査確認をすべき注意義務を怠った不法行為責任に基づき損害賠償を請求した。

本判決は、Xの請求を棄却した。①について、送金依頼人Xとその委託を受けた仕向銀行であるAとの関係、Aと被仕向銀行であるB及びYとの関係はそれぞれ別個の委任契約関係であり、しかも、被仕向銀行であるB及びYは、それぞれ、A及びBとの間の各委任契約の履行として、自己の名において振込事務の処理を行ったにすぎず、YをA又はBの代理人と解することはできないから、YはXに対する関係で復代理人としての性格を有する地位にはない

ため、旧民法107条2項（現行法106条2項）を類推適用するのは相当ではなく、XとAとの間の送金委託契約上の善管注意義務と同様の義務を負わないと判断した。次に、②について、受付票において指定された受取人の口座と被仕向銀行であるYの支店に実在する本件口座とは社会通念上同一であると認められ、受取人の特定として足りている上に、それによって特定された受取人の口座は送金依頼人の指定とも一致していること、Yの支店で本件送金を担当した職員による受取人の口座名義人の本人確認等の事務にも不合理な点は認められないことから、本件口座に入金処理をすることなくAやB等に照会して受取人の特定に関する調査確認を行うべき義務を負っていたとはいえないと判断した。

4 消滅時効

[15] 大阪地判令3・9・16金判1639号30頁（控訴）は、求償債務の債務者の相続人であるXが、債権者Yに自らの法定相続分を超える額を支払った後に、他の相続人について消滅時効が完成したため、超過額の支払は存在しない債権に対する弁済であったとして、不当利得返還請求権に基づき超過額の返還を求めた事案である。

本判決は、Xが他の相続人の債務について併存的債務引受をしたと認定した上で、「消滅時効の援用によって債務が遡及的に消滅した場合、その効果は、債権の効力のうち、未履行の債権について任意の履行を求めることができる請求力や、これを強制的に実現することができる訴求力などを否定し、債権者が債務者に債権を行使することができなくなるものではあるが、消滅時効が完成しないうちにされた債権への弁済の給付保持力を否定する効果までは生じるものではな」く、旧民法439条の文言・趣旨からも、消滅時効の効果にすら含まれない給付保持力の否定という効果を同条に認める余地はないとして、Xの請求を棄却した（なお、他の相続人について消滅時効が完成したため、Xは他の相続人に求償できないところ、弁済の都度、他の相続人に求償すれば足りたのであるから、Yに対する不当利得返還請求が認められなかったとしても何ら不公平な結果が生じるわけではない旨指摘する）。

[16] 大阪地判令3・11・11金判1638号41頁（上訴関係不明）の事案は、以下の通りである。会社Yの代表取締役であったAは、Yの借入債務を代位弁済してYに対する求償債権を取得した信用保証協会Xに債務承認書を差し入れた。この債務承認書は、

Yにみなし解散の規定が適用されて清算手続が開始された後に差し入れられたところ、債務承認書の肩書は「Y代表清算人A」ではなく、「Y代表取締役A」であったため、これがYの債務承認として、Xの求償債権の消滅時効を中断する効力があるのかが争われた（なお、Xに対する債務についてA個人もYの連帯保証人となっていた）。

本判決は、債務承認書には、債務者としてY本店所在地と商号が記載されていた上に、客観的には誤りであったものの「代表取締役」との記載もされていたのであるから、Yの代表者としてされたものであると認められるだけでなく、Yの名下の押印がA個人を指す名義の印鑑によるものであったとしても、Yは同承認書が差し入れられた時点で既に12年以上にわたって新たな登記もされていない休眠会社であったこと、同承認書以前に差し入れられた債務承認書においても個人名義の印鑑による押印がされていたことをも勘案した結果、A個人としての債務承認ではなくYの債務承認として、Xの求償債権の消滅時効を中断する効力があると判断した。

5 債務不履行

(1) 債務不履行一般

[17] 京都地判令3・3・26判時2512号60頁（確定）の事案は、以下の通りである。Xは、診療所Yに分娩のために入院し、無痛分娩のための腰椎麻酔を受けた後に心肺停止状態となり、その後心拍が再開したものの、心肺停止後症、低酸素脳症等の障害を負った。また、重症新生児仮死の状態で出生したAは、新生児低酸素性虚血性脳症等の障害を負い、本件訴訟係属中に死亡した。そこで、Xは、Xの障害及びAの障害・死亡は麻酔担当医の注意義務違反によるとして、債務不履行に基づいて損害賠償を請求した。

本判決は、Xの請求を認容した。Aの死亡について、Aは後遺障害等級1級の重篤な障害を有しながら約6年間生命を維持し、その後、死亡するに至ったものであるところ、症状固定後も自発呼吸はなかったこと等、症状の重大さに鑑みれば、本件注意義務違反により発生した後遺障害等級1級の障害が悪化したことにより死亡したものというべきであるとして、本件注意義務違反との因果関係が認められると判断した。

[18] 大阪地判令3・7・16金判1637号24頁（控訴）は、Xら（通信制教育支援施設等の学習塾の運営者ら）が、広域通信制課程を有する本件高等学校を設置し

ていたYに対し、学校の閉鎖を巡り損害賠償を請求した事案である。本判決は、広域通信制課程の新年度生徒募集の停止及び本件学校の廃止認可申請・閉校に至った重大要因として、スクーリングに関する法令違反（本来本校で行うべきスクーリング・レポート・テストの多くの部分を本校で行っていなかった）、教員体制の問題、就学支援金詐欺等の数々の不祥事があり、これらはXらとの間の基本契約の債務不履行に当たるとして、Xらの請求を認容した。

(2) 説明義務

[19] 東京高判令3・10・27判時2516号51頁（上告・上告受理申立て）の事案は、以下の通りである。Xは、Yの運営する介護老人保健施設と施設利用契約を締結して入所していた際、本件施設所属の介護支援専門員及び支援相談員に施設利用料金の負担を軽減する方法について度々相談したのに、低所得者が施設利用料金の自己負担額の軽減を受けられる介護保険負担限度額認定制度の説明を受けられなかったために、本件制度を利用することができず、その結果、本件制度を利用していれば軽減されたはずの施設利用料金相当の損害を被ったとして、債務不履行又は不法行為に基づいて損害賠償を請求した。原審（東京地判令3・3・12判時2516号56頁）は、本件制度については介護保険法にその根拠を有し、市町村等が行うものであって、施設利用契約の内容となるようなものではないから、契約当事者における情報の偏在等が問題になる場面とはいい難く、消費者契約法の趣旨を根拠に本件制度の説明義務を基礎づけることはできないとして、Xの請求を棄却した。

本判決は、介護保険法2条3項の趣旨について、被保険者の所得等の経済的な環境に応じた介護サービスが提供されることを確保することにあり、本件制度に係る情報は低所得者の被保険者にとって極めて重要な事項であるという点を出発点とする。その上で、「介護保険施設の開設者ないしその介護支援専門員等において、低所得者である被保険者から介護サービスの費用負担を軽減する公的な制度の有無や内容について相談を受けながら本件制度に係る保険給付について説明せず、その結果、当該被保険者が、本件制度を利用することができず、本件制度を利用する場合の自己負担額を超えて当該契約の利用料金の全額を支払うことになった場合には、当該介護保険施設を運営ないし開設する者は、被保険者の利用料金の支払額という契約の要素に当たる重要な事項について説明を怠り、施設利用契約締結に付随

する信義則上の義務に違反して当該被保険者に財産的損害を与えたものとして、当該被保険者に対して債務不履行責任又は不法行為責任」を負うと判示して、Xの請求を認容した（Xの長女Aは、他の方法〔介護保険給付の実施主体である区の介護保険課への相談等〕によって本件制度を知ることができたとして、過失相殺により3割減額）。

[20] 東京高判令2・7・22判タ1493号64頁（上告、上告受理申立て）の事案は、以下の通りである。Xは、幼少期から亡A医師により自閉症の診断を受け、自閉症の治療法としては未確立であるが、同医師らが提唱していた治療法である少量L-DOPA（ドーパミンの前駆物質）療法を受けていた。Xは、Aの相続人Yに対し、AがXの両親に対し同療法について医師として必要な説明をしなかったとして、債務不履行又は不法行為に基づいて損害賠償を請求した。原審（東京地判令元・10・17判時2456号65頁）は、Aの説明義務違反を認めた上で、これによりXに身体的損害が発生したとは認められないものの、Xの自己決定権を侵害したとして慰謝料（300万円）の賠償を認めた。

これに対して、本判決は、「説明義務違反があっても、患者に有害事象が発生しなかった場合には、説明義務違反と精神的損害との間に相当因果関係はないと解するのが相当である。そのように解しなければ、説明義務違反による損害賠償請求権が際限なく拡大してしまい、診療契約を基礎として生ずる債権的利益を超えるものといえるからである」として、Xの請求を棄却した。

[21] 東京地判令3・9・17金判1640号40頁（確定）は、Xが高齢であることから、自身の認知症や死亡等に備える手段として信託を利用することを考え、司法書士Yとの間で、自らを委託者兼受益者とし、二男Aを受託者とする信託契約に係る契約書の案文の作成、当該契約に係る公正証書の作成手続の補助、信託財産に属する不動産に係る信託の登記申請手続の代理、信託財産に属する金銭を預け入れる受託者名義の預金口座の開設の支援等をYに委任する契約を締結した事案である。Xは、これらの債務を履行しなかった債務不履行責任、信託内融資及び信託口口座の開設を受けられないというリスクが存することを説明すべき信義則上の説明義務に違反した不法行為責任に基づき、損害賠償を請求した。

本判決は、債務不履行責任を否定した上で、信託契約を締結しても信託内融資及び信託口口座の開設を受けられないというリスクが存するという実情については、公刊物等により把握可能なものである上、

Ｙは日司連、民事信託推進センター等により実施されたシンポジウム・研修等に参加することにより、このような実情に関する詳細な情報を入手することが可能であったこと、Ｘは民事信託の知識が乏しく、信託契約を締結した経験もなかったことから、Ｙは「信託契約を締結しても信託内融資及び信託口口座……の開設を受けられないというリスクが存することを説明すべき義務を負っていた」として、Ｘの請求（不法行為に基づく損害賠償請求）を認容した。

[22] 大阪地判令３・３・26 判時 2500 号 75 頁（控訴）は、地方公共団体Ｘが、都市計画道路の地下トンネルの建設を計画し、トンネル工事の設計等の専門会社Ｙに地下トンネルの一部の設計を委託したところ、Ｙが設計した立坑が滑動・転倒するおそれがあることを説明すべき義務を怠ったとして、不法行為に基づいて損害賠償を請求した事案である。

本判決は、Ｙには本件各立坑の開削時における滑動・転倒を防止するためには、本件連壁による支保のみでは十分ではないことを明確に説明する義務があったにもかかわらず、この点を説明しなかった結果、当初の計画どおりの工法を採用できず損害が生じたと判断した。その上で、ＸとＹの注意義務違反が順次競合して損害が発生しており、支保工事の要否及び方法を調整する役割は専らＸが担っていたこと、専門業者から本件各立坑に支保工事を行う必要があると再三指摘されており、本件各立坑が滑動・転倒することによって本件開削区間の開削工事に生じる危険の大きさも踏まえるとＸは上記調整的役割を果たすことが強く求められていたこと等から、8割の過失相殺をした。

(3) 告知義務

[23] 東京地判令３・10・27 金判 1640 号 28 頁（控訴）は、会社Ｙから X（台湾の現地法人）が設立する会社Ａに対して事業譲渡をする旨の契約締結交渉がなされた際に、Ｙの役員又は従業員には、Ｘに対し、カルテルとして摘発されるおそれのある事業者の会合（マーケット研究会）への参加行為について告知する義務はないとして、不法行為責任を否定した（なお、事業譲渡後、公正取引委員会は、Ａと上記会合に参加していた同業者に対し、独占禁止法７条２項に基づき、今後販売価格を共同して決定してはならない旨の排除措置命令を発している）。その理由として、告知義務が発生するためには、少なくとも、同会合においてカルテルとして摘発されるおそれのある価格の合意等の具体的な行為を認識したことが必要というべきであるところ、同会合に参加していた

Ｙの役員にこのような事情は認められないという点を挙げている。

(4) 安全配慮義務

[24] 福岡高判令２・12・９判時 2515 号 42 頁（確定）は、Ｙ（国）の設置する防衛大学校に２学年時まで在校し、その後退校したＸが、在校中に防衛大の８人の在校生から暴行・強要等の加害行為を受けたことに関し、Ｙの履行補助者である防衛大の教官が適切な指導を行わなかったことについて安全配慮義務違反があるとして、債務不履行に基づいて損害賠償を請求した事案である。

原審（福岡地判令元・10・３判時 2455 号 16 頁）は、「Ｘが、１年余りの長期間にわたって、複数の者から異なった暴行等の被害を受ける中で、教官らにおいて、……学生間指導の在り方を是正するなどの対応をとることが望ましかったということがいえるものの、本件当時の具体的状況等に照らすと、本件各行為が発生する具体的な危険性があったとは認められず、教官らにおいて、本件各行為の端緒を認識し、その発生を予見するなどして、本件各行為を回避することは困難であった」として、安全配慮義務違反を否定した。これに対して、本判決は、「Ｙ又は指導教官らが安全配慮義務を怠ったと認められるか否かについては、……学生間指導の実態やこれに対する防衛大の取組の状況を踏まえて判断するのが相当である」として、上記観点から各加害行為について検討した結果、安全配慮義務違反を肯定した。

[25] 松山地宇和島支判令２・11・13 判タ 1490 号 222 頁（控訴）は、潜水士Ｘが、潜水して養殖いけすと海底のアンカーとをロープでつなぐ等の潜水作業（補修作業）をして減圧症にり患したとして、注文主Ｙ₁（漁業協同組合）に対して雇用契約類似の法律関係における安全配慮義務違反（債務不履行）又は使用者責任に基づいて、元請人Ｙ₂に対して雇用契約上若しくは請負契約上の安全配慮義務違反又は不法行為に基づいて損害賠償を請求した事案である。

本判決は、Ｙ₁について、ＸとＹ₁との間には雇用契約はもちろん直接の契約関係も存しないところ、ＸはＹ₁による指揮監督を受けておらず、業務に従事する時間等もＹ₁から管理されていないこと、Ｘの作業内容を指定していないことから、ＸとＹ₁との間の社会的接触関係は雇用契約類似のものとまではみることができないとして、Ｙ₁はＸに対して安全配慮義務を負わないとした。

次に、Ｙ₂について、ＸはＹ₂から依頼を受けて

繰り返し潜水作業の下請をしていたところ、Y_2がY_1との間で作業日程や作業方法の調整を行い、XはY_2が指定した日時に、指定された場所で、指定された補修作業に従事していたことから、両者間に実質的な使用従属関係があるとしてY_2のXに対する安全配慮義務を肯定した上で、安全対策上必要な情報の確認、潜水作業計画の策定・作業に立ち会うY_1関係者への周知、再度の潜水が必要な場合の十分な休憩時間の確保等の措置を講じなかったY_2には安全配慮義務違反があると判断した（過失相殺により6割減額）。

[26] 福井地判令3・5・11判時2506=2507号86頁（確定）は、染料・顔料の中間体を製造する工場で従業員として勤務していたXらが、Y経営の工場で稼働していたところ、同工場で使用されていた薬剤に曝露し、膀胱がんを発症したと主張して、雇用契約上の安全配慮義務違反に基づいて損害賠償を請求した事案である。

本判決は、平成13年当時までに、Yが入手していたSDSには本件薬品の経皮的曝露による健康障害（高濃度曝露の場合死亡の可能性もあること等）についての記載があったこと、Yの福井工場副工場長が本件薬品の発がん性を認識していたこと、同年以前からXらを含むY従業員の尿中代謝物において本件薬品が含有されている有機溶剤が高濃度で検出されており、このことをYも認識していたことから、Yは遅くとも同年当時、安全性に疑念を抱かせる程度の抽象的な危惧（予見可能性）を有していたとした。次に、福井工場においては、同年以降もXらを含む従業員が乾燥工程等に従事する際、半袖Tシャツで作業することがあったこと、本件薬品が作業服ないし身体に付着することがあったこと、その場合でも直ちに着替えたり洗い流したりするという運用が徹底されていなかったことから、Yには安全配慮義務違反があったとして、Xらの請求を認容した。

[27] 札幌地判令2・7・31判タ1495号219頁（確定）は、介護施設Yの入所者Aが食事介助中に意識を消失して死亡したため、X（Aの子）が安全配慮義務違反の債務不履行又は不法行為に基づいて損害賠償を請求した事案である。本判決は、Aの経過について、窒息による機序と整合的でなく、意識喪失から死亡に至る原因を窒息とみるには疑問があり、余命が1年程度である疾患（膵癌）を有し、その状態が深刻になって呼吸停止・心停止に至るおそれがあったことからすれば、Aの死因が食事中の窒息にあったとはいえないとした。その上で、仮に食事介助の際に目を離さず少しずつ食べさせて様子を見る

注意義務等の違反があったとしても、こうした過失行為とAの死亡に因果関係を認めることはできないとして、Xの請求を棄却した。

6　贈与

[28] 東京地判令3・8・17判時2513号36頁（控訴）は、司法書士法人Xが、AとBとの間でした死因贈与契約（Aを贈与者、Bを受贈者とするAの全財産をBに贈与する旨の負担付死因贈与契約）において、Aからその執行者に指定されたため、Aが死亡した後、Aが預金契約を締結していた銀行Yに対し、同契約に基づき払戻しを求めた事案である。本件では、普通預金規定において、預金、預金契約上の地位その他当該取引に係る一切の権利及び通帳について、譲渡や第三者に利用させることを禁止する旨の特約（譲渡禁止特約）を定めており、AとYは、預金契約の締結の際に同特約に合意していた。

本判決は、預貯金債権を死因贈与することは債権譲渡に当たるとした上で、本件預金について譲渡禁止特約を締結しているから、原則としてBは本件契約によって本件預金を取得し得ないとした。また、Xによる、死因贈与契約は民法554条により遺贈の効力に関する規定が準用されるから、遺贈と同様に譲渡禁止特約の効力が及ばない旨の主張に対して、「債務者である金融機関が預貯金債権の遺贈について譲渡禁止特約による無効を主張することができないのは、遺贈が、遺言者の遺言という単独行為によってされる権利の処分であって、契約による債権の移転をもたらすものではないことに由来するものである」として、契約である死因贈与という本件事情のもとでは遺贈の規定は準用されないとした。

次に、Yの払戻拒絶が信義則違反に当たるか否かを検討しており、Yが本件預金をXに払い戻した場合、B以外の相続人から権利主張がされることによりYが相続紛争に巻き込まれる危険性があるのに加えて、本件契約が有効でないとしてYのXに対する支払が過誤であると判断される危険性があること、他方で、XはB以外の相続人から払戻しの同意を得ることが可能であったことを踏まえて、Yによる払戻請求の拒絶は信義則に反するとはいえないと判断した。

7　消費貸借

[29] 仙台高決令2・11・17判時2500号66頁（許可抗告〔後抗告不許可〕）の事案は、以下の通りである。

債務者Yと貸付債権者Xは、事業買戻し特約付譲渡契約書（XがYから砂利採取事業の譲渡を受け、事業収益から多額の顧問料の支払と貸付返済を受けて、支払完了時点でYが事業を買い戻す契約）を作成し、準消費貸借契約を締結した。Xは、Yが支払不能及び債務超過であるとして、Yについて破産手続を開始する旨の決定を求めた。

本決定は、本件事業譲渡により、本件事業から長期にわたり一方的で独占的な利益を得ようとする計画の下に、「事業譲渡によるXの利益を破産手続開始の申立てを通じて実現しようとすることは、破産手続を通じて公平な弁済を受けることを目的とするものとは到底解することができず、債権者平等原則のもと債務者の財産等の適正かつ公平な清算を図るという破産法の目的（破産法1条）に反するものと言わざるを得ない」として、本件破産申立てを棄却した。

8　賃貸借

[30] 名古屋高金沢支判令2・9・30判時2500号61頁（上告受理申立て〔後不受理〕）は、ゴルフ練習場の敷地の賃貸借契約が建物所有目的であるとして借地借家法の適用を肯定した。最三判昭42・12・5民集21巻10号2545頁は、ゴルフ練習場を経営するのに必要な事務所用等の建物を築造・所有することを計画していたとしても、反対の特約がある等特段の事情のないかぎり、建物自体はゴルフ練習場に利用するための従たる目的にすぎず、旧借地法1条（現借地借家法2条1号）が定める建物所有目的の賃貸借ということはできない旨判示している。

本件では、上記最判のいう特段の事情が認められるのかが争われたところ、本判決は、本件建物の構造や規模に加え、本件建物の建築費用（総額約2億円）は金融機関からの借入金により賄われ、同債務を担保するために本件各土地にも担保権が設定されていること、本件土地賃貸借契約の契約書上も、本件建物の所有を目的とすること及び借地借家法の適用があることが明示されていることから、上記最判のいう「反対の特約がある等特段の事情」があると判断した。

[31] 東京高判令3・11・4金判1638号13頁（確定）は、段階的な賃料増額合意がされたホテル事業目的の建物賃貸借において賃借人のした賃料減額請求の効力が認められなかった前訴判決（東京高判平27・9・9金法2050号62頁）確定後、賃借人の承継人が提起した賃料減額確認の事案である。

本判決は、前訴確定判決の既判力が及ぶとして、前訴の口頭弁論終結後に生じた事情のみを考慮すべきである旨の賃貸人の主張は採用できないとした。後訴における賃料減額請求の当否及び相当賃料額については、借地借家法32条1項本文所定の各事由だけでなく、契約当事者が本件約定賃料額決定の要素とした事情その他諸般の事情を考慮した上で、承継人主張の基準日における本件約定賃料額が不相当となったか否かを検討すべきであるとし、これらを検討した結果、本件約定賃料額が不相当となったとは認められないと判断した。

9　寄託

[32] 東京地判令2・3・2判時2509号50頁（控訴）は、Yの開設するウェブサイト上で提供される仮想通貨取引に関するサービスを利用するため、Yとの間で同サービスに係る基本契約を締結し、同基本契約によるアカウントを開設していたXが、当該アカウントに第三者からの不正アクセスを受けた取引がなされた結果、仮想通貨（ビットコイン）が外部に不正送付されたとして、ビットコインを寄託の目的物とする寄託契約の債務不履行に基づいて損害賠償を請求した事案である。

本判決は、「寄託契約は、物の保管を目的とする契約であるところ（民法657条）、民法上、物とは有体物のことをいい（民法85条）、有体物とは、空間の一部を占めて、有形的な存在のものをいうと解されるのに対し、ビットコインを含む仮想通貨は、電子的方法により記録される財産的価値にすぎず（資金決済法2条5項1号）、空間の一部を占める有形的なものではないことが明らかである」から、本件ビットコインを寄託の目的物とする寄託契約は成立しないとして、Xの請求を棄却した。

なお、本判決は、予備的請求（ビットコインについて電子情報処理組織を用いたXへの権利移転手続請求）について、登録ユーザーのパスワード管理が不十分であったため第三者が登録ユーザーアカウントのパスワードを盗用したことを原因として登録ユーザーに損害が発生した場合、Yは責任を負わないことを定める規約によってYが免責され、取引の効力がXに及ぶ結果、Xは本件ビットコインを喪失した旨判断した。

10　金融取引

[33] 名古屋地判令3・5・20判時2513号50頁（控訴）は、商品先物取引及び取引所株価指数証拠金取引を業とするYに委託して取引所株価指数証拠金取引を行ったX（会社経営の60歳代の男性）が、Yの従業員らによる本件取引の勧誘について、①適合性原則違反、②説明義務違反、③新規委託者保護義務違反、④指導助言義務違反、⑤実質的一任売買、⑥過当取引に該当するとして、債務不履行又は使用者責任に基づいて損害賠償を請求した事案である。

本判決は、①②⑤についてはYの責任を否定したが、③⑥の責任を肯定し（④については③と同様の主張であるとした）、Xの請求を認容した（過失相殺により4割減額）。以下、①③⑥に関する判示部分を整理する。まず、適合性原則違反（①）について、クリック株365の仕組みには複雑な面があり、Xは本件取引やそれに類似する取引の知識及び経験を有していなかったことを考慮しても、リスクの程度は取引の規模によるものであることに加え、Xの日経平均株価に関する知識、知的能力、投資意向、財産状態に照らせば、Xがおよそくりっく株365の取引を自己責任で行う適性を欠き、取引市場から排除されるべき者であったとはいえないとして、同違反を否定した。次に、新規委託者保護義務違反（③）について、本件取引は相当回数の特定売買及び短期的な売買を含み、注文方法も複雑であったところ、無理のない金額の範囲内での取引を勧め、限度を超えた取引をすることのないように助言するということをせずに、Xにおいて自ら相場判断をなし得ないような、短期間に相応の建玉枚数の範囲を超えた頻繁な取引を勧誘したとして、同義務に違反すると判断した。続いて、過当取引（⑥）について、取引の結果、Xが預託した証拠金合計800万円の約51.6％に相当する金額（約413万円）の手数料が発生しており、Yの従業員は本件取引について支配を及ぼし、Xの信用を濫用して自己の利益を図り、Xの投資知識・経験、投資意向等に照らして過当な取引を勧誘したと認められるとして、過当取引に当たると判断した。

11　その他の契約

(1)　放送受信契約

[34] 東京高判令3・2・24判時2512号8頁（上告・上告受理申立て〔後不受理〕）では、Y（NHK）の放送のみを受信することを不可能にする付加機器の付いたテレビを設置した者（X）は「協会の放送を受信することのできる受信設備を設置した者」に当たるのか、放送法64条1項の要件該当性が争点となった。原審（東京地判令2・6・26判時2512号13頁）は、「放送法は、『協会の放送を受信することのできる受信設備』と明文で規定しているのであって、Yの放送を受信することはできないが民間放送事業者による放送を受信することができる設備であればこれに当たると解するのは、文理上採用できない解釈と言わざるを得ない。放送法における放送二元体制において公共放送を担うYの役割に鑑みても、受信料が一種の負担金の性質を有し、法の定める要件を満たす場合にはYとの間で放送受信契約の締結義務を負わせるという放送法の仕組みに照らせば、明文に反して義務の範囲が広がるような法解釈は、相当とはいえない」として、受信契約締結義務不存在確認の請求を認容した。

これに対して、本判決は、受信契約の強制的締結を認めた最大判平29・12・6民集71巻10号1817頁を踏まえた上で、「『協会の放送を受信することのできる受信設備』とは、Yのテレビジョン放送を受信することのできる受信機としての機能を有する設備と解され、仮に同機能を有するテレビジョン受信機にYの放送のみを受信することを不可能にする付加機器を取り付けるなどして、Yの放送を受信することができない状態が殊更に作出されたとしても、当該付加機器を取り外したり、当該付加機器の機能を働かせなくさせたりすることにより、Yの放送を受信することのできる状態にすることができる場合には、その難易を問わず、当該テレビジョン受信機は上記機能を有するものとして、放送法64条1項所定の受信設備と解するのが相当であ」るとして、Xの請求を棄却した。

[35] 奈良地判令2・11・12判時2512号70頁（控訴）は、受信契約を締結しているXが、Y（NHK）に対し、ニュース放送番組において放送法4条を遵守して放送する義務があることの確認を求めるとともに、上記義務違反に基づいて損害賠償及び慰謝料を請求した事案である。本判決は、同法4条については一般的抽象的な義務ないし基準であって、個々の受信契約者に対して同条を遵守して放送することを求める法律上の権利ないし利益を付与したものとは認められないとして、Xの請求を棄却した。

(2)　システム開発契約

[36] 東京高判令3・4・21判タ1491号20頁（上告受理申立て）は、特定日にコンピュータシステム

の稼働開始を目標として、X（証券会社等）とY（コンピュータシステムの開発・販売会社）との間で開発段階ごとの複数の契約が締結されたシステム開発契約において、本件システムを最終的に完成させることや、本件システムを特定日に稼働開始させることが契約当事者双方のビジネス上の目標であったという事実は認定できるものの、これらが契約上のYの債務として合意されたという事実を認定することはできず、X－Y間に本件システムを完成させる合意がされたという事実を認定することもできないとして、Xの債務不履行又は不法行為に基づく損害賠償の請求を棄却した。

(3) 保険契約、共済契約

[37]福岡高判令2・8・27判時2505号56頁（確定）は、積立保険契約における契約者及び被保険者であるAが交通事故により傷害を負い入院・手術を受けたことから、本件保険契約における指定代理請求人Xは、保険会社Yに対し、給付金等の支払を求めた事案である。本件では、本件事故が支払免責条項（「被保険者または保険契約者の故意または重大な過失」による場合）に該当する重大な過失があるのかが争点となった。原審（福岡地判令2・1・16判時2505号62頁）は、本件事故当時、飲酒により相応のアルコールを身体に保有する状態で、午前5時頃という日の出時刻よりも2時間以上も前の周囲がまだ暗い時間帯に、車道の第2車線の中央分離帯よりの位置で歩行又は佇立し、紺色のスーツに黒色のコートを着用していたという事実から、ほとんど故意に近い著しい注意欠如の状態にあったと評価せざるを得ないとして、Aには、支払免責事由に該当する重大な過失があるといえるとして、Xの請求を棄却した。

これに対して、本判決は、本件条項にいう「重大な過失」とは、通常人に要求される程度の相当な注意をしないでも、わずかの注意さえすれば、たやすく違法有害な結果を予見することができた場合であるのに、漫然これを見すごしたような、ほとんど故意に近い著しい注意欠如の状態を指すものと解すべきである（最三判昭32・7・9民集11巻7号1203頁、最一判昭57・7・15民集36巻6号1188頁）と述べた上で、Aに過失があったこと自体は否定できないものの、本件事故発生当時の交通は閑散としていた可能性が高く、車両の運転手がAの存在を認識し、僅かのハンドル操作により容易にAを回避して、その側方を通過するものと期待することにも一定の客観的合理性があったものということができることから、Aの行動はほとんど故意に近い著しい注意欠如

といえるようなものとは評価できないとして、Xの請求を容認した。

[38]福岡高宮崎支判令2・7・8判時2511号78頁（上告受理申立て〔上告不受理〕）では、太陽光発電事業者Xが工事業者に発注した発電所設置工事について、保険会社Yとの間で組立保険契約を締結していた場合において、河川の氾濫により工事の材料であった太陽電池モジュール（太陽光パネル）が浸水した保険事故の保険金対象となる復旧費の対象が争われた（組立保険普通保険約款には、「Yが、損害保険金として支払うべき損害の額は、損害の生じた保険の対象を損害発生直前の状態に復旧するために直接要する修理費及び修理に必要な点検又は検査の費用（以下「復旧費」という。）とする」との定めが置かれていた。本判決は、動産損害保険における損害の算定と異なるところはないとして、Xが主張する新品交換費用を損害額と認めることはできず、「保険の対象物である当該動産を保険事故発生前の正常な状態と物理的、機能的に同一の状態に復旧するための合理的費用と解するのが相当であ」ると判断した。

[39]山口地判令3・7・15金判1633号46頁（確定）は、Xと損害保険会社Yが、建物について火災保険を含む損害保険契約を締結していたところ、保険期間中に本件建物が火災により全焼したため、Xが保険金の支払を求めた事案である。本判決は、火災発生までの間に、本件建物は建物の使用目的を変更し、居住用ではなくなったことから（無施錠のまま空き家となっていた）、保険契約の引受範囲を超えることとなった場合には保険契約を解除することができるとの約款の規定に基づき、Yは本件保険契約を解除することができるとして、Xの請求を棄却した。

[40]東京地判令3・7・16金判1633号36頁（確定）では、Aは、Y（共済組合・共済組合連合会）との間で、自身の所有する自動車につき、保障対象運転者を35歳以上である家族（被共済者、配偶者、各々の同居の親族）及び被共済者又は配偶者の別居の「未婚」（約款上、「これまでに婚姻歴がないこと」とされている）の子に限定する旨の特約（本件運転者限定特約）が付された自動車共済契約を締結していた。Aは、X₁（Aの長男で、婚姻歴がある）運転の自動車に同乗中に発生した交通事故により死亡した。そこで、Aの相続人であるX₁及びX₂（Aの二男）が、本件特約における「未婚の子」を「これまでに婚姻歴がない」子に限定する約款の規定は信義則上無効である旨主張し、本件契約に基づき、共済金等の支払を求めた。

本判決は、Aについて、①原契約締結時にX₁が対象とならなくなることを認識しつつ、保険料の割引を得るために本件特約を付していたこと、②短期間、本件特約を解除し、再度特約を付する手続を踏んでいるところ、これはお盆期間中に帰省する親族等が運転する場合に備えた対応であると考えるのが自然であり、この対応を前提とすると、本件特約の内容を具体的に理解していたこと、③約款を確認することにより、本件特約における「未婚の子」が「これまでに婚姻歴のない子」を意味することを理解し得る状態にあったと認められることから、Aは本件特約の内容を正確に理解した上で原契約を締結し、同契約が更新されたと認められるとした。以上の点を踏まえて、本件特約は信義則上無効であるということはできず、本件交通事故は保障の対象とならないとして、Xらの請求を棄却した。

12 消費者契約

[41] 大阪高判令3・3・5判時2514号17頁(上告、上告受理申立て〔後上告取下げ〕)は、①家賃債務保証業者Yに賃貸借契約を無催告解除する権限を付与する趣旨の条項、②賃借人が賃料等の支払を2か月以上怠り、Yにおいて合理的な手段を尽くしても賃借人本人と連絡がとれない状況の下、電気・ガス・水道の利用状況や郵便物の状況等から賃借物件を相当期間利用していないものと認められ、かつ、賃借物件を再び占有使用しない賃借人の意思が客観的に看取できる事情が存するときに、賃借人が明示的に異議を述べない限り、賃借物件の明渡しがあったものとみなす権限をYに付与する趣旨の条項等が消費者契約法8条1項3号、10条に該当するとはいえないとして、適格消費者団体Xによる同法12条3項に基づく差止等の請求を棄却した。本判決については、注目裁判例研究・取引2(中野邦保教授)参照。

[42] 東京地判令3・6・10判時2513号24頁(控訴)は、適格消費者団体Xが、芸能人養成スクールを経営するYに対し、Yの定めた学則中の「退学又は除籍処分の際、既に納入している入学時諸費用については返還しない」旨の条項が消費者契約法9条1号所定の平均的な損害を超える損害賠償額の予定又は違約金の定めに該当するとして、同法12条3項に基づき、①当該条項を内容とする意思表示の差止め、②当該条項が記載された契約書・学則等の廃棄措置、③従業員に対する①・②に関する周知徹底措置をとることを求めた事案である。

本判決は、入学時諸費用38万円のうちスクールの受講生としての地位を取得するための対価(権利金部分の12万円)はYに返還義務はないものの、これを除いた費用部分は返還義務があり、同法9条1号に該当するとした。また、入学時に納入される38万円の内訳(入学金34万円、施設管理費2万円、教材費1万円、事務手数料1万円)に照らすと、本件受講契約の解除に伴いYに生ずべき平均的な損害は1万円を超えることはないとして、1万円を平均的な損害とした上で、入学時諸費用38万円のうち13万円を超えて返還しない旨の条項を内容とする意思表示の差止めを求める限度で理由があり(①)、②及び③も当該行為の停止又は予防に必要な措置といえるから上記意思表示に関する限度で理由があると判断した。

[43] 東京地判令3・6・22金法2181号85頁(確定)は、Aと保険会社Yが、被保険者をA、死亡保険金受取人をXとする保険契約を締結していたものの、保険料を2か月分支払わなかったため、無催告失効条項に基づき本件契約が失効したため(失効の翌月、Aは転移性肝がんにより死亡した)、Xが、同条項は消費者契約法10条に違反し無効であるとして、保険金の支払を求めた事案である。

本判決は、Yにおいては、保険料の支払が遅延している顧客がアラームリストに掲載され、顧客に対し、保険料払込期間満了日等を記載した失効予告通知を郵送する、Yの営業職員はアラームリストに基づいて自身が勧誘した顧客に連絡を取り、入金の催告をした上で、Yに報告するとの運用をしていた事実を踏まえた結果、Yが契約失効前に保険契約者に対して保険料払込の督促を行う実務上の運用を確実にしていたといえることから、本件条項は消費者契約法10条に違反し無効とはいえないと判断して、Xの請求を棄却した。

(たにえ・ようすけ)

担保裁判例の動向

大澤慎太郎　早稲田大学大学教授

現代民事判例研究会財産法部会担保パート

1　はじめに

　そもそも「担保」とは何かという問題にも関わるが、少なくとも伝統的な民法における担保という視点から観ると、今季は真に担保の判例（裁判例）がない。最高裁判決として、[1] 担保不動産競売における買受申出資格をめぐるものが1件あるものの、これは直接には民事執行法や破産法の領域に属すると言うべき論点のものである。多数当事者の債権債務関係では、[2] 登録家賃債務保証業者が保証契約において定める、賃貸借契約の無催告解除条項や建物明渡協力条項等につき、消費者契約法8条1項3号や同法10条が適用されるか否かや、[3] 連帯債務者の1名に消滅時効が完成した場合において、その時効が完成する前になされた他の連帯債務者による弁済が、債権者との関係で不当利得を構成するか否か、さらには、[4] 清算中の会社の「代表清算人」が「代表取締役」の名義で保証人に対して行った求償債務に係る債務承認行為が、時効中断（平成29年改正前民法147条3号）の効力を生じさせるか否か、といった論理の面で検討に値するものもあるが、いずれも直接には「取引」や「時効」の問題に属するものであり、これも上述の意味での「担保」の範囲に含まれるかと言えば微妙なところである（実際、[2] については「取引・評釈2」で、[3] および [4] は「取引・動向」で扱われる）。担保と密接な関係にある破産法（倒産処理法制）との関係では、暗号通貨（ビットコインおよびビットコインキャッシュ）の破産債権としての届出に対する、破産管財人（後に、再生管財人）の応答をめぐるもの（東京地令3・12・23金判1640号14頁〔確定〕）など、興味深いものもあるが、まさに「破産法」に属するものであって、なおさら「担保」ではない（それゆえ、本動向でも扱わない）。

繰り返しとなるが、なぜ、ここしばらく担保の判例（裁判例）が少ないのか、という研究ができそうなくらい担保の判例（裁判例）がない[1]。いずれにせよ、その有様を以下に観察する。

　なお、平成29年法律第44号による民法の改正を「債権法改正」、改正前の条文を「改正前民法」と付して表記する。

2　最一決令3・6・21

　根抵当権の実行により開始された担保不動産競売における被担保債権の債務者兼設定者に、当該被担保債権にも効力が及ぶ免責許可決定がなされた場合において、債務者の相続人に目的不動産に係る買受申出資格が認められるか否かについて、[1] 最一決令3・6・21民集75巻7号3111頁は、かかる相続人は民執188条が準用する意味での同68条にいう「債務者」には当たらないとして、買受け（買受申出資格）を認めた。本決定については別途「担保・評釈」にて扱う。

3　人的担保①——保証契約

　登録家賃債務保証業者が保証契約において定める、賃貸借契約の無催告解除条項や建物明渡協力条項等に係る消費者契約法8条1項3号および同法10条の適否（消極）

　[2] 大阪高判令3・3・5判時2514号17頁は、登録家賃債務保証業者たるYが保証契約において定める、一定の条件下において、Yに賃貸借契約自体の無催告解除の権限を付与する条項や賃借人の建物明渡協力条項、Yによる建物内の動産等に係る搬出や処分等を認める旨の条項等が、消費者契約法8条1項3号および同法10条に該当するために無効であ

るとして、適格消費者団体Xが、同法12条3項に基づき、かような条項を含む消費者契約（保証契約）の申込みまたは承諾の意思表示の差止を求める旨の請求につき、一部認容した原判決（大阪地判令元・6・21判時2448号99頁[2]）を取消し、いずれの請求も棄却したものである。詳細は「取引・評釈2」を参照されたい。

4　人的担保②——連帯債務

（1）　連帯債務者の1人が自己の負担部分を超えた弁済をした後に、他の連帯債務者の債務につき消滅時効が完成した場合をめぐる、改正前民法439条の趣旨と不当利得返還請求権の成否（消極）

[3] 大阪地判令3・9・16金判1639号30頁（控訴：「取引・動向」項目15も参照）は、事案自体もやや複雑であるが概ね次の通りである。Aは銀行からの借入債務を弁済することなく死亡し、Aの妻Bのほか、子たるX、CおよびDの4名（以下、Xを除く3名を「Bら」という）がAを相続した。P社は銀行に対して当該借入債務を代位弁済し、Xらに対して求償権を取得したが、Xは、Bら他の相続人3名がPに対して負う求償債務につき、Pとの間で併存的債務引受契約を締結[3]し、以後、XはPに対して求償債務の分割弁済を継続した。なお、PはY₁社に合併され、また、求償債務の残額に対応する債権についてはY₂に債権譲渡された。その後、Bらが自らの求償債務につき消滅時効を援用したため、Xは、消滅時効の遡及効（民法144条）および連帯債務者の1人に生じた時効につき絶対的効力を認める旨の改正前民法439条を根拠として、Xが行った弁済のうちXの負担部分（法定相続相当分）を超える債務については非債弁済になるとして、Y₁およびY₂に対して不当利得の返還請求を行った。本判決の論旨は詳細であり興味深いものではあるが、紙幅の都合上、結論のみを示すと、改正前民法439条はいわゆる「求償の循環」を回避することを目的とするものであり「連帯債務者の一人による弁済後に別の債務者の消滅時効が完成した場合に、給付保持力を否定するという消滅時効の効果にすら含まれない効果まで」はないとして、Xの請求を棄却した。

本件は要するに、連帯債務者の1人が、他の連帯債務者の債務につき消滅時効が完成する前に行った債務の弁済が、当該他の連帯債務者の債務について生じた消滅時効によって遡及的に無効となり、かかる弁済が債権者との関係で不当利得を構成する旨の主張が退けられたというものである。ここには、改正前民法439条が、連帯債務者の1人に生じた消滅時効につき絶対的効力を有するとしていたこと、それゆえに、連帯債務者が弁済した後に他の連帯債務者に対して取得する求償権も、消滅時効による遡及的な負担部分の消滅に伴い履行を強制することができなくなるといった問題が背景にある。債権法改正後においては、かかる消滅時効自体が相対的効力しか有せず（民法441条）、それゆえに、消滅時効を援用した連帯債務者に対して、債務を弁済した他の連帯債務者は求償することが法文上認められる（445条）ことから、問題のあり方が根本的に異なるようにも見える。もっとも、Bの消滅時効の完成どうこう以前に、そもそもXが行った弁済によってBらの求償債務は消滅し、消滅した債務については時効の進行は観念できないのだから、本判決は、ある種、当然の理を述べるものといえる（その意味で、上記の445条をめぐる問題とも色彩が異なる）。それゆえ、債権法改正後における本判決の意義は、時効消滅する前になされた債務の弁済が、時効の援用に伴い影響を受け無効となるか（不当利得を構成しうるか）という点における、否定例の1つとして認められることになる。控訴されていることもあり、今後の推移が注目される。

（2）　清算中の株式会社の「代表清算人」が「代表取締役」名義で行った求償債務に係る債務承認行為をめぐる時効中断（改正前民法147条3号）の効力の有無（積極）

[4] 大阪地判令3・11・11金判1638号41頁（確定：「取引・動向」項目16も参照）は、銀行に対するY社の借入債務につき、Y社との間の保証委託契約に基づき連帯保証したX信用保証協会が、保証債務の履行として当該借入債務を弁済しYに対して求償権を取得した後、Yが会社427条1項に基づき解散したものとみなされ、Yの代表取締役であったAが代表清算人となったところ、AがXの求償権より生じる債務（求償債務[4]）につき「代表取締役A」として、Xに対して債務承認書を差し入れたことが、債務承認として時効中断（改正前民法147条3号）の効力を生じさせるか否かが争われたものである。

本判決は、まず、清算中の会社が、特定の債権者につき債務承認をすることは、一定の期間内におけ

る債務の弁済を禁じる会社499条および500条の趣旨（偏頗的な弁済の禁止）に反せず、私法上無効となり、あるいは、清算中の会社の目的の範囲外の行為にはならないと解することを前提に、清算人の主たる職務につき列挙する会社481条所定の事項は例示に過ぎず、「債務の承認」は同条2号所定の「債務の弁済」に含まれるものであり、（このような解釈は）「Xが事業資金貸付の保証を専門に行う法人であるか否か、あるいは、清算中の会社であるYと一定の法律関係にある第三者の取引の安全を保護すべき必要があるか否かによって異なるものとは解されず、また、本件債務承認が清算中の会社における債権者平等の原則の趣旨に反するものと認めるに足る具体的な事情も見当たらない」とする。その上で、債務承認書の肩書きが誤っていることにつき、「債務の承認は、債務があることを承認する旨の観念の通知にすぎないところ、Aが本件債務承認をYの代表者として行ったものであることは、その肩書を『代表取締役』と記載したことからも明らかに認められることは……のとおりである。加えて、Yの解散が会社法の規定によるみなし解散であったため、Aが代表者の肩書を変更して表示する必要があることを看過して上記のとおり記載したと解する余地が十分にあることにも照らすと、Aが上記の肩書を用いたからといって、本件債務承認がYにおいて正当に行われたものではないとはいえず、少なくとも、肩書の表記が誤っていたことによって、その私法上の効力が否定されるものとはいえない」して、時効中断（改正前民法147条3号）の効力を認めた。

同一人に2つの人格が備わっている場合の債務承認行為については、相続により主たる債務者の地位を承継した保証人が一部弁済した場合に、これが主たる債務との関係で債務承認に当たる（時効中断〔改正前民法147条3号〕の効力が生じる）とした最二判平25・9・13民集67巻6号1356頁が想起される。もっとも、本件では人格は1つであり、肩書きが違っただけというものであるから、観念の通知としての性格を有する債務承認の前提にある、債務の存在の認識自体について強く問題視する事案ではないように解される。時効（や担保）というよりは、清算人の職務範囲についての重要判決[5]といえるのかも知れない。

【付記】本稿はJSPS科研費「基盤研究(C)・課題番号：22K01241」の助成を受けた成果の一部である。

1) 研究会において、そのような中でなぜ担保法の改正が進められているのかという指摘もあったが（もちろん、法制審議会（担保法制部会）「担保法制の見直しにおける検討事項の例（部会資料1）」〔https://www.moj.go.jp/content/001346936.pdf：2022年8月31日最終閲覧〕には一応説明があるが）、それを考えてみるのも興味深いところである。
2) 石田剛「本件判批」民事判例20号（2019年後期）54頁（日本評論社、2020年）参照。
3) なお、その成否自体が争点の1つではあるが、本判決は成立を認めている。
4) この求償債務には別途、連帯保証人B（個人）が付されており、訴訟としてはYおよびBともに被告となっている。
5) 弥永真生「本件判批」ジュリスト1573号（2022年）3頁参照。

（おおさわ・しんたろう）

不動産裁判例の動向

田中淳子　愛知学院大学教授

現代民事判例研究会財産法部会不動産パート

　今期の不動産関連の裁判例の中から18件（うち最高裁2件）を取り上げて概観する[1]。まず、最高裁の初判断として、宅建業法12条・13条違反の契約を公序良俗(90条)違反により無効とした[10]（評釈「取引1」）、担保不動産の競売において買受が禁止される「債務者」（民執法68、188条）について免責許可決定を受けた債務者の相続人は該当しないとした[18]（評釈「担保」）がある。なお、最高裁において建設アスベストの責任に関する裁判例が2件出された[2]が、すでに本誌23号の環境[5][8]、原審判決については20号の不動産[1][2]に詳細な分析・紹介があるためそちらに譲る。区分所有権関連として、マンション管理組合の不法行為（名誉侵害）責任に関する[1]、不動産の利用関連として、サブリースのメンテナンス契約[2]、家賃債務保証契約[3]（評釈「取引2」）、転貸借契約における通常損耗の負担[4]（評釈「不動産」）等、契約内容の有効性に関する裁判例のほか、借地借家法の適用の可否が争われた事案（ゴルフ練習場[5]、ホテル[6]）がある。不動産の取引関連として、購入土地の土壌汚染に瑕疵担保責任（改正前570条）を認めた[7]のほか、地面師が絡んだ不動産の連件登記申請に対する司法書士の責任に関し、近時の裁判例[3]と同様、前件に疑うべき「特段の事情」がある場合には例外的に調査義務を負うとした[8]がある。その他として、都市計画道路関連（廃棄物運搬車両専用道路設置事案[10]、地下トンネル建設事案[11]）が2件、施設建設・利用等による権利侵害と原告適格に関する事案（駅周辺施設総合整備[13]、産廃施設[14]、火力発電施設[15]、墓地[16]、暴力団事務所[17]）が5件、河川管理責任に関し[12]がある。

1　区分所有権関連

(1)　マンション外壁横断幕の設置等に対する管理組合の責任

　[1] 大阪高判令2・9・10判時2504号88頁（控訴棄却・確定）は、マンション（9階建・店舗付きマンション）を建設中のX_1会社（建設会社）・X_2（売買・管理会社）が、隣接するYのマンション（7階建）のベランダに①横断幕（「民泊用マンションを隠ぺい」、「不誠実な対応」、「想いを壊し。心を潰す。」）と、②垂れ幕（「当マンション隣接で建設中のX_1、X_2東側ベランダを圧迫、日照・プライバシーを侵害」）が掲示されていることによりXらの名誉が毀損されているとして、Yに対し、不法行為等に基づく損害賠償等（709、710、723条）の支払とともに、Yによる前記各①②の差止めたことに対し、Yらから区分所有者の住環境悪化という公益的な目的による平穏な抗議活動である旨の主張がなされた。原審（大阪地判令2・2・28判時2504号91頁）は、①②が、Yの意見・論評に当たり、それによりXらの社会的評価を低下させものであるが、①②の行為は、「周辺地域の住環境悪化という公共の利害に関することについて近隣住民に理解を求めるため」、管理組合の総会決議を経た上で適正になされ、①で適示された事実等はYにおいて、真実であると信ずるにつき相当の理由があり、その内容も意見・論評の域を逸脱しない、②も、Xマンションの西側からYマンション側の境界までの距離は60センチメートルであり、圧迫感、日照時間の制限、プライバシーが害されることを認め、マンション建設が違法でないことをもって②で適示された事実が真実でないということはできないとして、Xらの請求を棄却したため、Xらが控訴したが、原判決は相当であるとして、本件各控訴を棄却した。垂幕や掲示等が名誉毀損に該当する否かについて判例は、表現行為の内容（誹謗中傷か否か等）、掲示の態様や方法、その目的が相当性を欠くか否か等により総合的に判断してきた[4]。本判決も、これまでの同種の事案に対する判例の判断枠組みに則ったものといえよう。本判決は、不法行為[14]でも紹介。

2 不動産利用権

(1) サブリースにおける建物メンテナンス契約と錯誤

[2] 東京地判令2・1・27判タ1492号237頁（棄却・控訴）は、本件建物の賃貸人Xらが、各自サブリース契約を締結したY会社との間で当初締結した建物メンテナンス契約（旧TSS契約：オーナーが積立金により管理）を合意解除し、新たに建物メンテナンス契約（BM契約：メンテナンスをサブリース契約と分離し、管理をYが行う）を締結したが、その契約内容が旧TSS契約に比べXらに不利な内容（例えば、旧TSS契約時に預託した修繕保証金残高が新契約のメンテナンス費用の前払金として扱われ、毎月の支払額が減額されるものではない等）になっているとして錯誤又は公序良俗違反によりメンテナンス契約の無効を主張し、同契約に基づいて支払った金員相当額の不当利得返還請求をしたところ、本判決は、Xらの主張をいずれも認めず、請求を棄却した[5]。裁判所は、Yと契約する他のオーナーは、Yの説明を受けてBM契約に変更せず、旧TSS契約のままサブリースを継続している者も少なくないこと、説明義務の履行状況（計算表等の提示・交付等）から本件事案におけるBM契約の内容が「比較的容易に理解できる」と判断した。同種の取引実務に対する影響は大きいといえる。本判決は、取引[10]で紹介。

(2) 家賃債務保証契約の特約の有効性[6]

[3] 大阪高判令3・3・5判時2514号17頁（取消・請求棄却、上告〈取下げ〉、上告受理申立て）は、適格消費者団体である一審原告X（控訴人）が、家賃債務保証業を営む事業者である一審被告Y（被控訴人）が不特定多数の消費者である賃借人等と締結している家賃債務保証等に係る消費者契約（本件契約）の契約条項の中に、①原契約賃貸人と原契約賃借人間の賃貸借契約を無催告解除（賃借人が支払を怠った賃料等の合計額が賃料の3か月分以上に相当する場合に適用）する権限を付与する趣旨の条項（本件契約13条1項）、②賃借人が賃料等の支払を2か月以上怠り、Yにおいて合理的な手段を尽くしても賃借人本人と連絡がとれない場合に電気ガス等の利用等から原契約の目的物が相当期間利用していないと認められ、かつ賃貸物を再び占有使用しない賃借人の意思が客観的に看取できる事情があるときに、賃借人が明示的に異議を述べない限り、賃貸物件の明渡しがあったものとみなす権限をYに付与する条項（本件契約18条2項2号）があり、これらが消費者契約法8条1項3号又は10条により効力が否定されるとして、同法12条3項に基づき、各条項を含む消費者契約の申込み又は承諾の意思表示の差止め等を求めたところ、原審（大阪地判令元・6・21金法2124号48頁）[7]において①の請求がすべて棄却され、②の請求が一部認容されたため双方が控訴したところ、控訴審判決では、①について、本件契約13条1項後段は、Yが解除権を行使することに「異議がないことを確認する趣旨」であり、原契約賃借人が有すべき損害賠償請求権を放棄させたりする条項であるとは解されないから、消費者契約法8条1項3号に該当するものとはいえず、本件契約13条1項前段も、同項後段も本契約をめぐる賃貸人とYの利害状況[8]や本件13条1項前段の趣旨・目的からも同法10条に該当するものともいえないとし、原判決中一審X敗訴部分をすべて取り消し、②については、Xは、本件契約18条2項2号の規定（その他、同条2項及び19条1項）によると、原契約が終了しておらず賃借人が賃借物件の占有を失っていない場合にもYに自力で賃借物件の占有を取得させることになり、それが自力救済行為として不法行為に該当するとし消契法8条1項3号に該当するとした原審を覆し、これらの規定がYの権限行使に関する不法行為に基づく損害賠償責任の全部を免除する趣旨まで含むものとは言えないため消契法8条1項3号に該当しないとしてXの控訴をすべて棄却した。本判決については中野邦保教授の評釈（取引2）による詳細な分析があるほか、取引[41]でも紹介がある。

(3) 借借法の適用

ゴルフ練習場敷地の賃貸借契約に関し[4] 名古屋高金沢支判令2・9・30判時2500号61頁（控訴棄却〈上告受理申立て→上告不受理〉）は、昭和52年ごろから複数の土地をゴルフ練習場経営者Yに賃貸していたXらが、民法617条1項1号により賃貸借契約が終了したとして建物収去・土地明渡を求めたところ、ゴルフ練習場の「建物所有」を理由に借借法の適用があるとのYの主張に対し、原審（金沢地判令2・3・30）、控訴審ともにXらの請求を棄却し借借法の適用を認めた事案である。本判決では、まず、借借法2条1号（旧借地法1条）にいう「建物の所有を目的」について、土地の賃貸借の主たる目的がその土地上に建物を所有することにある場合を指し、その主たる目的が建物の所有以外の事業を行うことにある場合は、借地人が貸主からその事業

のために必要な付属の事務所、倉庫等の建物を建築し、所有することの承諾を得ていたとしても、これに含まれないため借地法（旧借地法）の適用を受けないとの原則を示したうえで、最三判昭42・12・5民集21巻10号2545頁を引用し、①建物に当たるような形式の建物を建築し、②その建物を所有することが「主たる目的」で土地の賃貸借をすることが契約当事者間で特に合意された（この合意を以下「反対の特約」という）等の「特段の事情」があると認められる場合には、建物の所有を目的とする賃貸借にあたり、借地法（旧借地法）の適用を受けるとし、本件では①要件（建物が昭和56年以降存在[10]）・②要件（「建物所有を目的」が明記された賃貸借契約書が平成26年、銀行融資の際に新たに作成）が充足されているとして借地法の適用を肯定した。最判昭和42年の判例理論に則った判断といえる[9]。本判決は、取引[30]でも紹介。

ホテル事業のための建物賃貸借契約の賃料減額の当否に関する [5] 東京高判令3・11・4金判1638号13頁[11]（控訴棄却・確定）は、Y信託銀行から建物を賃借（本賃貸借契約）し、ホテル事業を営むX会社が、Yに対し、借地法32条1項に基づく賃料減額請求の意思表示により、同建物に係る賃貸借契約の約定賃料が減額されたことの確認を求めた事案である（本件建物の敷地はYがA大学（被告補助参加人・被控訴人補助参加人）との信託契約に基づき、Yが信託財産として所有しているが、現在同敷地内にはR会館があり、ホテル建物はこのR会館と登記簿上一棟の建物として登記され、R会館及びその敷地はA大学が所有・使用している）。本件賃貸借契約は、大学の100周年事業として企画され、R会館の建設費はホテル事業の賃貸事業の収益から捻出、賃貸借契約終了時点まで預金相当額の信託勘定内で積立が可能、賃貸借事業の年度ごとの資金繰りが確保できることが合意されている等、賃貸借契約に関わる特殊な事情がある。本件の論点は多岐にわたる[12]が、ここでは、借地法32条おける減額の可否について、当該契約の賃借人は、総事業費を賃貸事業収益により賄うという特約を踏まえ、事業不調の場合のリスクも織り込みながら約定賃料を決定したものであり、かりにホテル事業が不調であってもただちに賃貸人Yにリスクを転嫁させないことが本件契約における当事者の合意であるとして、借地法に基づく減額請求を認めなかった。これまでにも最高裁は、大型スーパーの経営事業の一環として賃貸借契約が締結された事案に対し、契約の特殊性を踏まえた上で、「当該賃料の額について賃借人の経営状態に照らし

て当初の合意を維持することが著しく合理性を欠く状態となり、合意賃料を維持することが当該賃貸借契約の趣旨、目的に照らして公平を失し、信義に反するというような特段の事情があるかどうかによって判断するのが相当である」との立場を示している[13]。本件も、契約内容において「特段の事情」の存在を総合的に検討して判断していることから、同様の枠組みによるものといえよう。本判決は、取引[31]でも紹介。

(4) 建物の転貸借と通常損耗等の修繕費の負担

[6] 大阪地判平30・12・5判タ1494号233頁（請求棄却、控訴）は、Y公社（賃貸人・大阪市住宅供給公社）は、平成8年、良好な賃貸住宅の供給促進を目的とする特優賃法[14]に基づき、入居者（転借人）に転貸することを前提にX会社（賃貸人）を特優賃法に基づく認定事業者とし、Xとの間で賃貸借契約（20年間。以下、「本件賃貸借契約」）を締結し、その際、通常損耗等修繕費はYが各入居者に対し負担を求めること、契約内容に疑義が生じた場合は関係法令に照らし、X・Yが誠意をもって協議の上決定する旨の合意がなされた。平成10年に国から、入居者に通常損耗を負担させない等のガイドライン（以下、「本件ガイドライン」）が公表されたため、Yは、本件ガイドラインに沿った修繕費負担に改訂するため平成15年よりXに幾度か協議をし、契約の変更を求めたがXが応じないため、平成17年8月1日に通常損耗費等修繕費を本件賃貸借契約の借上料から差し引くことを通知し、差し引いた額を賃料としてXに支払ってきた。これに対し、Xは、平成27年に本件契約内容に従い通常損耗等の修繕費がYにあるため、借上料から差し引かれた分は賃料の未払に当たるとし不当利得に基づく返還を求めた（703条）ところ、Yは、特優賃法上の認定事業者として関係法令を遵守すべき立場であり、Xの主張は信義則違反（1条2項）であると反論した。これに対し、大阪地裁は、Xは「特優賃制度の担い手である『認定事業者』として、特優賃制度上の一定の制約を受ける以上、本件ガイドラインの趣旨を踏まえた取扱いをすべき立場にあり、Yとの間で契約内容に疑義が生じた時等には誠意をもって協議することを合意したことをも考慮すれば、平成17年8月1日には、Yからの本件ガイドラインに沿って本件通常損耗等修繕費をXの負担とする旨の変更協議に誠実に応じるべき信義則上の義務があった」にもかかわらず、Yは、負担の合意の変更がなされていないことを前提に、負担分が賃料から差し引かれたことについて

法律上原因がない等として不当利得返還を請求することは、信義則に反して許されないとしてXからの請求を棄却した。本件が「特優賃制度」による事案であることに鑑み、このような場合には、信義則上、上記の帰結を修正すべき事情があるとして、結果としてXの主張を本件において認めることはできない、と説示しているため従来の最高歳の立場を変更するものではなく、特優賃法という事例に対する判断であるといえる。本判決については、不動産「評釈」において松尾弘教授の詳細な分析があるほか、不動産[8]、取引[13]でも紹介。

3 不動産取引

(1) 土地売買契約と土壌汚染

[7] 大阪地判令3・1・14判タ1493号210頁[15]（一部認容・控訴）は、学校法人X（買主）と、学校法人Y（売主）との間で、Xの新キャンパス開設を目的とした土地売買が締結され、引渡しまでに「土壌改良が必要な場合」にはYが費用を負担するとの合意をした。契約後、①土壌汚染対策法の規制対象物質（ヒ素・鉛等）の存在、②購入土地の地下に新校舎の建設等の工事の障害となるコンクリートの存在が判明したため、XがYに対し瑕疵担保責任（改正前）ならびに債務不履行責任に基づく損害賠償請求の支払を求めたところ、①の瑕疵担保責任を認め調査費等は損害としたが、規制対象物質の含有量が土壌汚染対策法上、土壌改良（「撤去義務」）が求められる基準量を超えていないにもかかわらず、Xが義務に準じた対策（掘削、埋め戻し）をしてもそれは法律で義務化されていない対策であり因果関係がないとして損害として認めなかった。②は「隠れたる瑕疵」（Yの校舎は工場建物の基礎を再利用して建設された経緯あり。発見された地中障害物がY校舎と関連性がない等、地中障害物が取引上要求される一般的注意では発見困難）に該当するとし、埋設物撤去費を損害として認めた[16]。本判決は、24号不動産[7]、取引[12]、本号取引[12]、環境[4]でも紹介。

(2) 司法書士の調査義務
（登記の連件登記申請と調査義務）

[8] 東京地判令2・1・31判タ1491号228頁（請求棄却・控訴）は、一連の地面師詐欺事件である。AがCかから購入した土地を購入する最終買主Xは、登記手続を司法書士Yに依頼していたが、AC間の売買契約に基づく登記手続（前件登記：司法書士EがAから受任）について関係書類の偽造が判明し、結果、Xが所有権を取得できず、支払済み売買代金相当額の損害が発生した。Xは、Yが前件登記の関係書類の真否を調査確認すべき義務を怠ったとして損害賠償を請求したところ、前件の司法書士の態度等からおよそ司法書士としての職務上の注意義務を果たしていないことを疑うべき「特段の事情がある場合」には、例外的に前件の登記手続の真否について調査確認する義務を負うのが相当である、とし、本件では、前件売主Cの債権という者が同席している点等「不信な点はある」が、それが特段の事情に該当するとは言えないとしてXの請求を棄却した。同種の判例[17]の立場に則った判断といえる。不法行為[28]で紹介。

(3) 宅建業法12条（無免許事業）・
13条違反（名義貸し）と公序良俗違反

[9] 最三判令3・6・29民集75巻7号3340頁[18]〔破棄・差し戻し〕は、12条1項及び13条1項に反する合意と併せてなされた利益配分の合意の効力に関し、名義貸しの対価に関する合意も名義貸し合意と一体のものとして公序良俗に反し無効（90条）とした事案である。同法12条1項、13条1項違反は重い罰則規定が課されている（同法79条2号、同3号）ことから、業法における罰則規定違反の私法上の効力が問題なった事案といえる。同法13条、12条違反と利益配分の合意について公序良俗違反が争われた下級審判決（名古屋高判平23・1・21 LEX/DB 25443139）では、免許取得者に宅建取引業を営むことを認めるのは、取引を円滑により購入者らの利益を保護するためであり、「利益分配金に係る合意の当事者間の個人的な関係や事情（当該事案では、無資格の従業員に服役後の更生の為に名義貸し等をしたとの事情があると主張）によって左右されるべき性質のものではない」として、業法違反として利益配分の請求を否定した（この事案の一審（名古屋地岡崎支判平22・5・21 LEX/DB 25590537）では業法に「抵触するおそれがあったとしてもなお、少なくとも原告被告の関係において、原告が被告に公序良俗違反の責めを負うことにはならない」としたが、この点について控訴審が、「被控訴人と控訴人間において合意された名義貸しの禁止規定に違反する合意の一部をなしている本件の利益分配金に係る合意も、これを裁判上行使することは許されない。……控訴人の公序良俗違反による無効の主張には、上記内容の主張が含まれる」として名義貸し（業法違反）の合意が利益分配金に関する契約と一体となっている合意について無効と判断した）。この立場を本件最高裁が採用したも

のと理解できる。本判決については片山直也教授の評釈（取引1）において詳細な分析がある。

4　その他

(1)　廃棄物運搬車両用通路の設置と都市計画手続

[10] 東京地判令2・11・12判時2505号3頁（認容・控訴）は、都市計画で決定された公園の計画区域内に都市計画を変更しないまま、一般廃棄物処理施設に出入りする廃棄物運搬車両専用の通路を設置した市長Aの行為は裁量権の逸脱等に該当するとして原告市民らからの地自法2条14項等に基づく損害賠償請求が認容された。本件は、取引 [7] でも紹介。

(2)　都市計画道路（地下トンネル）の設計について

[11] 大阪地判令3・3・26判時2500号75頁（一部認容・一部棄却（控訴））は、X（大阪府）は、都市計画道路（地下トンネル）の建設についてトンネル工事の設計等を業とするY会社に依頼したところ、Y提案の設計によると人が滑動・転倒することが判明したため、Yに対し、安全で適切な立坑を設計すべき注意義務、転倒等の可能性の説明義務違反があったとして不法行為に基づく損害賠償等の請求に対し、裁判所は、Yに不法行為を認めたが、Xも、協議・検証を行う機会を設けることなく、Yの意見のみに依拠する形で本件工事を開始させる等の注意義務違反が存在しているとし、本件の損害は、X・Yの注意義務違反が順次競合して発生したものというべきであり、その各自の過失割合は、Xが8割、Yが2割と認め、この限度でXの損害賠償請求を認めた。本判決は、不法行為 [33] でも紹介。

(3)　河川管理者の管理責任

[12] 京都地判令2・11・19判タ1493号141頁（一部認容・控訴）は、平成24年8月に発生した豪雨の際に、宇治川の支流河川が溢水したことによりその近傍の旅館が床上浸水の被害を受けたのは、本件河川に設置されていたスクリーンの構造（10cm四方の格子状）に瑕疵があり、また、旅館近傍の排水を担うべき排水機場の管理に不備があったとして、旅館経営者Xらが、本件河川及び本件排水機場を管理する京都市（Y）に対し、国賠法2条1項に基づき、損害賠償を求めた事案に対し、Xらの請求を一部認容した。本判決は不法行為 [61] でも紹介。

(4)　施設建設等による権利侵害と原告適格

鉄道高架化事業等を含む沼津駅周辺総合整備事業に関する [13] 静岡地判令2・12・24判時2511号20頁（一部棄却・一部却下）は、事業周辺住民のうち、当該事業の実施による騒音、振動等による健康又は生活環境に係る著しい被害を直接受けるおそれのある者に対し差止請求等の原告適格を認めた。

産業廃棄物処理施設建設に関する [14] 広島地決令3・3・25判時2514号86頁（一部認容、一部却下）は、建設中の産業廃棄物最終処分場周辺住民であるXらが、産廃業者Yに対し、本件処分場の建設、操業により、人格権等（①水質汚染による浄水享受権、生命・身体・健康に対する侵害、農業者・漁業者らの生活権に対する侵害、農業者の水利権に対する侵害、②土砂災害による生命・身体・健康に対する侵害）が侵害されるとして、本件処分場の建設、使用、操業禁止の仮処分命令を求めた事案において、Xらの申立てのうち、水質に関し事前調査がなされていない4つの井戸の水を飲用している関係債権者9名の申立て（仮の差止め）を認め、その余の申立てを却下した[19]。

石炭火力発電所運転に関する [15] 仙台高判令3・4・27判時2510号14頁（棄却・確定）は、Y（被告・被控訴人）が仙台港に建設した石炭火力発電所の運転差し止めを求めて周辺住民であるX（原告・控訴人）らが、身体的人格権又は平穏生活権に基づく妨害予防請求権（民法199条）を根拠として運転差止めを求めたところ、原審がXらの請求を棄却したためXらのうちの1名のみが控訴したところ、Xに健康被害が発生する具体的な危険性があるとまでは認められないとして控訴が棄却された。本判決は、不法行為 [20] でも紹介。

墓地経営許可取消しに関する [16] 大阪地判令3・5・20判タ1493号79頁（却下・控訴）は、墓地、埋葬等に関する法律（以下「墓埋法」）10条2項に基づき、Y（大阪市）がBに対して行った納骨堂（地上6階建て）経営許可処分（以下「本件許可処分」）に対し、B寺の近隣住民Xら10名余から本件許可処分の取消し等を求めたところ、大阪地裁は、墓埋法10条1項（都道府県知事等の許可）又は2項（変更、廃止の許可）の規定、大阪市の墓地等に関する法律施行細則8条（墓地等の所在地が学校、病院及び人家の敷地からおおむね300m以内の場所にあるときは、当該許可を行わないものとするが、市長が当該墓地等の付近の生活環境を著しく損なうおそれがないと認めるときは、この限りではない旨の規定）の趣旨に、「納骨堂周辺に不動産を所有する者が火災による所有権

侵害を免れる利益、当該不動産価格の下落を受けない利益（X主張利益）」を個々人の利益として保護すべきものとする趣旨を含むものと解することができないとして、Xらの原告適格を否定し各請求を却下した。納骨堂の許可処分の取消しをめぐる原告適格に関する裁判例は否定的な立場（例えば、最二判平12・3・17集民197号661頁）が多いが、肯定的な立場（東京地判平22・4・16判時2079号25頁、東京高判令元・9・12判例自治465号104頁について本誌22号の環境[20]）もある。本件は、墓地等の設置場所の基準等を定めた条例等の趣旨等を考慮して原告適格性を判断し、本件細則が行訴法9条2項の「関係法令」に該当するとしたうえで、「法律上の利益を有するか」否かは、個別的利益と侵害の態様と程度を精査していることから小田急訴訟（最大判平17・12・7民集59巻10号2645頁）の判断枠組みに則ったものといえる。

(5) 暴力団事務所としての利用とマンション住民の受忍限度

[17] 福岡地久留米支判令3・2・5判時2508号57頁（認容・控訴）は、暴対法32条の5第1項により国家公安委員会の認定を受けた適格都道府県センターであるXが、本件マンションに居住する委託者らから委託を受け、同法32条の4第1項に基づき、本件物件が同法3条に基づく指定暴力団の傘下組織である暴力団の事務所として使用されていることにより、当該委託者らの平穏生活権が侵害されているなどと主張して、当該委託者らの人格権に基づき、同暴力団の組長として本件物件を使用するY₁に対し同暴力団の事務所として使用することの禁止を、本件物件所有会社Y₂に対し同暴力団その他の暴力団の事務所又は連絡場所として使用させることの禁止をそれぞれ求めた事案において、裁判所は、現時点でもなお代紋その他の暴力団の活動に関わる物品は残置されたままであり、本件物件が本件暴力団の事務所として十分な広さ、設備を備えている上、本件暴力団が本件物件以外にその事務所として使用し得る物件を確保しているとはうかがわれないことにも照らせば、本件仮処分命令の発令後は暴力団事務所としての使用が停止されているとしても、将来的に、再び本件暴力団等の事務所として使用される蓋然性があるものと認めることができると判断し、本件物件のある本件マンションの住民である本件委託者らの生命・身体に対する危険は切迫しており、平穏な生活を営む権利が受忍限度を超えて現に侵害され、今後もその侵害が継続する蓋然性が高いとし

て、本件委託者らは、Yらに対し、人格権に基づき、その侵害を防止し、予防するため、本件物件について暴力団事務所の使用及びこれに付随する行為の禁止を求めることができるものというべきであるとしてXの請求を全部認容した。近時の同種の事案として、「近隣住民」から委託を受けた都道府県センターが原告となり使用禁止の仮処分を認めた事案がある（京都地決令元・9・20判時2459号11頁。本誌22号不動産[23]）。本件は、「マンションの住民」自身から委託を受け同種のセンターによる訴えであり、いまだ暴力団施設としての使用可能な状況を完全に排除できていない点が考慮され、今後も侵害が継続する蓋然性が高いとして本件請求を認めている。この基準によれば、使用実態がないこと（人の出入りがないこと、物品の撤去等）はもちろん、他に事務所を完全に移転しただけでなく、組織自体の解体等が疎明されない限り使用禁止が認められると考えられる。本判決は不法行為[45]でも紹介。

(6) 担保不動産競売における「債務者」

[18] 最一決令3・6・21民集75巻7号3111頁[20]（破棄自判・差戻し）は、A所有不動産につきAを債務者とする根抵当権の実行として、担保不動産競売の開始決定をし、その後、Aは破産手続開始決定、免責許可決定を受けた後、死亡した。Aの相続人Xが本件不動産の競売手続において最高値買受申出人となったことから、原々審（横浜地決令2・12・21）において、買受の申出が禁止される「債務者」（民執法188条、68条）に該当し、売却不許可事由（同法188条、71条2号）があるとして、売却不許可決定（原原決定）を受けたため、Xが執行抗告した事案である。原審（東京高決令3・2・9）は、担保不動産競売の債務者が免責許可の決定を受け、被担保債権に免責の効力が及ぶとしても、債権自体が消滅するものではないから、債務者の相続人Xは「債務者」の地位を承継するとしXの執行抗告を棄却したため、Xから許可抗告を申し立てたところ、本決定は、民執法188条において準用する同法68条の立法趣旨（被担保債権の弁済の優先）から買受けの申出ができないのであり、担保不動産競売の債務者が免責許可決定を受け、同競売の基礎となった担保権の被担保債権が上記決定の効力を受ける場合には、債権者がその強制的実現を図ることもできなくなるから、上記相続人に対して、①目的不動産の買受けより被担保債権の弁済を優先すべきであるとはいえないし、②上記相続人に買受けを認めたとして

も同一債権の債権者の申し立てによりさらに強制競売が行われることはなく、上記相続人に買受けの申出を認める必要性に乏しいとはいえない。また、③上記相続人については代金不納付により競売手続の進行を阻害するおそれが類型的に高いとも考えられないため同条の「債務者」に当たらないと判断し、原決定を破棄し、その他売却不許可事由の有無につき審理を尽くさせるため、原々審に差し戻した。本決定では、原審が「債権自体が消滅するものではない」と判断している点を変更していないことや民執法68条、188条の制度趣旨に照らし「債務者」該当性を検討していることから、免責により当然に債務が消滅するとの立場ではなく[21]、また、①～③の説示から、Xの立場を積極的に保護するというよりは、債権者・債務者間の衡平性に配慮した判断ともいえる。本件では、免責後に相続人が承継した事案であるが、当該不動産の帰属について、いまだ遺産分割等が未了でありXに債務者の相続人としてどのような権利が帰属するのか等も含め不確定であるという事案的特殊性がある。また、確定していたとしても本件のような「債務」（自然債務か）が相続されるか等、検討すべき理論的問題点も残されており[22]、本決定の結論の一般化は検討が必要である。本決定の分析については大澤慎太郎教授の評釈（担保）がある。

（たなか・あつこ）

1) 今期中の不動産関連の裁判例として、入会権・入会地使用権に基づく登記抹消請求に対し従来の最高裁の立場（最一判昭57・7・1民集36巻6号891頁）と同様、入会権自体の管理処分に関する事項であるとして民法252条ただし書の適用を否定した最二決令3・4・16（LEX/DB 25590049）（棄却・不受理）があるが、公刊雑誌未掲載であるため検討対象裁判例ではないものの、鹿児島県馬毛島入会権訴訟（最一判平20・7・17民集62巻7号1994頁（松尾弘「判批」速報判例解説（法学セミ増刊）4号69頁）の関連事案の最高裁決定であるため注記する。
2) 最一判令3・5・17民集75巻5号1359頁、最一判令3・5・17民集75巻6号2303頁。
3) 近時の同種の事案について、本誌22号不動産[6]〔堀田親臣〕のほか、東京高判令元・5・30判時2440号19頁〔本誌21号不動産裁[14]）、東京地判令2・10・5金法2165号75頁（加藤新太郎「判批」本誌24号［不法行為1]）。
4) 本件と同様の判断枠組みの事案として、横浜地判平15・9・24判タ1153号192頁（反対運動の一環としてインターネット掲示板やミニコミ誌への投稿が意見表明の範囲内のものとして名誉毀損に該当しないとした事案）、東京高判平6・3・23判時1515号86頁（「不当訴訟の○○建設」など記載した垂れ幕を数か月間継続してビルを囲む形で掲示した行為は心理的圧力を加える目的であるとし、掲示の内容、目的、態様から建設会社の社会的評価を低下させ、名誉を毀損するとして横断幕の撤去を認めた事案）等がある。
5) 本件Y会社が被告となった同様の事案として、名古屋地判令2・1・30（棄却）、同控訴審が、名古屋高判令2・10・6（棄却）。
6) 同種の事案として大阪高判平30・10・25について石田剛「判批」本誌20号［取引1]にて詳細な分析がある。
7) 原審について本誌24号［不動産][7]〔武川幸嗣〕に詳細な分析がある。その他、岡本祐樹「判批」私法判例リマークス61号26頁。
8) 本判決において、本契約13条1項の規定が消契法に反しないとした理由として、未払賃料等の合計が3か月分以上に達する事態は、それ自体が賃貸借契約の基礎である信頼関係を破綻させる事情であり、加えて、原契約の解除前に履行の催告を受けられない賃借人の不利益の程度は、それほど大きくないため、信義則に反して消費者である賃借人の利益を一方的に害するものではないとした。
9) 本判決の論点の最新の研究として、宮下修一「借地借家法における『建物所有目的』の意義」磯村＝後藤＝窪田＝山本編『法律行為・契約法の現代的課題』（成文堂、2022年）581頁以下。なお、最判昭和42年は寺院境内における簡易なゴルフ練習設備を設置した事案。「賃料」も「寄付金」とされる等借地法を適用すべき特段の事情がないとされた。本件は、借地を自動車学校建築のための木造家屋の敷地に使用することが契約書に記載があることから借地法の適用を認めた自動車学校事案（最二判昭58・9・9判タ509号119頁）に近い。
10) 当初は打席の簡単な屋根を設け、打席数は15程度。昭和56年には鉄骨造2階建の堅固な構造物に打席数を82打席に大規模改造。
11) 同種の事案として、東京地判平27・1・26、東京高判平27・9・9は減額請求をいずれも棄却。
12) 賃料減額確認請求を棄却する確定判決の既判力の及ぶ範囲については、越山和広「判批」法学教室502号119頁。
13) 最一判平17・3・10民集216号389頁は、賃料の減額の可否についての考慮要素について、借地法32条1項所定の諸事情（租税等の負担の増減、土地建物価格の変動その他の経済事情の変動、近傍同種の建物の賃料相場）のほか、賃貸借契約の当事者が賃料額決定の要素とした事情その他諸般の事情を総合的に考慮すべきであるとした最一判昭44・9・25民集96号625頁を引用し、共同事業の一環として賃貸借契約が締結されているという「特段の事情」を考慮しないまま判断したとして原審を破棄し、差し戻した。
14) 平成5年法律第52号。特優賃制度においては、家賃その他賃貸の条件に関し、本件建物の家賃の額が近傍同種の住宅の家賃の額を上回ることのない適正な額とする、修繕費等は、特優賃法施行規則で定める額を超えて、契約し、又は受領してはならない等、他の賃借人に不当な負担をとなることを賃貸の条件にしてはならない（同法施行規則13条等）等の制限がある。
15) 本判決について、宮澤俊昭「判批」新・判例解説 Watch（環境法）105号。
16) 本件とは異なり、売主が事前に基準値を超えるヒ素が土壌に含まれていることを知っている事案に対し土壌調査費用及び浄化処理費用の賠償義務を認めたのが東京地判平20・11・19判タ1296号217頁。
17) 同種の事案については、前出注3)。
18) 本件について、原田昌和「判批」新・判例解説 Watch（財産法）30号67頁、家原尚秀「判批」ジュリスト1573号120頁。
19) 越智敏裕「判批」新・判例解説 Watch30号313頁。
20) 本判決に関し、岡田好弘「判批」新・判例解説 Watch30号173頁。
21) 学説・判例の整理、位置づけについて伊藤眞『破産法・民事再生法〔第5版〕』（有斐閣、2022年）806頁～809頁。
22) 岡田・前出注20)176頁。

不法行為裁判例の動向

石井正人　弁護士

現代民事判例研究会財産法部会不法行為パート

1　はじめに

今期の不法行為裁判例は、最高裁判例が5件（うち2件は本誌で既に紹介済み）、下級審判例が57件であった。

注目すべき最高裁裁判例としては、不法行為に基づく損害賠償債務にかかる遅延損害金の元本組入れについて判断した [5] と、交通事故における車両損傷にかかる請求権の消滅時効の起算点について判断した [40]（注目裁判例研究不法行為1）がある。いずれもこれまで下級審裁判例で判断が分かれていた論点について判断しており、今後の裁判実務に与える影響は大きいといえる。

下級審裁判例においては、インターネット上の権利侵害に関する裁判例が6件、交通事故関連の裁判例が5件と比較的多かった。

また、旧優生保護法の規定を違憲とした上で、除斥期間の適用について判断した事例として、[41]（注目裁判例研究不法行為2）があるが、その後、同事件の控訴審も含め除斥期間の適用を制限した高裁裁判例が2件出ている。

2　不法行為一般

(1)　権利・利益侵害、違法性

[1] 最一判令3・5・17判時2500号49頁は、建設アスベスト訴訟大阪訴訟第1陣上告審判決である。同日に判決が言い渡された神奈川訴訟第1陣 [47]、東京訴訟第1陣（民集75巻6号2303頁）、京都訴訟第1陣の各判決とともに、いずれも本誌24号「不法行為裁判例の動向」にて取り上げている。

その他には、不貞慰謝料関係の裁判例が3件あった。

[2] 福岡地判令2・12・23判タ1491号195頁（控訴）は、既婚者の男性が独身女性と不貞行為をしたとして（その後調停離婚した）妻が独身女性に対して慰謝料を請求した事案である。本判決は、男女が多数回一緒に旅行して同室に宿泊したこと、ラブホテルに宿泊することも少なくなかったこと、メールの中に「不倫」という言葉があること等から性行為に及んだ事実が極めて強く推認されるとしつつ、他方で、アダルトチルドレンかつ共依存症と自覚する両者が精神世界の理論についてマンツーマンで相互学習するという特殊な関係等を踏まえてメールのやり取りやラブホテル利用等を検討すると、重大な疑問を差し挟む事情があり、未だ真実性の確信を抱くには至らない等として請求を棄却した。

[3] 東京地判令3・1・27判時2514号39頁（控訴）は、被告が夫と不貞行為を行ったとして（夫から離婚訴訟を提起されていた）妻である原告が、被告に対し不法行為に基づき慰謝料等の支払を求めた事案である。本判決は、夫と被告との間の親密なメールのやりとりや夫が所持していたホテルの利用明細書等はあるもののこれらから被告と夫が不貞行為に及んだと推認するのは飛躍があるといわざるを得ない等として請求を棄却した。

[4] 東京地判令3・2・16判時2516号81頁（控訴）は、原告が同性愛者である被告（女性）に対して原告の妻と不貞行為をしたとして損害賠償を求めた事案である。本判決は、当事者間で性的行為が行われたことについて争いがないことを前提に、同性同士の間でも不貞行為は成立するとし、性行為類似行為を不貞行為と認定したが、離婚にまでは至っていないこと、同性に対しての性行為であること、被告も問題がないとは認識していないこと等から慰謝料額を10万円とした。

(2) 因果関係・損害

[5] **最三判令4・1・18**金法2188号68頁（民集登載予定）は、不法行為に基づく損害賠償債務の遅延損害金を民法405条又は同条の類推適用により元本に組み入れることができるかというこれまで下級審裁判例で判断が分かれていた論点について判示したものである。事案は、ソーシャルアプリケーションの企画、開発、販売等を目的とする株式会社（株式譲渡制限会社）の代表取締役が同社発行済株式総数100株中63株を保有していたところ、同社が同人に899株を1株1万円で割り当てて募集株式の発行を行い、その結果、同人の保有株式が999株中962株となった。その上で、会社は発行済普通株式を全部取得条項付株式とする定款変更及び株式の全部を取得する旨の株主総会決議をし、同決議に基づき少数株主の保有株式（8株）を取得した。そのため、少数株主において前記新株発行等が不法行為を構成するとして代表者と会社に対して損害賠償及び遅延損害金の支払を求めた事案である。そして、少数株主は、第一審係属中に民法405条に基づきその時点までの遅延損害金を元本に組み入れる旨の意思表示をした。一審（東京地判平30・3・22判タ1472号234頁）は、新株発行についての不法行為の成立を認定した上で、不法行為に基づく損害賠償債務は損害の発生と同時に何らの催告を要することなく遅滞に陥るとして民法405条に基づき不法行為時から意思表示時までの遅延損害金を元本に組み入れた。これに対して原審（東京高判令2・5・20公刊物未登載）は、不法行為に基づく損害賠償債務の遅延損害金について民法405条は適用または類推適用されないとした。本判決は、民法405条の趣旨について、「債務者において著しく利息の支払を延滞しているにもかかわらず、その延滞利息に対して利息を付することができないとすれば、債権者は、利息を使用することができないため少なからぬ損害を受ける」ことから、「利息の支払の延滞に対して特に債権者の保護を図る趣旨」であるとし、貸金債務の遅延損害金についてはその趣旨が当てはまるのに対し、①「不法行為に基づく損害賠償債務は、貸金債務とは異なり、債務者にとって履行すべき債務の額が定かではないことが少なくないから、債務者がその履行遅滞により生ずる遅延損害金を支払わなかったからといって、一概に債務者を責めることはでき」ず、また、②「不法行為に基づく損害賠償債務については、何らの催告を要することなく不法行為の時から遅延損害金が発生する」ため「元本への組入れを認めてまで債権者の保護を図る必要性も乏しい」として、民法405条の趣旨は妥当せず、同条の適用または類推適用により元本に組み入れることはできないとした。

[6] **長崎地判令3・1・19**判時2500号99頁（控訴）は、社会福祉法人が経営する保育園に勤務していた保育士が同園で発生した虐待騒動等によって業務上強度の心理的負荷を受け約1年3か月後に自殺したことについて、精神障害の症状の寛解・増悪の経過は様々であり、時間的間隔があることは直ちに予見可能性を否定するものではない等とし、虐待騒動による心理的負荷が継続する中でさらに業務上の心理的負荷が加わったこと等を考慮し、業務と自殺との因果関係及び経営法人の安全配慮義務違反を認めた（過失相殺3割）。

3 人格権・人格的利益

(1) プライバシー関係

マイナンバー制度に関する裁判例が2件あった。

[7] **仙台高判令3・5・27**判時2516号26頁（上告、上告受理申立て）は、原告らが、マイナンバー制度（平成25年法律第27号）は、憲法13条によって保障された自己情報コントロール権又はプライバシー権を侵害しており又は侵害するおそれがあり違憲であると主張し、差止及び削除並びに慰謝料を請求した事案である。原審（仙台地判令2・6・30判時2516号33頁）は、原告らの主張する自己情報コントロール権の内容を検討し、憲法13条が原告らの主張する自己情報コントロール権を保障していると解することはできないとし、また、個人番号等が外部に漏えいする具体的な危険があるとは認められないとしてプライバシー侵害についても否定した。本判決も、マイナンバー制度に個人情報の不正利用や情報漏えいの危険を防ぐための相応の法制度上及びシステム技術上の措置が講じられており、マイナンバー制度の運用は、個人情報がみだりに第三者に開示又は公表されるという具体的な危険を生じさせる行為ということはできない等とし、プライバシー権侵害を否定した。

[8] **福岡地判令2・6・15**判タ1491号203頁（控訴後棄却）も、同種事案について、同様の枠組みで判断し、法令等の根拠に基づかずに又は正当な行政目的の範囲を逸脱して収集、保管、利用、開示又は

公表される具体的危険があるとはいえず、憲法13条により保障された原告らの個人に関する情報をみだりに第三者に開示又は公表されない自由が侵害されているとはいえない等として請求を棄却した。

[9] 横浜地判令2・12・11 判時2503号49頁（控訴）は、民事訴訟における主張立証活動とプライバシー侵害の成否に関して比較衡量をして判断した事案である。被告は神奈川県弁護士会所属の弁護士であり、原告（選定当事者）らは、インターネット上のブログ運営者による被告を含む多数の弁護士への懲戒請求の呼びかけに賛同して、不動文字で印刷された定型用紙をブログ運営者から入手した上、署名・押印や住所などを自ら記入して完成させた懲戒請求書を、集約団体を通じて神奈川県弁護士会に送付して大量の懲戒請求をした591名のうちの9名である。大量懲戒請求については、神奈川県弁護士会が綱紀委員会に調査を求めることとし、被告にその旨を書面で通知したが、通知書には、懲戒請求者の氏名、郵便番号、住所が記載されたリスト並びに用いられた懲戒請求の定型用紙が添付された。その後、綱紀委員会は懲戒委員会に事案の審査を求めないことを相当とする旨の議決をした。被告は、大量懲戒請求のうち6件を取り上げ、これらの懲戒請求が違法な請求であり、不法行為を構成するとして損害賠償を求める訴訟を提起したが、書証申出をするために懲戒請求者のリストの写しを提出したことで、請求者のプライバシーを侵害した等として原告らが被告に対して不法行為に基づき損害賠償を求めたものである。本判決は、民事訴訟における主張立証活動は、訴訟記録が閲覧可能な状況に置かれることなどにより、第三者がその事実を知り得る状態に至り、結果的に公表と同様の効果をもたらすことがあるため、プライバシー侵害の成否が問題となり得るとしつつ、事実を公表されない法的利益と主張立証に係る法的利益の比較衡量判断に際しては、民事訴訟の性格上、当事者の主張立証活動の自由を保障する必要性が高いことを踏まえることが重要であるとし、各個人情報を公表されない法的利益と本件各提出行為とを比較衡量しても直ちに前者が後者に優越するとまでは認められない等として請求を棄却した。

[10] 静岡地判令3・5・7 判時2515号63頁（控訴後、請求棄却）は日本国内に居住する外国人が覚せい剤取締法違反及び大麻取締法違反の被疑事実で逮捕勾留され、その後嫌疑不十分により不起訴処分となったが、逮捕時に新聞紙上に記事として実名及び逮捕された事実と共に住所の地番まで掲載されたこと等がプライバシー侵害等に当たるとして新聞社（静岡新聞）に対して損害賠償を求めた事案である。本判決は、プライバシー侵害に関する従来の判断枠組みを適示した上、住所が本件の被疑事実で逮捕されたとの情報と併せて公表された場合、抗議や嫌がらせ等で私生活上の平穏が脅かされる可能性も否定できない等とし、他方、記事掲載の目的は重要な公益を図ることにあり、被疑事実の重大性や社会的関心の高さから人物特定ための報道の必要性は高いが、居住地域については、住所の一部にとどまらず地番まで掲載する必要性が高いとは言い難いことを踏まえるとプライバシー侵害に当たるとした。他方、控訴審の東京高判令3・11・18（裁判所HP）は、本判決と同様の判断枠組みを用いつつ、一審原告らを特定する事項を記載して逮捕事実を報道することは、一審原告らのプライバシー保護に優越するとして不法行為を否定した上、地番まで記載した点について、地番の公表に関する利害得失の諸事情や報道機関の取扱いの方針が一定ではないことなどをみると、社会的な議論が期待されるところではあるが、少なくとも本件記事掲載時点において、逮捕された被疑者を特定して報道する場合に、地番を公表することが一律に許されないとする社会通念があるとまではいえず、また、本件では地番の記載の有無により私生活上の平穏が害されるおそれに格段の違いがあったかは証拠に照らしても必ずしも明らかとはいえない等とし、一審原告らを被疑者として特定するプライバシー情報を公表することが許容される中で、一審原告らの住所の地番が公表されない法的利益が、これを公表する理由に優越しているとまではいえないとした。

(2) 名誉毀損

[11] 東京高判令2・1・23 判タ1490号109頁（確定）は、学校法人が運営する学園の学園長を務めていた者がインターネット上の電子掲示板「2ちゃんねる」（当時）における計32回の投稿等により名誉等が毀損され精神的苦痛等の損害を被ったとして投稿者に対して不法行為に基づく損害賠償を求めた事案の控訴審判決である。本判決は、発信者情報の開示及び投稿の削除に要した弁護士報酬を含む費用、並びに慰謝料150万円を損害として認めた（認容額414万1687円）。なお、原判決（東京地判令元・8・6公刊物未登載）は刑事告訴等費用（弁護士費用）

についても一部を損害と認めていたが本判決は否定した。

[12] 大阪高判令2・6・23判タ1495号127頁（確定）は、被控訴人が、ツイッターでの控訴人の単純リツイートに係る投稿行為が被控訴人の名誉を毀損したとして、不法行為に基づく損害賠償請求をした本訴請求と、控訴人が、被控訴人の本訴提起行為が訴権の濫用である「スラップ」に当たるとして損害賠償を求めた反訴請求からなる事案の控訴審判決である。本判決は、単純リツイートに係る投稿行為は、一般閲読者の普通の注意と読み方を基準とすれば、特段の事情がある場合を除いて、元ツイートに係る投稿の表現内容をそのままの形で自らのタイムラインに表示させて閲覧可能な状態に置く行為に他ならず、元ツイートの表現の意味内容が一般閲読者の普通の注意と読み方を基準として解釈すれば他人の社会的評価を低下させるものであると判断される場合、リツイート主がその投稿によって元ツイートの表現内容を自身のアカウントのフォロワーの閲読可能な状態に置くということを認識している限り、違法性阻却事由又は責任阻却事由が認められる場合を除き、当該投稿について不法行為責任を負うとした。そして、元ツイートのうち「Xが30代でA知事になったとき、20歳以上年上のAの幹部たちにずいぶんと生意気な口をきき、自殺にまで追い込んだ」という表現の意味内容は一般閲読者の普通の注意と読み方を基準として解釈すれば、生意気な口方をしたことによって、生意気な口の利き方をされた職員の中に自殺にまで追い込まれた者がいたとの事実を適示したものと解釈するとし、その意味内容からすれば社会的評価を低下させる等として原判決（大阪地判令元・9・12本誌21号「不法行為裁判例の動向」[11]）（本訴請求認容額33万円、反訴請求棄却）を維持した。

[13] 東京高判令2・7・22判タ1495号111頁（後上告棄却、上告受理申立不受理）は、特定非営利法人及びその理事長が、週刊誌の記事により名誉が毀損されたとして、発行会社に対して損害賠償及び謝罪広告の掲載を求めた事案の控訴審判決である。原審（東京地判令元・12・2判タ1495号119頁）は、代表者が金員を横取りしたこと又は横取りを強く窺わせる事実が存在することの真実性及び相当性を認めるに足りる証拠はないとして代表者への名誉毀損が成立するとした（法人については請求棄却）。それに対して、本判決は、記事の適示している事実の重要な部分は、法人が理事長の個人事務所に業務委託料として月額約50万円を支払っていること、理事長の屋号に過ぎない個人事務所が理事長とは別個の経済主体であるかのように扱われていること、平成15年からの業務委託料の推計が約7000万円に上ること等であるとした上、本件では法人が理事長の個人事務所に月額40万円超50万円未満の金員を支払っており、業務委託報酬等の支払の合計も6239万9899円となるから重要な部分において真実と認められ、仮にそうでないとしても真実であると信じるには相当な理由があった等として名誉毀損を否定した（法人、理事長いずれについても請求棄却）。

[14] 大阪高判令2・9・10判時2504号88頁（確定）は、マンションの設計・施工会社と建築主会社が、建設中のマンションに隣接するマンションの管理組合に対し、隣接マンション外面に掲げた横断幕・垂れ幕の内容が両社の名誉を毀損しているとして損害賠償請求と横断幕等の掲示禁止請求をしたが、棄却された事案である。原審（大阪地判令2・2・28判時2504号91頁）は、横断幕等が原告マンションの建設による周辺地域の住環境の悪化という公共の利害に関する事実について反対運動の一環として近隣住民等の理解を求めるためのもので公益目的であるとした。また、原告らは、ウェブサイトにおいては、民泊利用を主たる目的とする計画が決定されているかのような記事を掲載する一方、被告に対しては、原告マンションの用途について、賃貸目的であると説明し、民泊利用の可能性について自発的には説明しなかった等の事情から、被告において原告らが民泊利用目的を隠ぺいしていることが真実であると信ずるにつき相当の理由があるとした。本判決もほぼ同様の理由で原告らの請求を棄却した。

[15] 東京高判令3・9・15金判1633号8頁（上告・上告受理申立て）は、被告会社が、監査役から海外子会社による第三者に対する貸付が適正な社内決裁を経ずに行われたおそれがある旨の指摘を受け、社内に弁護士ら3名を構成委員とする特別調査委員会を発足させ、同委員会が調査し提出した調査報告書を匿名処理を施して公表したところ、被告会社の創業者であり代表取締役社長や取締役会長を歴任した原告が、当該報告書に記載された論評によって名誉が毀損されたと主張して会社等に対して損害賠償を求めた事案である。原審（東京地判令2・11・26金判1633号13頁）は、調査報告書の論評内容は、原告の社会的評価を低下させるものであるが、上場企

業である被告会社の取締役の任務懈怠の有無という株主をはじめとする多数の利害関係者の公共の利害に関する事実に係るものといえ、かつ、これを公表することは多数の利害関係者に対し特別調査委員会による調査結果を説明するもので専ら公益目的であるとし、各論評の基礎事実はその重要な部分について真実である等として違法性を欠くとした。本判決もほぼ同様の判断で控訴を棄却した。

[16] 名古屋地判令2・10・1判タ1494号162頁（確定）は、歯科医院を営む歯科医師が、当該歯科医院に関する記事をインターネット上の掲示板に複数回投稿したインターネット広告会社代表者らと、投稿を依頼した他の歯科医師に対して、投稿によって名誉を毀損され、売上が大幅に減少し、営業上の損害等を被ったと主張して、共同不法行為に基づき損害賠償を求めた事案である。本判決は、名誉毀損及び共同不法行為の成立を認めた上で、損害に関して、営業上の損害を否定し、慰謝料200万円を認めた（認容額240万円）。

[17] 東京地判令3・3・5判タ1491号191頁（控訴）は、病院を開設する医師が、当該病院のグールマップでの評価において5段階中最も低い1の評価を付けた記事について、ウェブサイトを管理運営する法人（グーグル・エルエルシー）に対して、記事により医師の名誉が毀損されたと主張し、人格権に基づく妨害排除請求として記事の削除を求めた事案である。本判決は、ウェブサイトにおける病院又は医師についての口コミは不特定多数の患者が治療を受けるべき病院又は医師を選択するのに資する貴重な情報源であり、口コミによる自由な批判に対してはある程度受忍すべき立場にあるから名誉を毀損するというためには社会的評価の低下の程度が受忍限度の範囲を超えることを要するとした。そして、口コミサイトの閲覧者は他の記事をも閲覧しそれらの記事には肯定的な評価もあれば否定的な評価のものもあり得ること、閲覧者はこれらの記事を総合して情報を得ていると考えられること等を考慮し、本件では、記事により社会的評価の低下が全くないとはいえないが、その程度は受忍限度の範囲内であるとして名誉毀損を否定した（請求棄却）。

[18] 東京地判令3・3・16判タ1490号216頁（控訴）は、NHKが、被告がその管理運営するウェブサイトにおいて、NHK及びその職員が放火事件に関与したことをうかがわせる記事を投稿し、ツイッターにおいて上記記事を引用する記事を投稿したこ

とにより、名誉が毀損されたとして、被告に対して不法行為に基づき損害賠償と謝罪文書の交付を求めた事案である。本判決は、記事による社会的評価の低下の程度は大きい等とし、記事とツイートによる無形損害（250万円）を認めた。また、発信者情報開示に要した弁護士費用等も損害として認めた（認容額361万8880円）。なお、控訴審（東京高判令3・11・9公刊物未登載）では、無形損害の額が（350万円に）増額された（認容額402万5000円）。

(3) その他人格権

[19] 大阪地判令2・9・18判時2505号69頁（確定）は、いわゆる「なりすまし」によりウェブサイトにクチコミ記事を投稿された者によるウェブサイト運営者（グーグル・エルエルシー）に対する人格権に基づく記事の削除請求が認められた事案である（損害賠償責任は否定）。本判決は、氏名は個人からみれば、人が個人として尊重される基礎であり、その個人の人格の象徴であって人格権の一内容を構成するものというべきであるから、人はその氏名を他人に冒用されない権利を有するところ、かかる権利は不法行為上、強固なものとして保護される等とした上で、第三者に氏名を冒用された者は、人格権に基づき、現に存在する侵害行為を排除するために投稿の削除を求めることができるとした。

[20] 仙台高判令3・4・27判時2510号14頁（確定）は仙台港に建設された石炭火力発電所（仙台パワーステーション）の周辺住民が、身体的人格権又は平穏生活権に基づく妨害予防請求権を根拠として発電所の運転差し止めを求めたが認められなかった事案である。本判決は、現段階において控訴人に健康被害が発生する具体的な危険性があるとまでは認められない等として控訴を棄却した（本誌23号「環境裁判例の動向」[2]）。

[21] 熊本地判令3・1・29判時2510号33頁（控訴）は、外国人技能実習生である原告について、技能実習の監理団体である被告組合が、帰国の意思を書面により確認し、帰国前に外国人技能実習機構に技能実習困難時届出書を届け出る義務があったにもかかわらず、これらをせずに出国の手続を進め、しかも、原告の旅券及び在留カードを保管すること等が禁止されていたにもかかわらず出国手続ないし失踪防止のためにこれらを返さず、負担する義務のない費用負担もあるかのように誤解させたものであり、原告の技能実習生として保護されるべき権利を

侵害する等として不法行為責任の成立を認めた（認容額55万円）。

4 学校・施設関係

(1) 学校関係

(a) いじめ

[22] 福岡高判令2・12・9判時2515号42頁（確定）は、防衛大学校の元学生が、在校中に在校生8名から暴行、強要等の加害行為を受けたことで精神的苦痛を受け、退校を余儀なくされた等として組織上又は履行補助者である教官らの安全配慮義務違反を理由に損害賠償を求めた事案である。本判決は、請求を棄却した原判決（福岡地判令元・10・3本誌22号「不法行為裁判例の動向」[34]）を変更し、国は防衛大の学生に対する安全配慮義務として、組織体制、設備等を適切に整備するなどして学生の生命、身体及び健康に対する危険の発生を防止する義務を負っているとし、学生間指導により具体的な危険が発生する可能性があると認められる場合には、この危険の発生を防止するために具体的な措置を講ずべき義務があるとした。そして、履行補助者である指導教官らは個々の行為が行われた際に関係者への事情確認や被害者の身体の状態の確認、学生に対する指導後の上司への報告等において適切な対応を怠ったため、後の暴力行為等を防ぐことができなかった等として安全配慮義務違反を認め、請求を一部認容した（認容額268万2086円）。なお、加害行為をした学生らに対する損害賠償請求については、別事件で請求を一部認容する判決が確定しており（福岡地判平31・2・5裁判所HP）、本判決では、慰謝料額の認定に際して当該別事件にかかる事情が考慮されている。

(b) 学校の措置等

[23] 名古屋地判令2・8・19判タ1490号159頁（控訴後棄却）は、気管カニューレ等を挿管している子（判決時中学生）及びその両親が自治体に対して(1)障害者差別解消法7条2項にいう合理的配慮として公立中学校において子のために喀痰吸引器具の取得及び保管を求め、(2)子の小学校在学中、①教育委員会が両親に喀痰吸引器具を準備し登校日に持参するよう求めたこと、②小学校校長らにおける②校外学習への父母の付添い要求、⑤他の保護者への適切な働きかけがなかったこと、⑥子を水泳の授業に参加させなかったこと等が障害者基本法4条及び障害者差別解消法7条に違反する等として、国

賠法1条1項に基づき慰謝料等を求めた事案である。本判決は、障害者差別解消法は個々の障害者に対して合理的配慮を求める請求権を付与したものではないことや両親が喀痰吸引器具を取得すべきとしたこと等が不当な差別的取り扱いや合理的配慮の不提供に当たるということはできず、教育委員会がその裁量権の範囲を逸脱し又はこれを濫用するものではない等として違法性を否定した。なお、控訴審（名古屋高判令3・9・3公刊物未登載）も不当な差別的取扱いに当たらない、或いは合理的配慮の不提供には当たらない等として控訴を棄却した。

[24] 大阪地判令3・2・16判タ1493号118頁（控訴）は、公立高校に在籍していた女子生徒が、教員から頭髪指導として繰り返し頭髪を黒く染めるよう強要され、授業などへの出席を禁じられる等したことから不登校となり、さらに不登校となった後も点呼等に用いられる生徒名簿から当該生徒の名前が削除され、教室から机と椅子を撤去されるなど不適切な措置を受けたために精神的苦痛を受けたとして自治体に対して国賠法1条1項又は債務不履行に基づく損害賠償を求めた事案である。本判決は、校則等の違法性に関して、高校は、法律上格別の規定がない場合であっても、その設置目的を達成するために必要な事項を校則等によって一方的に制定し、これによって生徒を規律する包括的権能を有しており、生徒においても当該学校において教育を受ける限り、かかる規律に服することを義務付けられるとし、生徒の髪型決定の自由についても当該規律との間で一定の制約を受け、校則等が正当な目的で定められ、その内容が社会通念に照らして合理的なものである場合は違法とはいえないとした。そして、本件高校は、当時問題行動に走る生徒が多く、その改善が求められていた状況にあり頭髪や服装等に対する指導に力を入れてきたこと等から、非行行動を防止するという校則の目的は正当な教育目的と言い得るし、一定の規範を定めてその枠内において生徒としての活動を推進させ学習や運動などに注力させる手法は一定の合理性を有すると言い得るとした。また、頭髪規制の内容は洗髪、脱色及び一部の特異な髪形を規制するにとどまる等として生徒に過度な負担を課すものとはいえず社会通念に反するともいえないとした。他方、名簿からの削除や机・椅子の撤去については、女子生徒の登校回復に向けた教育環境を整える目的との関係で（真に登校回復に向けた教育環境を整える目的とは認められず）当該措置が不

登校の状態にあった女子生徒に与える心理的打撃等の事情を考慮せず、またはこれらの事情を著しく軽視した点においてその手段の選択が著しく相当性を欠いており、校長や教員らの教育環境配慮義務における裁量権の範囲を逸脱したとして国賠法上の違法があると認定した（認容額33万円）。本判決の判断は控訴審（大阪高判令3・10・28公刊物未登載）でも維持されている。

(2) 介護等の施設関係

[25] 札幌地判令2・7・31判タ1495号219頁（確定）は、介護施設に入居し、アルツハイマー型認知症、関節の拘縮、全身の筋力低下等で要介護度4の認定を受けていた高齢者が従業員の食事介助中に、顔色が変わり、視線の定まらない状態になって、ぐったりと脱力し、その後死亡したため、遺族が施設を運営する株式会社に対して、従業員が食事介助を適切に行う注意義務等に違反した等として不法行為又は債務不履行に基づき損害賠償を求めた事案である。本判決は、死亡した高齢者は膵癌であることがほぼ間違いなく、食事中に意識が消失しているところ、窒息の場合に起こるべき幾つもの機序が見られていないことからすれば、原因を窒息とみるには疑問があり、加えて医師の余命診断等から膵癌等の原因により突然死に至るおそれが相当程度高度に至っていたとして死因が食事中の窒息にあると認めることは困難とした。また、従業員の注意義務違反等についても否定した。

[26] 宇都宮地判令3・3・3判時2501号73頁（控訴）は、児童養護施設に入所している児童と母親との面会の制限を行政指導により継続した措置が違法であるとして自治体に対して慰謝料（15万円）の支払を命じた事案である。本件では、児童相談所（児相）長が、原告らの子を一時保護し、さらに入所措置を行って児童養護施設に入所させ、行政指導としての面会通信制限を行ったところ、原告らが、児相において親子の再統合に関する支援業務を怠り、行政指導としての限界を超える違法な面会制限を行った等として慰謝料の支払を求めた。本判決は、児相の支援業務については、その権限を定めた法令の趣旨、目的や、その権限の性質等に照らし許容される限度を逸脱して著しく合理性を欠くといえるような義務の懈怠は認められないとした。他方、面会制限については、行政指導が任務又は所掌事務の範囲を逸脱している場合はもとより相手方の任意の協力に

基づかないことが明らかになった場合は、一般にかかる行政指導を合理的な期間内に中止すべき職務上の法的義務を負っているとしつつ、虐待を受けた児童の保護者が面会通信制限に不協力・不服従の維持を表明している場合であっても、面会通信制限に対する保護者の不協力が社会通念に照らし客観的にみて到底是認し難いものといえるような特段の事情が存在する場合には、継続してもその限度では違法にならないものの、保護者において児相所長に対して行政指導にはもはや協力できないとの意思を真摯かつ明確に表明し、直ちに指導の中止を求めていると認められるときには、他に特段の事情が存すると認められない限り指導が行われていることを理由に面会通信制限の措置を受忍させることは許されないとした。そして、児相が両親との面会制限を継続した措置について、長期にわたって虐待を行う等した一方の原告（父）については特段の事情を認めたものの、他方の原告（母）については特段の事情を否定した。

5 専門家責任

(1) 弁護士

[27] 徳島地判令3・8・18金判1634号20頁（控訴）は、破産手続開始決定を受けた3社（酒や食品等の小売店を経営）の破産管財人が、各破産会社の申立て等を受任した弁護士に対し、各破産会社が有していた在庫商品を納入業者らに返品するとともに各破産会社の元従業員らにその返品作業を行わせて作業の対価を支払い、これらによって各破産会社の責任財産を減少させ、各破産会社の総債権者に損害を与えた、総債権者の損害賠償請求権は破産財団に属する等と主張して不法行為に基づく損害賠償を求めた事案である。本判決は、原告主張の請求権は各破産会社に属する請求権として発生したものではなく、破産財団を構成するとはいえないとした（一部却下、一部棄却）。

(2) 司法書士

[28] 東京地判令2・1・31判タ1491号228頁（控訴）は、いわゆる地面師詐欺の事案である。不動産の売買等の業務を営む会社（買主）が売主との間で代金1億2000万円にて土地の売買契約を締結したが、当該土地は売主の所有ではなく第三者の所有であり他人物売買となることから、売主が所有

権を移転するために第三者（を名乗る者）との間で同日当該土地を購入する売買契約を締結した。しかし、当該土地の各所有権移転登記について、いわゆる連件登記として同時申請しようとしたところ、第三者の登記済権利証及び登記識別情報通知書が偽造されたものであることが判明し移転登記申請が却下された。そこで売買代金相当の損害が発生した買主が、自ら依頼した買主側の司法書士に対して、前件の登記手続書類の真否等を調査すべき義務を怠ったとして不法行為に基づく損害賠償を請求した。本判決は、買主と司法書士との間で後件登記だけでなく前件登記について調査する特約は認められないとした上で、連件登記申請において、前件の登記手続を代理する司法書士がいる場合においては、後件のみの登記手続を代理する司法書士は原則として前件の登記手続書類について必要な書類がそろっているか否かを形式的に確認するという義務を負うにとどまるが、前件の登記手続を代理した司法書士がその態度等からおよそ司法書士としての職務上の注意義務を果たしていないことを疑うべき事情等の特段の事情がある場合には例外的に調査確認すべき義務を負うとした。そして、本件では、前件司法書士は欠席したが決済前に登記義務者の本人確認を行いその旨を伝えており、当日も前件司法書士が所属する事務所の代表弁護士に手続を委任し、同弁護士が決済に立ち会っていること等から特段の事情があるとは認められないとした（請求棄却）。

[29] 東京地判令3・9・17 金判 1640 号 40 頁（確定）は、高齢者が民事信託の利用を考えて司法書士に信託契約の案文の作成や公正証書作成の補助、契約当初の信託事務遂行の補助等を委任した際における司法書士の情報提供義務及びリスク説明義務違反を認めた事案である。本件では、当時 81 歳の原告について、その子が原告の財産管理能力を補完するため、信託の利用を考え、司法書士との間でやりとりをするうちに原告を委託者兼受益者とし、子を受託者とする信託契約を締結することを希望するようになった。そして、その目的として、原告の所有不動産が信託財産となった後も、信託財産に属する建物の大規模修繕、建て替え等の際に、当該不動産に抵当権を設定して金融機関から融資を受けることを含む信託契約を求めていた。しかし、司法書士が作成した案文に基づき信託契約公正証書を作成し、登記を経たものの、信託財産の管理等の目的で信託口口座を開設しようとしたところ、（1 行を除く）銀行からは信託口口座開設を断られ、信託内融資も受けられなかった。そのため、原告は、弁護士関与の下、当初の信託契約が無効であることを確認した上で改めて信託契約を締結し直し、公正証書の作成、登記手続を行うことになった。その後、原告は、当初の信託契約に係る事務を委任した司法書士に対して、債務不履行又は不法行為に基づく損害賠償を求めた。本判決は、債務不履行については否定したものの、当事者が前記目的を重視していたことを司法書士において認識していたとした。そして、当時、信託内融資を行っている金融機関は少なく、通常の融資とは異なる厳しい審査が行われることが少なくないなどの指摘がなされていたため、司法書士において、金融機関の信託内融資、信託口口座等に関する対応状況等の情報収集、調査等を行った上で、その結果に関する情報を提供すると共に、信託契約を締結しても信託内融資及び信託口の開設を受けられないというリスクが存することを説明すべき義務を負っていたとして、司法書士に情報提供義務違反及びリスク説明義務違反を認め不法行為責任を肯定した（認容額は司法書士の報酬等の計 168 万 0656 円）。

(3) 行政書士

[30] 神戸地洲本支判令3・3・11 判時 2509 号 58 頁（確定）は、行政書士に死亡事故の自賠責保険請求事務を委任した者が、保険金（3000 万 7790 円）の受領後、行政書士に支払った報酬 300 万円が高額に過ぎ暴利行為・弁護士法 72 条の非弁行為に該当するとして損害賠償請求をした事案である。本判決は、受任事務が自賠責保険の請求事務という定型的で格別の裁量的判断を伴わないという事務の性質からすると、300 万円という報酬額は著しく過大で業務に見合わず、原告が一般の会社員であったことからすると、原告の自賠責保険に関する経験や知識の乏しさに乗じて過大な報酬を受領したもので暴利行為であり不法行為が成立するとした。なお、損害額については、自賠責保険請求代行による経済的利益を 10 万円とみて 290 万円と認定した。

6 取引的不法行為

(1) 説明義務・適合性原則等

[31] 東京地判令2・1・29 判時 2503 号 33 頁は、認知症等で判断能力の低下した高齢者である原告に被告が過量かつ不必要な宝飾品、衣類等を繰り返し

て販売したとして不法行為に基づく損害賠償を求めた事案である。本判決は、客観的にみれば原告にとってその生活に通常必要とされる分量を著しく超えた過大な取引であったことは明らかとした上で、さらに売主である被告の認識について検討し、担当スタッフと原告が約40年来の知人である等の本件の事情に照らせば被告の担当スタッフ及び店舗責任者である店長も原告の生活に通常必要される分量を著しく超えた過大な取引であることを認識していたと優に推認できるとした。また、原告がアルツハイマー型認知症により高額な取引をするのに必要な判断能力が相当程度低下して以降は、原告の判断能力についても、被告の担当スタッフや店長は認識し又は容易に認識し得たとし、その時点で、事業者である被告は、社会通念に照らし、信義則上、原告との本件取引を一旦中断すべき注意義務を負っていた等として、不法行為の成立を認めた（過失相殺3割、認容額1260万6879円）。

[32] 東京高判令3・10・27判時2516号51頁（上告・上告受理申立て）は、要介護認定を受けている高齢者が介護老人保健施設の通所・入所サービスを受けていたが、費用負担に関する相談を日常的にしていたにもかかわらず、介護保険負担限度額認定制度の説明を受けられず、その結果、同制度を利用していれば軽減できた自己負担額を超える施設利用料金相当の損害を被ったとして施設運営者に対して債務不履行又は不法行為に基づく損害賠償請求をした事案である。原審（東京地判令3・3・12判時2516号56頁）は、介護支援専門員において制度の説明を行う義務を否定し、仮に説明義務を負うと解する余地があるとしても制度の記載がある重要事項説明書による説明を一応している等として請求を棄却した。それに対して、本判決は、介護支援専門員等が制度について熟知しており被保険者との間に情報量の格差があること等を考慮し、相談を受けた場合には的確に説明することが要請されているとした。そして、重要事項説明書の記載の体裁は、容易に視認し理解し得るものであったとは必ずしもいい難く、その後も被保険者側が費用負担の軽減の方策の有無について相談していたことからすれば、制度の存在を認識しておらず、説明すれば制度を利用する蓋然性が高いことを認識したといえるとし、介護支援専門員等がそれ以上の説明をしなかったことが、契約当事者に要求される信義則上の付随義務としての説明義務に違反したとして請求を一部認容した（過失

相殺3割）。

[33] 大阪地判令3・3・26判時2500号75頁（控訴）はトンネル建設工事につき、設計者が構築物の安全性に関する説明を怠ったために損害が発生したとして設計業者の不法行為責任を認めたものの大幅な過失相殺をした事案である。本判決は、被告の責任に関して、原告の大阪府が都市計画道路の地下トンネルの建設を計画し、トンネル工事の設計等を業とする被告会社に地下トンネルの一部の設計を委託（他社との分離委託）したが、支保工事の検討は、仮設構造物の設計内容に影響を及ぼすとともに、各立杭そのものの安全性にも関わる重大な事柄であることは明らかであるから、各立杭の浮き上がりや転倒のおそれはない旨の記載をした検討書を原告に提出する等して、原告に対して各立杭の安定性に関する誤解を招く言動をとった被告は、誤解を解消するに足りる説明、すなわち支保のみでは十分でないことを明確に説明すべき信義則上の注意義務があったとし、被告の説明義務違反（使用者責任）を認めた。他方で、本判決は、原告は各立杭に対する支保工事が必須であるか否かについて、関係者の間で見解の相違があることを認識していたか又は容易に認識し得たのであるから、相互の認識や理解の調整・すり合わせを行い、工事の安全性に万全を期すべき注意義務を負っていたにもかかわらず、協議・検証を行う機会を設けることなく、被告の意見のみに依拠する形で工事を開始させたもので、原告の注意義務違反がなければ損害の発生を回避することができたとした。そして、過失割合について、支保工事の要否及び方法について被告と分離委託した他社との調整は専ら原告が担っていたことや、専門業者から各立杭に支保工事を行う必要があると再三指摘されていたこと等から原告の注意義務違反の程度は重大であるとし、過失割合を原告8割、被告2割とした。

[34] 東京地判令3・10・27金判1640号28頁（控訴）は、被告会社との間で事業譲渡の合意をした原告（台湾の現地法人）が、被告会社において合意以前に違法なカルテル行為が行われ、被告会社従業員において同業者との会合に出席していたことはカルテル行為を構成する重要な事実であったから、当該事実を認識していた被告会社の役員又は従業員等は合意に際して信義則上当該事実を原告に告知すべき義務を負っていた等として役員等に対しては共同不法行為、被告会社に対しては使用者責任等に基づき損害賠償（一部請求）を求めた事案である。本判決は、

交渉の相手方に対して幹部による会合への参加行為を告知すべき信義則上の義務を負う余地があるにしても、少なくとも会合においてカルテル行為として摘発されるおそれのある価格の合意等の具体的な行為の存在を認識したことが必要であるとした。そして、被告会社が営業担当者に対して事業者団体の会合に出席することを禁止する旨の通達を発出しており、出席した従業員は被告会社に対して参加を秘していたこと等から出席従業員以外の役員又は従業員等に上記の認識は認められないとした。また、出席従業員については、交渉担当者の地位になく、事実上関与したと認めるに足りる証拠はない等として信義則上の義務を否定した（請求棄却）。

(2) 金融関係

[35] 名古屋地判令3・5・20判時2513号50頁（控訴）は、商品先物取引及び取引所株価指数証拠金取引を業とする被告会社に委託して行った取引所株価指数証拠金取引（くりっく株365）を行った原告が、被告会社従業員による取引の勧誘は適合性原則違反、説明義務違反、新規委託者保護義務違反等があり違法であるとして損害賠償を求めた事案である。本判決は、勧誘の適合性原則違反、説明義務違反は否定しつつ、被告会社が提供するコンサルティングコースでは、顧客は被告会社の担当者からの適切な情報提供や助言を期待しており、被告会社もそのことを承知していること等から、取引参加者又はその外務員は、取引に習熟していない新規委託者に対し、無理のない金額の範囲内での取引を勧め、限度を超えた取引をすることのないよう助言すべきで、短期間に相応の建玉枚数の範囲を超えた頻繁な取引を勧誘したり、また、損失を回復すべく、さらに過大な取引を継続して損失を重ね、次第に深みにはまっていくような事態が生じるような取引を勧誘したりしてはならない義務（新規委託者保護義務）を負い、被告会社従業員らの勧誘は同義務に違反し不法行為が成立するとした。また、被告会社従業員らは原告の信用を濫用して自己の利益を図り、過当な取引を勧誘したと認められるとして過当取引として違法とした（過失相殺4割）。

[36] 東京地判令3・8・25金法2187号65頁（確定）は、フィリピン共和国の会社が詐欺グループによって改ざんされた送金先情報に基づき、被仕向け銀行である被告に開設された口座に送金させられ金員を詐取されたとして、主位的に（平成29年改正前民法107条2項が類推適用されることを前提に）準委任契約に基づく債務不履行責任に基づき、予備的に使用者責任に基づき損害賠償を求めた事案である。本判決は、被仕向銀行は送金依頼人の復代理人としての性格を有しないとし、送金委託契約上の善管注意義務違反の余地はないとした。また、使用者責任については、送金契約における受取人の特定は第一に送金依頼人の指定によってされるのであり、被仕向銀行が受取人を特定するに当たっては、被仕向送金授受受付票等に記載された文言を合理的に解釈し、被仕向銀行に実在する口座との間で社会通念上同一であると認められれば足りるとし、特定方法としては支店名、口座番号及び口座名義によることをもって足りるとした。そして本件では、文言を合理的に解釈すれば指定口座と被仕向銀行支店に実在する本件口座とは社会通念上同一と認められ、被仕向銀行職員の口座名義人の本人確認等の事務にも不合理な点は認められない等として請求を棄却した。

(3) 会社関係

[37] 福岡地判令4・3・1金判1642号23頁（一部認容、控訴）は、被告会社が発行する株式の取引を行った原告らが、被告会社が提出した有価証券報告書及び四半期報告書に不適切な会計処理に起因する重要な事項についての虚偽記載があり、これによって損害を被ったと主張し、会社に対しては金商法21条の2第1項又は不法行為に基づき、役員に対しては金商法24条の4が準用する同法22条、会社法429条又は不法行為に基づき損害賠償を求めた事案である。本判決は、被告会社に裁判上の自白が成立しているとし、有価証券報告書の連結財務諸表における「当期純損益」3期分の訂正後との差額部分が重要な事項についての虚偽記載に該当すると認定した。他方、それ以外については訂正されたことをもって直ちに虚偽の記載があったということはできないとし、訂正額が明らかに大きくはなかったり、当期純利益を増加させる訂正部分については類型的に重要な事項についての虚偽記載には当たらないとした。また、対象となる株式の範囲に関しては、被告会社が会計処理の適正性について調査を要する事項が判明した等を書面により公表し、報道機関が報道もしていたから、その翌日以降に株式を取得した者については、株価下落リスクを引き受けたというべきとして因果関係を否定した。算定対象株式の特定については、一定期間内の取得と処分とを割合的にとらえて有価証券の帳簿価額とする総平均法の考

え方により損害賠償請求の対象期間の末日時点の保有株式数について、同期間の期首時点の保有株式数と同期間中の取得株式数で按分することにより数量を求めるのが相当とした。

(4) 製造物責任法

[38] 東京高判令2・1・15判時2511号67頁（上告後上告棄却）は、原告がコストコホールセールジャパンに対して、同社が製造していた食料品「ハイローラー（B.L.T）」を購入して摂取した際、商品内に骨片（長さ最大約6mm、厚さ約1mm）が残存しており、これを噛んだため、左下7番の歯に歯冠破折の傷害が生じたことに関し、骨片の混入又は骨片の残存可能性についての警告表示がなかったことは「欠陥」（製造物責任法2条2項）に当たる等として、損害賠償を求めた事案である。原判決（東京地判平31・4・12判時2511号73頁）は、ベーコンビッツの骨片は、完全に除去することは不可能又は著しく困難なものであり、製造上の欠陥があったということはできないとしつつ、注意書き等によって分かりやすく警告すべきであったとして指示・警告上の欠陥を認定した（素因減額7割、認容額15万1519円）。それに対して、本判決は、購入時にベーコンビッツを使用した食品であることを容易に認識できる、食べる際には目視でベーコンビッツの分量や性状まで認識可能である、全体として比較的柔らかく強い力で噛むことが一般的には想定されない等の諸事情を総合すればベーコンビッツの骨片の残存可能性の警告表示がなかったことをもって通常有すべき安全性を欠いていたということはできないとして請求を棄却した。

7 消滅時効・除斥期間

[39] 最二判令3・4・26民集75巻4号1157頁（破棄差戻）は、乳幼児期に受けた集団予防接種等によってB型肝炎ウイルスに感染し、HBe抗原陽性慢性肝炎の発症、沈静化の後にHBe抗原陰性慢性肝炎を発症したことによる損害につき、HBe抗原陰性慢性肝炎の発症の時が平成29年改正前民法724条後段所定の除斥期間の起算点となるとした（本誌23号「医事裁判例の動向」[17]）。

[40] 最三判令3・11・2金法2187号60頁は、交通事故により身体傷害及び車両損傷が生じた場合における車両損傷を理由とする不法行為に基づく損害賠償請求権の短期消滅時効の起算点について判断した。本件では、被上告人が所有し運転する大型自動二輪車と上告人が運転する普通乗用自動車の交通事故により、被上告人が頸椎捻挫等の傷害を負い、事故から6か月後に症状固定の診断がなされた。また、被上告人所有二輪車には事故により損傷が生じた。その後、被上告人は、症状固定時から起算して3年経過直前に訴訟提起し、身体傷害及び車両損傷の損害賠償を求めた。一審判決及び原判決はいずれも不法行為の短期消滅時効について、症状固定診断日を起算日として訴訟提起時に消滅時効は完成していなかったと判断した。それに対して、本判決は、「交通事故の被害者の加害者に対する車両損傷を理由とする不法行為に基づく損害賠償請求権の短期消滅時効は、同一の交通事故により同一の被害者に身体傷害を理由とする損害が生じた場合であっても、被害者が、加害者に加え、上記車両損傷を理由とする損害を知った時から進行する」とした。その理由としては、身体傷害と車両損傷が「同一の交通事故により同一の被害者に生じたものであっても、被侵害利益を異にするものであり、車両損傷を理由とする不法行為に基づく損害賠償請求権は、身体傷害を理由とする不法行為に基づく損害賠償請求権とは異なる請求権であると解され……そうである以上、上記各損害賠償請求権の短期消滅時効の起算点は、請求権ごとに個別に判断されるべき」だからであるとした（詳細は注目裁判例研究1〔白石友行〕参照）。

平成29年民法改正（平成29年法律第44号）では人の生命または身体を害する不法行為による損害賠償請求権とそれ以外の損害賠償請求権で消滅時効期間を異にしており（民法724条、同724条の2）、本判決の判示内容は改正内容とも親和性をもつといえるが、今後は、人的損害の請求と物的損害の請求で時効期間のみならず時効の起算点についても区別して考える必要があり、実務に与える影響は大きいといえる。

[41] 大阪地判令2・11・30判時2506=2507号69頁（控訴後変更）は旧優生保護法に基づく優生手術を受けたと主張する本人又はその配偶者である原告らが、旧優生保護法の立法等が違法であるとして国に対して国家賠償請求をした事案である。本判決は、旧優生保護法4条ないし13条は子を産み育てるか否かの意思決定をする自由及び意思に反して身体への侵襲を受けない自由を侵害し、合理的な根拠のない差別的な取扱いをするものであり明らかに憲

法13条、14条に違反して違憲であるとしつつも、優生手術の実施から20年経過後に提訴しており、除斥期間の経過により請求権が消滅したとして請求を棄却した（詳細は注目裁判例研究2〔村山淳子〕参照）。もっとも、控訴審である大阪高判令4・2・22（裁判所HP）は、除斥期間の起算点を優生保護法の一部を改正する法律（平成8年法律第105号）の施行日前日である平成8年9月25日とした上で、除斥期間の適用を認めることは著しく正義・公平の理念に反するとし、訴訟提起の前提となる情報や相談機会へのアクセスが著しく困難な環境が解消されてから6か月を経過するまでの間、除斥期間の適用が制限されるとして国賠請求を認めた。

なお、同種事案として東京高判令4・3・11裁判所HP（原審：東京地判令2・6・30裁判所HP）があるが、こちらも原審は除斥期間の経過を理由に請求を棄却していたところ、控訴審では優生手術の被害者が自己の受けた被害が被控訴人による不法行為であることを客観的に認識し得た時から相当期間が経過するまでは除斥期間の効果が生じない旨判示した。そして、その相当期間は一時金支給法（平成31年法律第14号）施行日である平成31年4月24日から5年間であるとした。

8 特殊不法行為

(1) 使用者責任等

暴対法関連の裁判例が4件あった。いずれも暴力団代表者等の責任を肯定している。

[42] 東京高判令3・1・29判時2508号10頁（上告・上告受理申立て）は、指定暴力団の構成員を含むグループによって行われた特殊詐欺行為が、暴力団員による不当な行為の防止等に関する法律（暴対法）31条の2の「威力利用資金獲得行為」を行うについてされたものとして、同条に基づく指定暴力団の代表者等の損害賠償責任が認められた事案である。原審（東京地判令元・5・24判時2508号22頁）は暴力団との関係が一切明らかでない等として暴対法に基づく請求を棄却していた。

[43] 東京高判令3・3・22判時2513号12頁（上告・上告受理申立後不受理）は、いわゆる振り込め詐欺によって金銭をだまし取られた者が詐欺グループのリーダー格の所属する指定暴力団の会長であった者に対し、暴対法31条の2又は民法715条1項に基づき損害賠償を求めた事案である。本判決は、暴対

法31条の2に規定する「威力を利用」する行為については、資金獲得のために威力を利用するものであればこれに含まれ、被害者又は共犯者に対して威力が示されることは必要ではないとし、「威力を利用して」とは当該指定暴力団に所属していることにより資金獲得行為を効果的に行うための影響力又は便益を利用することをいい、当該指定暴力団としての地位と資金獲得行為とが結びついている一切の場合をいうとして、指定暴力団の元会長に対して暴対法31条の2に基づく損害賠償責任を認めた。なお、原審（東京地判令元・11・11判時2513号18頁）は、威力利用資金獲得行為や使用者性を否定していた。

[44] 東京地判令3・2・26判時2514号43頁（控訴）も、指定暴力団の構成員らが行った特殊詐欺について、暴対法31条の2本文の威力利用資金獲得行為に該当するとし、当該指定暴力団の代表者等にも損害賠償責任を認めた事案である。

[45] 福岡地久留米支判令3・2・5判時2508号57頁（控訴）は、適格都道府県センターが、マンションの住民らから委託を受け、マンション内の居宅が暴力団事務所として使用されていることによって、同マンションの住民らの平穏に生活する権利が侵害されている等として人格権に基づき暴力団組長及び所有者に対して暴力団の事務所として使用することの禁止等を求めた事案である。本判決は、暴力団同士の対立抗争に巻き込まれれば、事務所は暴力団の活動拠点として相手方からの主要な攻撃目標となり周辺住民の生命・身体が深刻な危機にさらされることは明らかであり、今後も侵害が継続する蓋然性が高いとして、居宅の使用者である暴力団組長に対し、暴力団事務所としての使用禁止を、居宅の所有者に対しては、使用者をして暴力団の事務所または連絡場所として使用させることの禁止をそれぞれ認めた。

(2) 動物占有者責任

[46] 宮崎地判令3・1・13判時2506＝2507号101頁（控訴後棄却）は、宮崎県から委託を受けて犬猫の譲渡推進事業を行っていた団体（権利能力なき社団）のボランティア活動に参加していた女性が施錠されていないケージの外に出ていた柴犬に右手等をかまれる事故に遭ったとして犬の占有者である県と保管者である団体の代表者に民法718条等に基づく損害賠償を請求した事案である。本判決は、県の責任について、業務委託契約の内容を検討し、犬

猫が譲渡されずに飼養期間を経過し、又は業務委託契約が終了した場合には、その犬猫は県に返還され、県が最終処遇を決定することになっていたと認められ、県は、業務委託契約を締結することにより本件団体を自己に代わって犬猫を保管する者として選任し、保管させていたと認められる等として県の動物占有者責任を認めた（認容額784万4667円）。

(3) 共同不法行為

[47] 最一判令3・5・17民集75巻5号1359頁は、建設アスベスト訴訟神奈川訴訟第1陣上告審判決である。本判決は、国に対する請求について、建設作業に従事してばく露した者のうち、労働者に該当しない者との関係でも認めた。また、建材メーカーに対する請求について、被害者保護の見地から民法719条1項後段の類推適用により、寄与度に応じて各損害の3分の1の範囲で責任を負うとした（本誌24号「不法行為裁判例の動向」[1]）。

9 交通事故

[48] 福岡高判令2・12・8判タ1491号81頁（確定）は、死亡交通事故事案であり、自転車で車道を通行していた被害者がまず中型貨物自動車に衝突されて約28.1メートル先まではねとばされ（第1事故）、その8分から9分後、別の中型貨物自動車に礫過された（第2事故）。本判決は、第2事故の運転手の責任に関して、民法719条1項後段の趣旨は、関連共同性を欠く数人の加害行為により損害が生じ、その損害が当該数人中誰かの行為によって生じたことは明らかであるけれども、誰が生じさせたか不明の場合（いわゆる択一的競合の場合）において被害者保護のため連帯して賠償責任を負わせる規定であるとし、本件では、第1事故と第2事故を区別できるうえ、第2事故は第1事故がなければ生じていないので民法719条1項後段の本来的な適用場面ではないが第2事故で死亡した可能性があると認められる場合は類推適用できるとした。しかし、その立証責任は被害者側にあるとし、本件における解剖所見に基づく鑑定意見その他の証拠を踏まえれば被害者は第1事故で死亡したものと十分推認でき、第2事故によって死亡した可能性があるとは認められず民法719条1項後段は類推適用できないとし、第2事故の運転手に対する請求を棄却した（控訴棄却）。

[49] 札幌高判令3・2・2判時2509号31頁(上告)は、交通事故で負傷した者について、事故後に発症した切迫性尿失禁・腹圧性尿失禁が、事故による外傷によって下部尿路を支配する神経損傷や骨盤内の膀胱尿道支持組織の損傷等による異常がもたらされ、器質的な病変は特定できないものの、これらに起因して生じた高度の蓋然性がある等として、相当因果関係の認められる後遺障害（11級10号）に当たるとし、原判決（札幌地判平31・3・26判時2509号37頁）を変更して請求を一部認めた。

[50] 東京高判令3・2・10判時2503号19頁（上告事件）は、駐車場の公道からの出入口に接した場所において駐車区画に後退進入していた先行車と公道から進入して入口付近の通路で停止していた後行車が衝突した交通事故の事案である。一審（浜松簡判令元・9・25判時2503号28頁）は、停止中の後行車の過失3割、駐車動作中の先行車の過失7割としたのに対して原審（静岡地判令2・3・12判時2503号22頁）は逆に、停止中の後行車の過失7割と認定したところ、本判決は一審の結論が相当とした。原審は、駐車場は駐車のための施設であることから、特に駐車動作に入っている車両を認めた場合には、駐車車両の駐車動作の妨げにならないようにするとともにクラクションを鳴らす等の注意喚起措置をとる等の注意義務があるとし、後行車の過失が大きいとした。これに対し、本判決は、原審は標準基準（別冊判例タイムズ38号[336]事例・基本過失割合は、通路進行車が8、駐車区画進入車が2）に準拠し、修正したものとみられるが、標準基準中の駐車場内の事故というのは大規模駐車場であって公道の通行の安全に影響のないエリアにおける事故を前提とし、本件で先行車が駐車しようとした区画への進入運転操作は、公道から本件駐車エリアに進入しようとする後続車がある場合には、公道の通行の安全に大きな影響を及ぼす運転操作であり標準基準の駐車場内の事故とは前提を異にするとした。そして、本件では双方の運転者に過失があるが、最大の原因が後退動作中の先行車の進行方向不注視にあるとして、過失割合について一審が判示するとおりとした。

[51] 広島高判令3・9・10判時2516号58頁（確定）は、交通事故で労働能力を100％喪失した全盲の視覚障碍者（事故当時17歳、女性）の後遺障害逸失利益の算定に用いる基礎収入の額について、健常者と同一の賃金条件で就労することが確実であったことが立証されているとまではいえないものの、その可能性も相当にあり、障害者雇用の促進等の事情

の変化により将来的にその可能性も徐々に高まって
いくことが見込まれる状況にあった等として就労可
能期間を通じ賃金センサス（男女計、学歴計、全年齢）
の平均賃金の8割とした（原審は7割）。

[52] 東京地判令2・1・30判タ1494号175頁（控
訴後棄却、附帯控訴棄却、確定）は、交差点での進
路変更車（自動車）と後続直進車（二輪車）の接触
事故の事案である。本判決は、二輪車の運転手につ
き、①自動車の左ウインカー点灯、②右前方の自動
車の進路変更開始時における双方の距離、③自動車
の進路変更の予想、④過去の二輪車運転時に自損や
接触による転倒事故を少なくとも5回起こしていた
こと等から、その過失は大きいとし、他方、自動車
の運転手については十分な距離を保って車線変更を
行うべきだったとして、事故態様や双方の過失の内
容、程度等を勘案し、過失割合を二輪車60％、自
動車40％とした。

10 国家賠償法

(1) 国家賠償法1条

(a) 刑事施設関係

[53] 札幌地判令2・5・29判タ1492号229頁（控
訴後一部訴え取下げ、残部控訴棄却）は、札幌刑務所
の被収容者が他の被収容者から暴行を受けて負傷し
たとして同人に対して不法行為に基づき損害賠償を
求め、併せてその場に居合わせた刑務官2名が当該
暴行を制止しなかったことにつき国賠法上の違法が
あると主張して損害賠償を求めた事案である。本判
決は、刑務官の責任について、刑事施設の規律及び
秩序を適正に維持して、被収容者の収容を確保する
と共にその安全かつ平穏な共同生活が維持された状
態を保つ義務が一般的に生じているのであり、刑務
官には状況に応じ制止権限の行使が義務付けられる
場合もあるとし、被収容者の安全かつ平穏な共同生
活を維持するために必要とされる場合であって、被
収容者の身体に対する危険が現実化している状況が
生じた時には制止権限を行使する法的義務があると
した。そして、漫然と「やめろ」、「離れろ」等と発
言するのみで30秒近く遠巻きにながめていた等の
具体的事情の下ではその不行使が許容される限度を
逸脱して著しく合理性を欠くとし、制止権限の不行
使は原告との関係において国賠法1条1項の適用上
違法とした（認容額11万円）。

(b) 行政一般関係

夫婦同氏制を定める民法750条及び戸籍法74条
1号が憲法14条1項、24条等に違反しないとした
裁判例が2件あった（いずれも国賠請求を否定）。

[54] 広島高判令2・9・16判タ1491号97頁（本
誌24号不法行為裁判例の動向[47]）についてはその
後、最三決令4・3・22（裁判所HP）にて上告棄
却となった。

[55] 東京地立川支判令元・11・14判タ1494号
189頁（控訴後棄却）は、夫婦同氏制を定める民法
750条及び戸籍法74条1号が憲法14条1項、24条、
自由権規約及び女子差別撤廃条約の各規定に違反す
るものであることが明白であるとは認められず、国
会が正当な理由なく長期にわたってその改廃等の立
法措置を怠る場合に当たるとも認められないから、
各規定の改廃を行わない立法不作為は、国家賠償法
1条1項の規定の適用上違法の評価を受けるもので
はないとした。

[56] 仙台高判令3・2・10判タ1494号70頁は、
公立学校教員として任命された教諭が高校の定時制
課程の英語担当教員として勤務していたが、約2年
4か月後に自殺したことについて、遺族が、同校の
先輩教諭がパワーハラスメント行為をし自殺を招来
して生命を侵害した、又は同校の校長・教頭が同校
の労働環境を整備するという信義則上の安全配慮義
務に違反したと主張して国賠法1条1項に基づき損
害賠償を求めた事案である。

原審（仙台地判令2・7・1判タ1481号221頁、
本誌23号「不法行為裁判例の動向」[35]）は、先輩教
諭は死亡教諭がうつ状態の診断を受けていたことを
知らされておらず故意過失があったとはいえないと
した一方で、校長らは、少なくとも死亡教諭がうつ
状態である旨の診断の報告を受けた以降は、業務の
遂行に伴う疲労や心理的負荷等が過度に蓄積し心身
の健康を損なうことがないよう注意する義務を負っ
ており、先輩教諭に自制を促すと共に業務において
死亡教諭との接触を減らす措置を講じる義務に違反
したと認定し、損害賠償を認めた（素因減額6割、
認容額2534万3398円）。本判決も原審の結論を維持
したが、予見可能性に関して、先輩教諭の予見可能
性を肯定し、不法行為の成立を認めた。また、校長
らについては、うつ状態にある者に自殺念慮や自殺
企図の出現のおそれがあることは常識に属し、現に
教頭自身が死亡教諭からうつ状態だという報告を受
けて、対応の仕方を誤れば重大な結果に通じるかも
しれないと考えたことを認めていることや、医師が

死亡教諭の非自発的入院等を考慮しなかったとしてもそのことによって校長らが先輩教諭に対する適切な指導等を行わなかったことがやむを得ないとはいえない等と判示した。

[57] 名古屋高金沢支判令3・9・8判時2510号6頁（上告・上告受理申立て）は、権利能力なき社団が金沢市庁舎前広場を使用して憲法施行70周年集会を開催することを目的として金沢市長に庁舎等行為許可申請をしたところ、不許可処分をしたため、違憲違法な行為であるとして権利能力なき社団及びその代表者らが金沢市に対して国家賠償請求をした事案である。本判決は、地方自治法244条2項の適用を受ける公の施設といえるためには施設が住民の福祉を増進することを本来の目的として設置された施設であることを要するとした上、広場が公用財産である市庁舎建物の敷地の一部で独立した公の施設とは認められないとして原判決（判時2465＝2466号25頁）を維持し控訴を棄却した。

[58] 福島地郡山支判令3・7・30判時2499号13頁（控訴）は、平成23年3月11日の東北地方太平洋沖地震に伴い生じた津波による福島第一原発の事故により、浪江町津島地区が放射線で汚染された上、精神的苦痛を被ったとして、津島地区の住民らが国及び東京電力に対して、所有権若しくは入会的利用権又は不法行為に基づく損害賠償請求権に基づき津島地区全体の放射線量を毎時0.046マイクロシーベルトに至るまで低下させる義務があることの確認及び放射線量を毎時0.23マイクロシーベルトに至るまで低下させることを求めるとともに、国に対して国賠法1条1項に基づき、東電に対して主位的に民法709条、予備的に原賠法3条1項に基づき損害賠償を求めた事案である。本判決は、遅くとも平成18年の時点において、経済産業大臣が福島第一原発について（電気事業法40条に基づき）技術基準適合命令を発しなかったことは、法の趣旨、目的やその権限の性質等に照らし、著しく合理性を欠くもので国賠法上違法であるとした。東電については原賠法上の責任のみを認めた。賠償額については、本件事故により被ばくしたことにより将来自らの健康に影響が及ぶのではないかとの不安を抱くのはやむを得ないと考えられるのであり、社会通念上、そうした状況に置かれたのであれば誰もが抱くと考えられる不安であるとし、被ばく慰謝料を請求している津島居住原告の慰謝料額について基本額として1人1600万円を認めたが、原状回復請求については

否定した。また、東電から基本額を超える額の支払を受けた原告については、東電と原告との間で個別事情を考慮して上乗せした賠償額を東電が支払う旨の合意が成立していたとしたとして過払の余地はないとした。なお、最近出た2件の最高裁判例は、国が津波による原子力発電所の事故を防ぐために電気事業法（平成24年法律第47号による改正前のもの）40条に基づく規制権限を行使しなかったことを理由として国家賠償法1条1項に基づく損害賠償責任を負うとはいえないとし、国の賠償責任を否定した（①最二判令4・6・17令3（受）342号裁判所HP、原審：仙台高判令2・9・30判時2484号185頁、第一審：福島地判平29・10・10判時2356号3頁、②最二判令4・6・17令3（受）1205号裁判所HP、原審：東京高判令3・2・19裁判所HP、第一審：千葉地判平29・9・22裁判所HP）。

(c) 司法関係

[59] 大阪高判令3・2・4判時2508号31頁（上告受理申立後不受理）は、大阪府警の警察官が、市民団体によるバスの運送行為が道路運送法4条1項所定の一般旅客自動車運送事業を経営したものに当たると判断し、これを被疑事実として労働組合の組合事務所を捜索すべき場所とする捜索差押許可状を請求したこと、捜索差押えの執行の際に組合員の容貌を写真撮影したり、組合の名誉・信用を毀損する発言をしたこと、組合員の請願を受理しなかったことが違法な公権力の行使に当たるとして労働組合と組合員が慰謝料等の支払を求めて国家賠償請求をした事案である。本判決は、バスの運行について、市民団体が年にわずか1、2回開催する集会の参加者の便宜のために自家用バスを運行しているにすぎず、常時他人の需要に応じて反復継続し、又は反復継続する目的をもって運送行為をなすものとはいえないことが明らかであるとし、道路運送法4条1項違反の具体的な嫌疑が存在するとした警察官の判断は、捜索差押許可状の請求時において、捜査機関が現に収集した証拠資料及び通常要求される捜査を遂行すれば収集し得た証拠資料を総合勘案して合理的な判断過程により導き出されたものとはいえないから違法であるとして請求を一部認めた（認容額11万円）。なお、原判決（大阪地判令2・7・17判時2508号40頁）はバスの運行について事業性を認め、違法性を否定し請求を棄却していた。

[60] 東京地判令3・1・26判時2512号48頁(控訴)は、弁護士会が所属弁護士に対して業務停止1月の

懲戒処分をしたところ、所属弁護士が、懲戒委員会の懲戒議決に基づいて懲戒処分を行ったことが国家賠償法上違法な行為であった等と主張して国家賠償請求をした事案である。本事案では、綱紀委員会で認定した事由は弁護士が受任した事件が法律上正当な依頼であることを前提として弁護士が受領した報酬額が不相当であることだったのに対して、懲戒委員会が懲戒相当とした事由は、弁護士が違法な事件に関与したことと弁護士が違法な依頼に対して報酬を受領したことであった。本判決は、懲戒委員会において審理の対象とすべき事実は、綱紀委員会の議決において事案の審査を求めることを相当と認められた特定の具体的事実と同一の社会的事実の他、これに基づく懲戒の可否等の判断に必要と認められる事実の範囲に限られ、これらの事実の範囲を安易に拡張して解釈することは許されないとした。そして、懲戒委員会が、綱紀委員会の議決において事案の審査を求めることを相当と認められた特定の具体的事実及びこれに基づく懲戒の可否等の判断に必要と認められる事実の範囲に属さない事実を認定して懲戒の議決をしたとして、弁護士法が定める懲戒の手続に違反した決議であるとした。そして、本件では懲戒委員会の議決の手続上の違法が問題とされていることから、懲戒委員会が職務上通常尽くすべき注意義務を尽くすことなく、漫然と手続上違法な懲戒の議決をしたと認め得る事情がある場合には国賠法1条1項にいう違法があるとし、懲戒委員会は、懲戒事由として取り上げられていないことを認識し、自ら綱紀議決の内容としてその旨を懲戒議決の議決書に記載しているとして懲戒委員会の懲戒処分に国家賠償法1条1項にいう違法性があるとした（損害額は平成20年から同27年までの連続する3年間の所得合計のうち最も少ない金額で算出した4183万0474円、慰謝料100万円）。なお、本事案に関しては、近時、控訴審判決で請求が棄却された旨の報道に接している。

(2) 国家賠償法2条

[61] 京都地判令2・11・19判タ1493号141頁（控訴）は、原告会社の運営する旅館が平成24年8月の豪雨の際に床上浸水の被害を受けたのは、旅館近傍を流れる河川に設置されたスクリーンの構造や旅館に隣接する排水機場の運用方法に設置又は管理の瑕疵があったからであるとして、原告会社らが河川及び排水機場を管理する自治体に対して国家賠償法2条1項に基づき損害賠償を求めた事案である。本判決は、本件スクリーンの格子状構造がその外形上、縦縞スクリーンと比較すると、より小さい枝葉や泥などを捕獲する構造であり、これらがスクリーンを閉塞することにより、集中豪雨時に暗渠入口部にまで土砂や枝葉などの異物を含んだ濁流が流下してくると閉塞する虞があることは想像に難くなく、スクリーンが閉塞すれば暗渠入り口部に集中した河川流域の雨水が行き場を失うことになるとし、目幅20cmの縦縞スクリーンに改修されていれば溢水及び浸水を回避できた可能性が相応にあったとした。そして、事情を総合すると、対策を講じることが法的に期待されていたとして、格子状構造のスクリーンには設置又は管理の瑕疵があったとした（原告会社についての認容額1130万6234円）。なお、縦縞スクリーンでも回避できなかった旨の不可抗力の主張に対しては、本件の豪雨の後、自治体が本件スクリーンを縦縞スクリーンに変更し、上流側にも新たに縦縞スクリーンを設置したところ、その後の平成25年豪雨及び平成30年豪雨では総雨量が本件豪雨よりも少なかったが、縦縞スクリーンであれば閉塞や溢水には至らず、細かい土砂等が隙間から流下されていた等の事情から縦縞スクリーンに改修していれば溢水や浸水を回避できた可能性が相応にあったとして否定した。

11　管轄

[62] 東京地判令元・9・4判タ1493号236頁（控訴後原判決取消、訴え却下、控訴棄却、上告、上告受理申立て）は、被告（アップル・インコーポレイテッド）が販売するパソコン用部品の製造・供給を継続的に行っていた原告会社が電源アダプタ等の部品（コネクタに組み込まれるピン）を開発した上で、被告の要請に従ってその量産体制を整えたにもかかわらず、被告から同部品の発注を突然停止され、その発注を再開等してもらうために、被告からの代金減額の要求およびリベート支払の要求に応じることを余儀なくされたなどと主張して債務不履行又は不法行為に基づく損害賠償を求めた事案である。被告は、訴えについて日本国裁判所に管轄がない旨の本案前の主張をしたが、裁判所は被告の主張に理由がない旨の中間判決（東京地判平28・2・15NBL1073号36頁）を言い渡した上で、終局判決として、債務不履行に基づく損害賠償請求の準拠法について、

法の適用に関する通則法7条によりカリフォルニア州法とし、不法行為に基づく損害賠償請求について、基本契約であるMDSA（Master Development and Supply Agreement）と切り離しては不法行為該当性の判断ができないとし、本件各不法行為に基づく損害賠償請求権の成立及び効力はカリフォルニア州とより密接な関係を有することが明らかであるから通則法20条が適用され、準拠法はカリフォルニア州法になるとした。なお、中間判決では、管轄に関して原告の主張する不法行為に基づく損害の少なくとも一部は日本国内において発生したものであるから民訴法3条の3第8号により国際的裁判管轄が認められるのが原則であるとした上で、MDSA中の管轄合意は改正民事訴訟法3条の7の施行日（平成24年4月1日）前に締結されたとして、同条項の適用を否定して条理に基づき判断するとした。そして、民訴法11条2項の趣旨は国内的裁判管轄のみに妥当するものではなく管轄一般に妥当するとした上で一定の法律関係に関して定められたものである必要があるとした。その上で、MDSAの条項は適用条件について「両当事者間に紛争が生じる場合」とのみ定めており、基本となる法律関係を読み取ることは困難であるとして当該条項を無効とした。これに対して、控訴審（東京高判令2・7・22判時2491号10頁）は、MDSA中の本件条項は、当事者間の

紛争について訴訟を提起する場合には、カリフォルニア州の裁判所が専属的管轄権を有すると定め（本件条項c）、その条項が「紛争について別の書面による契約が適用されない限り、紛争が本契約に起因もしくは関連して生じているかどうかにかかわらず、本条の条件が適用される」とする（本件条項e）が、そのうち一部（条項e部分）は無効となるものの、これを除いた本件条項について、少なくとも本件MDSAに起因して又は関連して生じた紛争についてはカリフォルニア州の裁判所に専属的合意管轄を定めるものと解釈することは当事者の意思に反するものではなく、むしろ当事者の意思に沿うもので不測の事態は生じない等として一定性の要件を満たし有効であるとして、訴えを却下している。

（いしい・まさと）

家族裁判例の動向

合田篤子　金沢大学教授

現代民事判例研究会家族法部会

今期は、44件の家族裁判例が対象であり、そのうち12件は前号までに紹介済みである。新規に紹介する最高裁決定は2件あり（[13][35]）、特に、[35]は性同一性障害特例法3条1項3号の合憲性が争われたものであり重要である。また、平成30年相続法改正で新設された自筆によらない財産目録の署名押印要件（968条2項）に関する裁判例[27]と特別の寄与（1050条）に関する裁判例[34]が公表裁判例として初めて登場しており注目される。9件の遺言事件（新規6件）は件数として比較的多く、利益相反行為に関する判決が1件あったのも目を引く（[20]）。

最近では高齢者の遺言能力の有無が争点となる訴訟は珍しくないが（[30]）、今期は高齢者の婚姻意思の有無が争点となった[1]、意思能力が無く相続分譲渡契約が無効になった[23]がある。超高齢社会を反映する最近の傾向が続いているものと思われる。

1　婚姻

(1)　婚姻無効

[1] 札幌高判令3・3・10判時2511号89頁は、亡Aの子Xらが、Y女とAとの婚姻無効確認を求めた事案である。原審は、Yの供述等からAが婚姻の意味等を判断する能力を欠いていたとは認められず、Aには婚姻意思があったとして、Xらの請求を棄却した。本判決は、本件婚姻の不自然さを数々指摘し、婚姻届の印影は、Aの印章による印影ではあるが、Aの意思に基づいて顕出されたと認めることはできない一方、Yには婚姻届を偽造する動機があり、Yが本件印章を冒用して押印したものと推認されるとして、本件婚姻は無効であるとして、原判決

を取り消した。

(2)　夫婦の氏

夫婦同氏を定める750条の違憲訴訟が3件ある。[2] 東京地立川支判令元・11・14判タ1494号189頁は本誌22号[2]で紹介済みであるが、控訴審の東京高判令・2・10・23裁判所HPでは控訴棄却となっている。[3] 広島高判令2・9・16判タ1491号97頁は、本誌24号[2]で紹介済みであるが、上告審の最三決令・4・3・22裁判所HPは上告を棄却している。[4] 最大決令3・6・23金法2184号57頁は本誌24号[3]で紹介済みである。

(3)　婚姻費用

[5] 東京高決令2・10・2家判37号41頁は、別居中の妻Xが夫Yに対して、婚姻費用分担請求及び子らの学費等について扶養料請求した事案である。長男が予備校に通学し、長女が私立高校に在学中のため、公立学校の学校教育費を超過する学費の分担方法が争点となった。公立学校の学校教育費を超過する部分について当事者で二等分するのが公平であるとの見解や裁判例もあるが、本決定では、原審判と同様、当事者間で二等分するのではなく、特別経費と同様にX・Y双方の基礎収入に応じて按分するのが相当とした。

[6] 宇都宮家審令2・11・30判時2516号87頁は、妻Aが別居中の夫Bに対し、婚姻費用分担請求した事案である。本審判では、①婚姻費用分担の始期は、請求時を基準とするのが相当として、AがBに内容証明郵便をもって意思を確定的に表明した時点を始期とし、②改定標準算定方式（令元年12月公表）は、法規範ではなく、婚姻費用分担額等を算定するに当たっての合理的な裁量の目安であり、当事者間で改

定前の標準算定方式を用いる合意があるなどの事情がない限り、公表前の未払分を含めて、改定標準算定方式により算定するのが相当であるとして、Aの請求を認めた。

[7] 東京高決令3・4・21判時2515号9頁は、別居中の妻が、失職した夫に対して婚姻費用分担請求をした事案である。原審は、義務者は無職ではあるが退職前も一定期間にわたり稼働していたことや、退職してから間もないこと等を考慮し、給与収入の5割程度の稼働能力を有するとして月額4万円の支払を命じた。本決定は、潜在的稼働能力に基づき収入を認定することが許されるのは、就労が制限される客観的、合理的事情がないのに主観的事情によって本来の稼働能力を発揮しておらず、そのことが権利者との関係で公平に反すると評価される特段の事情がある場合であるとし、本件義務者は精神的にも不安定で特段の事情があるとは認められないとして、妻の請求を却下した。

2 離婚

(1) 不貞行為

[8] 福岡地判令2・12・23判タ1491号195頁は、妻XがY女に対し、夫Aとの不貞行為を理由に慰謝料請求した事案である。本判決は、AとYは複数回一緒に宿泊したり、ラブホテルに滞在した事実があるなど不貞行為を極めて強く推認させる事情があるものの、他方で、LINE上のやり取りの内容に鑑みれば、上記推認に重大な疑問を差し挟む事情があるため、Xの請求を棄却した。

[9] 東京地判令3・1・27判時2514号39頁も[8]判決と同様、妻XがY女に対して夫Aとの不貞行為を理由に慰謝料請求したが、請求棄却となった事案である。認定されたメールのやりとりからは、YとAが非常に親密な関係にあり、会ったことは認められるものの、不貞行為を行っていたことまでは推認できず、また、本件利用明細書にはホテルの利用日時が記載されているが、これをもってAがYと共にホテルを利用したと認めることはできないと判示した。

[10] 東京地判令3・2・16判時2516号81頁は、同性愛者であるY女が妻Aと性的行為を行ったことが不貞行為に該当するとして、夫XがYに対して損害賠償請求した事案である。本判決は、たとえ同性同士の間で性行為あるいはその類似行為が行われた結果として、既存の夫婦共同生活が離婚の危機にさらされたり、離婚に至らないまでも形骸化するなど、婚姻共同生活の平穏が害される事態も想定されるとした上で、本件の場合は不貞行為に該当するとし、夫の請求を認めた。

(2) 財産分与

財産分与に関する[11]と[12]はいずれも一方当事者が財産開示請求を拒否した事案であり、実務上も参考になると思われる。[11] 大阪高決令3・1・13家判38号64頁は、元妻Xが元夫Yに対して財産分与を請求したが、Yが財産開示を拒否したという事案である。原審は、Xが保有していたYの預金口座の過去約3年分の通帳の写しや基準時における預金残高が判明しなかった経緯からXによる当該預金口座の基準時の残高の推計（440万円）に合理性を認め、同額が財産分与の対象になると判断した。その後、Yは、基準時の残高が168万円余であることを示す通帳の写しを提出したものの、Yの本件手続の追行は、財産隠しと評されてもやむを得ない信義に反し不誠実なものであること、さらに、Xによる推計には相応の合理性があることを併せ考慮し、本決定はYの抗告を棄却した。

[12] 大阪高判令3・8・27家判36号69頁は、夫Aから妻Bへの離婚請求に対し、Bが財産分与等を求めて反訴した事案である。原審は財産分与として5700万円の支払等を認めた。双方が控訴したが、特にAは、Bが多額の財産を隠匿して開示していないと主張した。本判決は、基準時における財産分与対象財産の存在を認定できる的確な証拠がない場合であっても、当事者が開示していない財産分与対象財産を保有し、あるいは保有し得たと認めるべき事情があり、こうした事情を斟酌しなければ当事者間の衡平を害すると認める場合には、「一切の事情」（768条3項）として考慮するのが相当と判示した。Bは別居までの間に得た給与収入の2、3割程度の貯蓄を行うことができたものと推認できるとして分与額が5100万円に減額された。

[13] 最一決令3・10・28民集75巻8号3583頁は、元妻Xと元夫Yが、それぞれ財産分与の審判を申立てた事案である。原々審はXY間で財産分与を求めない合意が成立していることを理由に、第1事件（Xが申立人）及び第2事件（Yが申立人）の各申立て

を却下した。原審は、第1事件の申立てを却下する審判は、Yが受けられる最も有利な内容であり、Yは抗告の利益を有するとはいえないとしてYの即時抗告を却下した。本決定は、家事事件手続法156条5号は、財産分与の審判及びその申立てを却下する審判に対しては、当該審判の内容等の具体的な事情のいかんにかかわらず、「夫又は妻であった者」はいずれも当然に抗告の利益を有するものとして即時抗告権を付与したものと解され、Yも即時抗告をすることができるとして、破棄差戻しとした。

(3) 退職金・遺族年金受給権

[14] 最一判令3・3・25判時2503号77頁は、事実上の離婚状態にある場合には中小企業退職金共済法14条1項1号にいう配偶者には当たらないと判示した。本誌24号[7]で紹介済みである。

3 親権・監護

(1) 監護者

[15] 東京高決令元・12・10判タ1494号82頁は、妻Bが長男C（2歳）を連れて別居を開始したことが、夫AとBが示談書中で合意した条項に違反するとして、AがBに対し、Cの仮の監護者の指定及び仮の引渡しを求めた事案である。本件では、別居開始前に、BがAに対して暴力をふるい、傷害を負わせた件でAB間に示談が成立しており、「未成年者の育児方針、教育方針については夫婦間の協議の上で決定する」（本件協議条項）、「A及びBは、将来離婚する場合、未成年者の親権者をAとすることを確認する」（本件親権者指定条項）との条項が含まれていた。原審判は、本件協議条項に違反すること等から、AをCの監護者と指定することが、子の福祉に適うものと一応認められるとしてAの申立を認容した。本決定は、示談の経緯及び内容等に照らし、本件条項の存在をもって違法な子の連れ去りに当るとはいえ、監護者としての適格性に関する調査の状況等に照らし、Cの監護をAに委ねることがBの監護を継続するよりも相当とは認められないとして、原審判を取り消した。

[16] 名古屋高決令2・6・9家判37号50頁は、母Aが父Bに対して子Cの監護者をAに指定することを求めた事案である。Aは心療内科に通院し、Bと口論になった際、包丁を持ち出すこともあり、それ以降、Bが実家でCを監護している。本決定も原審判と同様、BによるCの監護の開始に違法な点は認められず、Cに対する監護状況にも問題点は見られず、AがBよりもCの監護者として適していると認めることはできないとして、Aの抗告を棄却した。

(2) 面会交流

[17] 東京高決令元・11・21家判37号74頁は、面会交流の不履行について間接強制の申立てがなされた事案である。別居中の母Aと父Bには長男C、二男Dがいる。平成30年10月の面会交流調停成立後、AはDとの面会交流実施には応じたが、Cとの面会交流には一度も応じていない。Dの精神状態が不安定であることを理由に平成31年4月の面会交流中止をAが申し入れたところ、Bが間接強制の申立てを行った。原決定は、AにBと子らとの面会交流を実施すること及び不履行1回につき5万円の間接強制金を命じた。本決定は、Aは面会交流が不可能ではないとの認識を有していたのに、Cについては一度も、Dについては平成31年3月を最後に面会交流を実施しておらず、子らの精神状態不安定等についても裏付け資料がないとして、Aの抗告を棄却した。

[18] 奈良家審令2・9・18判タ1492号246頁は、本誌24号[18]で紹介済みである。

[19] 大阪高決令3・8・2家判38号55頁は、新型コロナウイルス感染症拡大がみられた中で、父Bが母Aに未成年者らとの面会交流を求めるとともに、間接強制を申し立てた事案である。A・Bが医療従事者であったこともあり、面会交流の条項中に勤務先や子らの通学先において新型コロナウイルス感染症等のり患等があった場合には、他方に連絡して面会の日程について協議するという内容が含まれていた。原決定は、Aに対し、Bと子らとの面会交流の実施及びその不履行につき1人当たり1回4万円を支払うよう命じた。本決定は、上記感染症の影響等により令和2年12月から同3年3月まで及び5月は、当事者の了解に基づき、ビデオ通話の方法により実施されていることから、緊急事態宣言が発令された同3年4月の面会交流が実施されなかったことのみをもって、Aに義務の不履行があったと評価することは過酷執行に当たり、加えてBは調停条項を順守しない一方で、Aには義務の履行の強制を求める点において権利の濫用に当たるとして、原決定を取り消し、間接強制の申立てを却下した。

(3) 利益相反行為

[20] 東京地判令2・12・25判時2513号42頁は、亡父Aの遺産分割協議が特別代理人の選任なく行われたこと等を理由に、X（遺産分割当時9歳）が本件遺産分割協議の不成立ないし無効を主張し、母Yに対して損害賠償又は不当利得返還請求をした事案である。本判決は、まず、親権者とその親権に服する未成年の子を当事者とする遺産分割協議において、特別代理人には、常に子にその法定相続分相当以上の相続財産を取得させるよう協議する義務も、常に遺留分相当の相続財産を確保する義務もないと判示した。次に、特別代理人の選任審判が本件遺産分割協議の1か月後になされたことについては、本件遺産分割協議の当時、B（Xの父方の祖母）及びC（Aの実兄）がそれぞれXと長男の代理権を有していなかったことは認定した上で、本件特別代理人選任審判は、B、CがそれぞれX、長男の特別代理人として本件遺産分割協議書記載のとおりの協議をすることがX及び長男の利益に反するものではないと判断したということができること、遺産分割協議から特別代理人選任審判までの約1か月の間に、事情の変更があったことはうかがわれないこと、また、B及びCにおいて本件特別代理人選任審判等につき反対の意思を表明していないことから、B及びCは、本件遺産分割協議について黙示の追認をしたものと評価することができ、分割協議当時の代理権欠缺は、本件特別代理人選任審判によって治ゆされたものと解すべきであると判示した。本誌本号の水野貴浩会員の評釈を参照されたい。

(4) 親権停止

[21] 東京高決令元・6・28判タ1492号113頁は、親権者である養父及び実母から虐待を受け一時保護されている子につき、親権を2年間停止した事案である。本誌24号[21]で紹介済みである。

4　成年後見

[22] 水戸家審令2・3・9家判36号136頁は、任意後見契約法10条1項の「本人の利益のため特に必要があると認めるとき」に該当するとした事案である。本誌24号[26]で紹介済みである。

5　相続分譲渡契約

[23] 仙台高判令3・1・27判タ1492号89頁は、亡Bの長女Y₁が、Bの妻である亡A（平27年死亡・Y₁の母）との間で、Aが有するBの相続にかかる相続分を無償で譲り受ける契約を締結したところ、その他の相続人Xらが、本件相続分譲渡契約の無効等を求めた事案である。原審は、Aが契約締結6年前にはアルツハイマー型認知症と診断され、重度の記憶障害、判断力の低下があったことは認定しつつも、Aには契約締結の動機があり、比較的単純な内容の本件契約の結果を弁識し、判断する能力を欠いていたとまでは認められないとしてXらの請求を棄却した。本判決は、鑑定結果を元に、契約締結時のAは、自己の相続分をY₁に無償譲渡するという意思表示に必要とされる意思能力を有していなかったとして、本件契約を無効とした。

6　遺言

自筆証書遺言の日付要件が争点となった[24]最一判令3・1・18金法2179号65頁は本誌24号[36]で紹介済みである。

[25] 東京地判令2・12・17判時2508号53頁は、自筆証書遺言の要件である押印の有無が争点となった事案である。遺言書の本文及び署名は、被相続人Aの自書によるものと認められるが、本件印鑑はY（Aの夫）が所持していたこと等から、Aが押印したことについては大いに疑問が残る一方、Yには押印をする動機が存在する等の諸事情を考慮した上で、Aが押印した事実を認めることはできないとして、本件遺言を無効とした。

[26] 仙台高判令3・1・13判タ1491号57頁は、結論を異にする3通の私的筆跡鑑定を比較分析した他、本件自筆証書遺言書の作成・保管・発見等に係る被告らの供述の信用性等を詳細に検討し、被相続人Aが本件遺言書の全文、日付及び氏名を自書し、押印したと考えるには多数の疑問点があること等から、原判決を変更し、本件遺言を無効とした。

[27] 札幌地判令3・9・24判タ1490号210頁は、自書によらない財産目録に968条2項所定の署名押印がなく、目録自体は無効となる場合でも、目録が付随的・付加的意味をもつにとどまり、その部

分を除外しても遺言の趣旨が十分に理解され得るときは、自筆証書遺言の全体が無効にはならないとした事案である。

[28] 仙台高決令2・6・11判時2503号13頁は負担付「相続させる」旨の遺言の取消しが問題となった事案である。本誌24号[30]で紹介済みである。

[29] 大阪地判令3・9・29金判1639号18頁は、被相続人Aが、相続人の一人であるYに本件土地の持分3分の1（約3175万円）を相続させることの負担として、他の相続人XらにYが代償金（合計4500万円）を支払うこととする負担付相続させる旨の遺言（公正証書遺言）を残し、A死亡後、Yが本件土地の持分全部移転登記をしたため、XらがYに対して代償金を請求した事案である。本判決は、①負担付相続させる旨の遺言の法的性質については、最二判平3・4・19等を参照しつつ、単に負担付きで「相続させる」趣旨の遺言をしたというだけでは遺贈であったと解すべき特段の事情としては足りず、負担付「相続させる」趣旨の遺言も、遺産分割方法の指定であることに変わりはないと判示した。次に、②遺言者が負担付きで「相続させる」趣旨の遺言をした意図が、相続分の変更を含むものであれば、1002条1項が類推適用される余地はないが、相続人間の公平を図る趣旨であれば、特定の遺産の価額を超える負担を特定の相続人に負わせることまでは被相続人として予定しておらず、同項を類推適用するのが相当とした。Aの意図は、相続人間の公平を図る趣旨にあったと解されるとし、Xらの請求を一部認容した。本誌本号の神野礼斉会員の評釈を参照されたい。

[30] 東京地判令3・3・31判時2512号38頁は、アルツハイマー型認知症と診断されていた被相続人Aの作成した「一切の遺言を全部撤回する」旨の公正証書遺言が、遺言能力がなく無効とされた事案である。本件での遺言能力の判断については特に異論が無いと思われるが、本判決が、先行遺言を撤回した本件遺言を遺言として扱っている点については問題点が指摘されている。つまり、1022条は「遺言の方式に従って」と規定しており、「遺言によって」とは定めておらず、遺言の撤回を意思表示と解するならば、その無効確認請求は不適法と解する余地があり、本件においては、相続人が先行遺言によって取得した不動産等の所有権の確認請求訴訟をなすべきであったのではないかと指摘されている（本件無

記名評釈・判時2512号39頁）。

[31] 東京地判令3・8・16金法2182号88頁は、相続人Xらが、金融機関Yに預金払戻請求をした事案であるが、本件自筆証書遺言中の「現金」との文言に預金が含まれるかが主な争点となった。本判決は、①被相続人AがYに有していた預金（約1102万円）が遺言の対象から除外されていることにつき合理的な理由は見当たらないこと、②本件遺言書で「現金」は、Aが遺贈したい旨の意向を有していた孫X_2にその3分の1が遺贈されていること、③預金は一般に現金と同視されやすいこと、④Aには特段の法律知識がなかったことを考慮し、遺言者の真意を探求した上、本件遺言書中の「現金」は預金を含むものと解するのが相当であると判示した。

民訴法に関わる[32] 最二判令3・4・16判時2499号8頁は本誌24号[37]で紹介済みである。

7 死因贈与契約

[33] 東京地判令3・8・17判時2513号36頁は、預金債権を贈与する内容の死因贈与契約は債権譲渡にあたるとした上で、当該死因贈与契約において執行者とされたX（司法書士法人）が金融機関Yに対して当該預金債権の払戻を請求した場合に、譲渡禁止特約が付されている以上、同預金の死因贈与は無効であり、金融機関による払戻しの拒絶は信義則違反にはならならいとしてXの請求を棄却した。

8 特別の寄与

[34] 静岡家審令3・7・26家判37号81頁は、被相続人の弟Aが、相続人である被相続人の長男B及び二男Cに対して特別寄与料の支払を求めた事案であり、特別の寄与に関する初めての公表裁判例である。本審判は、Aによる被相続人への関与は年に数回程度面会等に訪れるといった限定的なものにすぎず、「特別の寄与」（1050条1項）の存在を認めることは困難であるとした。また、1050条2項ただし書の「特別寄与者が相続の開始及び相続人を知った時から六箇月」を除斥期間とした上で、「相続人を知った時」とは、特別寄与料の請求が可能な程度に相続人を知った時であるとした。AとB、Cらとの交流は一定程度あり、申立ても除斥期間経過後になされたものとして、却下された。

9　性同一性障害特例法

[35] 最三決令3・11・30判タ1495号79頁は、未成年の子がいる性同一性障害者Xが、性別変更の審判を申し立てた事案である。本決定では、「現に未成年の子がいないこと」を求める性同一性障害者特例法3条1項3号（以下「3号要件」という）の憲法適合性が争点となったが、平成20年法改正後の「3号要件」も違憲ではないと判断した初めての最高裁決定である。原々審及び抗告審は、3号要件は現時点においては合理性を欠くとはいえないから、憲法13条、14条1項に違反しないとして本件申立てを却下した。本決定も判例の趣旨（最三決平19・10・19家月60巻3号36頁等を引用）に徴して明らかであるとして、本件抗告を棄却した。なお、宇賀克也裁判官は反対意見において、3号要件は自己同一性を保持する権利を侵害するものとして憲法13条に違反すると明確に述べている。

10　ハーグ子奪取条約実施事件

[36] 東京高決令2・5・15家判36号105頁は、父Bが、母Aに対して、子C（1歳）をその常居所地国であるフィリピンに返還するよう求めた事案である（ABCは日本国籍）。原決定は、これまでの裁判例と同様、常居所の認定に際して子が幼児の場合には、両親の意思を重視するモデルを採用し、子の常居所地国をフィリピンとした。本決定では、子が幼児の場合でも両親の意図だけではなく、「子の順応の程度等」も踏まえて判断するのが相当とした。本件において「子の順応の程度」を判断する際に具体的に考慮されたのは、児童手当の受給、幼児教室の入会希望等であるが、本研究会では、これらが判断要素として適切であったのか、やや疑問であるとの意見があった。

[37] 東京高決令2・9・3家判36号88頁は、母Aが、父Bに対して、子C（10歳）、D（7歳）を常居所地国であるアメリカ合衆国に返還するよう求めた事案である。本決定は、原決定を相当とし、本件留置の開始直前までの子らの日本における居住年数は約1年間であること、日本で学業しながら生活する滞在目的となっていったこと等を総合的に判断し、常居所地国は日本であるとして、Aの即時抗

告を棄却した。本決定の意義は、一般論として子の常居所地国の認定に際しては、親の意思は子の統合の程度を測るための補充的な考慮要素にとどまるべきとし、ハイブリッド・モデルの考え方に立つことを初めて明示した点である。また、本決定は、抗告審として初めて、子の常居所地国の認定に関して締約国間で統一的な解釈をすることが望ましいと述べている点も重要である。

11　渉外事件

[38] 静岡家浜松支審令2・1・14判タ1490号254頁は本誌24号[41]、[39] 東京家審令2・4・17判タ1492号251頁は、本誌24号[42]で紹介済みである。

[40] 東京家審令3・1・4家判38号92頁は、出生届未了の子Aが母B（フィリピン国籍）の元夫C（日本国籍）に対し、嫡出否認の調停を申し立てた事案である。BはCと婚姻後、D男と性関係を持ち、Cと離婚後Aを出産した。裁判所は、準拠法に関し、AがCの嫡出子であることが否認されるためには、①Cの本国法である日本法及び母の本国法であるフィリピン法のいずれかにおいて嫡出である子の親子関係が認められ、かつ、②その法に基づき嫡出性を否認することが可能であることが必要であるとし、夫のみが訴えを提起することができることとされている嫡出否認（民774条、775条）についても、子が申し立てた嫡出否認の調停において合意に相当する審判ができるとした。

[41] 東京家審令3・1・27判時2511号101頁は、申立人ら夫婦（ニュージーランド及びD国籍を有するAと日本国籍を有するB）がB及びH国籍を有する実父Gとの間の非嫡出子である未成年者C（日本国籍及びH国籍）を申立人らの養子とすることの許可を求めたが、Gが反対の意向を示しているという事案である。本審判は、Aとの養父子関係については、ニュージーランド法が準拠法となり、日本法の保護要件も具備する必要があり、Bとの養母子関係については、日本法が準拠法になるとした。ニュージーランド法の養子縁組では、非嫡出子の場合、必要であると裁判所が判断するときは、父の同意を要件とすることができる旨が規定され、実親と養子との関係について断絶効があるところ、Bは、夫婦共同縁組の申立てをし、Aとの間でも非断絶型にとどまる

ことから、実父の同意は不要として、本件申立てを許可した。

[42] 東京家判令3・3・29家判38号81頁は、日本及びD国の国籍を有するA（妻）が、チェコ及びE国の国籍を有するB（夫）に対し、離婚及び長男の親権者をAと定めること等を求めた事案である。親子間の法律関係の準拠法については、Aは日本法、Bは約24年間チェコに在住していたこと等からチェコ法となる。長男はチェコ国籍を有し、約2年半チェコに居住し永住権も取得していること等からチェコ法が本国法となり、親子間の法律関係はチェコ法が適用されるとした。チェコ民法では離婚後も親責任を有するが、子の利益を考慮して単独監護にもできるとされ（チェコ民法907条1項）、Bは様々な国に転々と赴任し長男の養育環境としては不安定であることからAの単独監護に委ねることが相当であると判断された。

[43] 東京家審令3・5・31家判38号73頁は、母A（日本国籍）が父B（F国籍）に対し、日本国籍を有する未成年者ら（C、D、E）の監護者をAと定めるとともに、C・Dの引渡しを請求した事案である。本審判は、準拠法を日本法とした上で、別居までの主たる監護者はAであって、Bは監護養育への関与は限定的であった上、日本の家庭裁判所での手続中にC、Dの旅券を虚偽の届出により取得して海外渡航させ、従前と全く異なる生活環境において子らを監護しようとしており監護者としての適格を欠くとして、Aの申立てを認容した。本研究会では、本件はハーグ条約に基づき子の返還命令を求めることも可能だったのではないかとの指摘があった。

12　その他

[44] 宇都宮地判令3・3・3判時2501号73頁は、児童養護施設入所中の児童と父母との面会通信の制限を継続した措置が違法であるとして、父母が県に対し国賠法に基づき慰謝料請求した事案である。本判決は、保護者が面会通信制限に対して不協力・不服従の意思を表明している場合であっても、当該保護者が受ける不利益と行政指導の目的とする公益上の要請とを比較衡量して、保護者の不協力が社会通念に照らし客観的にみて到底是認し難いものといえるような特段の事情が存在する場合には、面会通信制限を継続したとしても違法には当たらないと判示した。本件では、父については「特段の事情」が認められるが、母には特段の事情が存在するとはいえないとして、母の請求について一部認容した。ただし、控訴審の東京高判令3・12・16（今期の報告対象外）は父母の控訴を棄却し、県の敗訴部分を取り消した。

（ごうだ・あつこ）

環境裁判例の動向

桑原勇進　上智大学教授

島村　健　神戸大学教授

環境判例研究会

　本稿では、民集75巻4号〜75巻8号、判時2499号〜2516号、判タ1490号〜1495号、判例自治479号〜485号、及び2022年前期に最高裁判所のHPに掲載された、環境分野の裁判例（前号までに紹介したものを除く）を紹介する。1〜6は桑原が、7〜9は島村が担当した。

1　基本理念・基本原則

　予防原則に関するものとして、[1] 最三判令4・1・25判例自治485号49頁がある。予防原則に依拠して規制を設ける条例の定めが憲法22条1項に違反しないか否かが問題となっている。事案の詳細は8自然保護での紹介及び本誌の及川評釈を参照していただきたいが、具体的には水源保全・涵養の目的で、一定の地域内での一定の事業（本件では採石業）を禁止する、山形県遊佐町の健全な水循環を保全するための条例の条文である。被規制者である原告は、採石業によって遊佐町の健全な水循環に悪影響が出ているとの立法事実はない、実際に地下水脈の保全等に悪影響を及ぼすか否かについて不明なまま規制している、などを根拠に憲法違反であると主張したが、一審、二審ともに、遊佐町においては上水道の水源がすべて湧水と地下水であり水資源を保全する必要があること、地下水脈がどのように流れているのかを詳細に調査してその全容を解明することは技術的・財政的に困難であること、一度損傷を受けた地下水脈を修復するのは不可能ないし著しく困難であることから、予防原則に基づく本件条例の規制は合理的であると判断した。最高裁も、同条例が違憲ではないことは最大判昭47・11・22（小売商事件判決）の趣旨に徴して明らかであるとしている。

　平穏生活権に関するものとしては、今期は [2] 広島地決令3・3・25判時2514号86頁が見られた。事案は、産業廃棄物安定型最終処分場につき、周辺住民等が井戸水、水道水、河川水が有害物質により汚染されるおそれ等があるとして、人格権等に基づき、本件処分場の建設、使用、操業の禁止の仮処分命令を求めた、というものである。（本決定の位置付け等についての詳細は、大塚直「安定型処分場に対する民事差止訴訟における判断の方式」環境法研究13号163頁、越智敏裕・判批・速報判例解説環境法No.3を参照していただきたい）裁判所は、被保全権利として、（生命、健康ではなく）生命、身体、健康についての身体的人格権と密接に関連する精神的人格権の一種としての平穏生活権を措定している。すなわち、曰く「人は飲用水に有害物質が含まれるおそれがあれば、自らが健康被害を受けるのではないかという不安を抱くことになるが、それが主観的なものにとどまらず、社会通念上も合理的なものと評価される場合には、そうした健康被害への不安を抱えながら日々の生活を送らなければならなくなることは著しい精神的苦痛をもたらし、生活の平穏を害することになる」。その上で、まず、本件処分場に安定5品目以外の廃棄物が付着、混入するおそれについて、埋立物の違反等を理由とした行政指導が後を絶たず、安定5品目以外の物質が一定の割合で混入していること、債務者が掲げる搬入防止策（①排出事業者への訪問やヒアリング、廃棄物データシートの徴収による情報収集、②排出事業者の信用力等を踏まえた受入れ可否の決定、③マニフェストや廃棄物データシートと搬入された廃棄物との照合等による受入前検査、④展開検査の実施、⑤バックテストの実施）は付着、混入を防止する十分な効果があるとは認められないこと、処分場予定地の岩盤が透水性が高い地盤であると推定され、本件処分場が操業を開始した場合には有害物質が漏出した水が処分場外に流出し、地下

水等の経路により、債権者（の一部）が飲用水として利用する井戸に到達し、これが汚染されるおそれがあると認められること、以上のことから、債権者（の一部）「が感じる本件処分場の操業による健康被害への不安感は社会通念上合理的なものであり……著しい損害又は急迫の危険と評価される程度の平穏生活権侵害をもたらすおそれがあると認められる。」として、申立を認めた。水道水の汚染、河川の汚染による農作物・川魚の汚染を介した権利利益の侵害のおそれについては、申立を却下した（なお、研究会での情報によると、本件については令和4年6月30日に高裁の決定が出されているとのことである）。

平穏生活権については、環境法の事件ではないが、福岡地久留米支判令3・2・5判時2508号57頁もある。マンション内の居宅が暴力団事務所として使用されていることから、同マンションの他の住民が平穏生活権侵害を主張して使用禁止等を求めたという事案で、請求を認めたものである。判決は、「生命・身体の安全を侵されることなく、平穏な生活を営む権利」を認めた上で、さらに、平穏生活権の侵害が「現実化していなくとも、侵害の危険が切迫している場合には、人格権に対する侵害の予防として、あらかじめ侵害行為又は侵害の原因となる行為の禁止を求めることができる」としている。こちらのほうは、生命・身体等が害されるのではないかという不安ではなく、あくまで生命等自体の安全が害されるおそれが問題とされているようにも読めるが（「生命・身体に対する危険は切迫しており」といった言い回しが見られる）、暴力団同士の対立抗争に巻き込まれればそのような危険が切迫するということで、実際には生命・身体の危険というよりは危険に曝されるおそれという一つ手前の段階の問題であるようにも読める。

2 環境影響評価

[3] 大阪高判令4・4・26裁判所HP（神戸石炭火力）は、事業者が石炭火力発電所の設置に関して作成した環境影響評価書を電気事業法46条の16に基づき経済産業大臣に届出たところ、同大臣が同法46条の17第2項に基づき評価書の変更をする必要がない旨の通知をしたので、周辺住民が同通知の取消請求等の訴訟を提起したという事案に係る判決である。詳細は9気候変動での紹介を参照されたい。

3 公害・生活妨害

[4] 名古屋地判令・4・3・16裁判所HPは、小松基地周辺住民らが、自衛隊、アメリカ軍の航空機の差止、一定以上の騒音を到達させないこと、過去及び将来の損害賠償を求めた事案に係る判決である。自衛隊機の差止については、自衛隊機の運航に関する防衛大臣の権限の行使はその運航に必然的に伴う騒音について周辺住民に受忍義務を負わせる公権力の行使に当たるとして、民事差止訴訟の提起を不適法とした。本判決は、「民事上適法かどうかは、行政訴訟が可能か否かによって決せられるものではない」とも述べているが、これは筆の滑りであろう。民事訴訟が不適法で、なおかつ行政訴訟も不可能だとすれば、自力救済を認めるしかないのではないか。米軍機の運行差止については、原審を引用して理由がないと判断した。損害賠償についても、将来分は棄却し、過去分についてのみ一定の賠償責任を認めた。原告側は、健康被害の内容に関して、具体的な疾病・疾患ではなく身体障害に連なる危険性のある生理的・心理的現象（本件においては騒音ストレスにより生ずる生理的・心理的現象）であると主張したが、これに対しては、本判決は原審同様、損害賠償請求の対象となる健康被害は現実に発生した疾病や身体症状が基本であり、生理的・心理的現象については疾病等が生じる相当程度の危険性があると認められる場合に限って不法行為法上の保護に値する利益に当たるとし、本件においては相当程度の危険性があるとは認められないとした。もっとも、そのような生理的・心理的現象は、精神的苦痛によるストレスとして静穏な日常生活の享受の妨害による慰謝料の算定おいて考慮されるものとしている。以上の他、憲法違反と公共性の関係、危険への接近の法理等が本件では論点となっている。

[5] 東京地決令4・2・28裁判所HPは、大深度法による大深度地下の使用の認可を受けた事業区域内若しくはその周辺地域に居住し、ないし不動産を所有する者らが、気泡シールド工法によるトンネル掘削工事により自らの生命、身体の安全及び良好な居住環境を享受する権利ないし利益、財産権が侵害されると主張して、工事を仮に差止めることを命ずる旨の仮処分を求めた事案に係るものである。本件を巡っては、令和2年10月に調布の住宅地の道路で比較的大きな地表面の陥没が起きており（大き

く報道された事件である）、同様の陥没事故が起こる
おそれのある土地に居住する債権者について仮処分
の申立てを認めた（その他の債権者については申立
てを却下した）。すなわち、本件陥没事故は特殊な
地盤条件（礫が多く細粒分が少ない均等係数が小さい
砂層が掘削断面にあり、その上部が単一の砂層であっ
てトンネル掘削による影響が地表面に影響しやすく、
表層が薄い）においてカッターが回転不能になる事
象を解除するために行った特別な作業（チャンバー
内の土砂を排出して気泡溶液を注入する）に起因する
ものであるところ、居住場所が本件陥没箇所に近く、
本件陥没箇所と同様の地盤である債権者について、
工事が再開されると本件陥没と同様の陥没事故等が
起こる具体的なおそれがあるという理由で、仮処分
命令の決定をしたものである。それ以外の債権者に
ついては、その居住場所の地盤が本件陥没箇所の地
盤と同様の地盤であるとは認められず、人格権が侵
害される具体的なおそれはない、とした。

　上記名古屋地裁、東京地裁の判決の他、仙台高判
令3・4・27判時2510号14頁（仙台パワーステーショ
ン事件）は本誌23で、土壌汚染（隠れた瑕疵）が問
題となった大阪地判令3・1・14判タ1493号210
頁は本誌24で、それぞれ既に紹介済みである。

4　化学物質・有害物質

　[6] 大阪地判令3・3・25判例自治484号67頁（ダ
イオキシン類廃棄物仮置場・補助金交付住民訴訟）の
事案は、大要以下のようなものである。被告である
豊能郡環境施設組合（一部事務組合）はごみ処理施
設から出たダイオキシンを含む廃棄物を神戸市の最
終処分場に埋め立てたところ、後にそれが発覚して
神戸市から撤去を求められた。被告は本件廃棄物を
撤去した後の仮置場を探したが、候補地の近隣住民
から反対されるなどして容易に決まらなかったとこ
ろ、A地区にある町有地を候補地とし、A自治会の
了解を求めることとした。A自治会はこれを了承し、
仮置き期間の延長を経て、A自治会館の改修費用等
の交付を要望した。被告組合はこれに応じ、環境汚
染対策費との名目で約500万円の補助金の交付決定
をし、これに基づき公布した。そこで、豊能町の住
民であるXが、交付決定の取消し、損害賠償の請求
等を求める住民訴訟を提起した。本件の争点は複数
に渡るが、主要なものは、本件補助金の交付が地方
自治法232条の2（「公益上の必要」の有無）違反か

どうかということであろう。裁判所の示す判断枠組
は、「特に社会通念上不合理な点がある場合又は特
に不公正な点がある場合など、その行使が裁量権を
逸脱し又は濫用した場合にのみ、『公益上の必要が
ある場合』には当たらないとして、違法とされる」
というものである。本判決は、この判断を、補助金
交付の目的とA自治会の補助金交付対象としての相
当性の二つに分けて検討し、前者については、なか
なか本件廃棄物の仮置場が決まらない状況の下でA
自治会がこれを了解したという事情等を考慮して、
公益上の必要があるという被告の判断は基本的に正
当で不合理なものではないとした。後者については、
A自治会の構成員がA地区住民の相当数（7割以上）
を占めることから、これも肯定した。Xは、A自治
会に属する者のみ利益を受けるのは不公平であるな
どと主張したが、判決は、A自治会の会員でなくと
もA自治会館を利用できるとして、これを退けてい
る。なお、本件に関連して、本誌22号で取り上げ
られた大阪地判令元・11・20判例自治464号64頁
は、神戸市の処分場での本件廃棄物の埋め立てに関
与した業者に対して賠償請求をするよう求められた
住民訴訟である。

　[7] 福岡高判令4・3・24裁判所HPは、市立
学校の設置する体育館の設備の管理業務に従事してい
たDの相続人が、Dが当該体育館の石綿含有建材
から発生した石綿粉じんにばく露し、石綿肺、肺が
んにり患して死亡したなどと主張して賠償請求をし
たケースで、一審（福岡地判令2・9・16）が請求
を認容したことから被告が控訴したという事案に係
る判決である。本判決は、一審判決同様、原告の主
張を認め、控訴を棄却している。

　[8] 最二判令4・6・3裁判所HPは、建物の解
体作業に従事した後石綿関連疾患にり患した者ら
が、石綿含有建材の製造販売をした建材メーカーに
対し、建材から生ずる粉じんにばく露すると石綿関
連疾患にり患するおそれがある旨の警告表示をする
義務を怠ったとして損害賠償請求をした、という事
案において、そのような義務を負っていたとは言え
ないとして請求を棄却した。その理由としては、当
該警告情報を記載しても、建物解体までに長期間を
経過するのが通常であり、判読できなくなったり注
意書を紛失したりするため、解体作業従事者が危険
を回避するための表示方法としては実現性・実効性
に乏しいこと、建材メーカーは建物解体に関与し得
る立場になく、建物解体作業は、その解体を実施す

る事業者において必要な対策をとって行われるべきものであること等が挙げられている。

いわゆる建設アスベスト事件に関し、令和3年5月17日に出された最高裁の一連の判決が、民集75巻5号1359頁、判時2500号49頁、判時2502号16頁及び民集75巻6号2303頁に掲載されているが、これらについては既に本誌23で紹介済みである。

5　原子力

(1)　差止等

[9] 札幌地判令4・5・31裁判所HP（泊原発）は、泊原子力発電所の運転差止、使用済み核燃料の撤去請求、廃炉請求に係る事件である。運転差止との関係では、津波防護機能を有する津波防護施設の存否が問題となり、判決は、既存の防潮堤の地盤が液状化・沈下しないことを相当な資料によって裏付けていないこと、今後設置する予定であるとされる新たな防潮堤は高さ以外に構造等が決まっていない状況であることから、口頭弁論終結時において基準地震動による地震力、入力津波に対して津波防護機能を保持することのできる津波防護施設は存在しておらず津波に対する安全性の基準（設置基準規則5条1項）を満たしていないとして、（半径30km以内に居住する原告との関係で）運転差止請求を認めた（その前提として、原子力規制委員会が策定した安全性の基準は社会通念上求められる程度の安全性を具現化したもので、当該基準に適合するかどうかを安全性の有無の判断基準としている）。新規制基準の制定に伴い、北海道電力が本件原子炉について変更許可申請をし、その後原子力規制委員会における審査が継続しているところ、被告は、同委員会における審査（議論）の動向を踏まえて訴訟における主張・立証を随時補充するという姿勢をとったため、規制委員会から追加の問題点の指摘を受けるたびに追加的調査を行い、それに従って訴訟における主張・立証も追加されることになり、規制委員会における審査がいつ終了するか分からない状況で、訴訟における被告の主張・立証もいつまでに行われるのか分からないという状態になってしまっている。そこで裁判所は、審理をこれ以上継続することは相当でないとして判決を下した、という事情がある。使用済み核燃料の撤去請求については、原告が撤去先の特定について何ら言及しておらず、泊発電所の建屋からどこかへ撤去すれば足りるものと解されるとし、原告の請求

は、一定の条件を満たした安全な保管先で使用済み核燃料を保管することを含むものではないから、請求が認められたとしても人格権侵害のおそれを除去することができるわけではない、という（意地悪な）理屈で、これを認めなかった。廃炉請求についても、人格権侵害のおそれを除去するには原子炉の運転を止めればよく、これを超えて、原子炉を廃止することまでは必要ないという理由で、認めなかった。以上のように、運転差止の請求は認められたが、もともと泊原子力発電所は平成24年5月以来運転が停止されたままであるし、本判決によっても、廃炉も使用済み核燃料の撤去もしなくてよいので、現状になんら変更を加えるものではない。規制委員会の審査が終了して安全性を満たすと認定されれば、運転をすることができるので（判決後規制員会での審査の状況に応じ被告が更なる安全対策を講じ、本件原子力発電所に求められる安全性を備えることになった場合は、既判力が及ばない結果となる旨、本判決は述べている）、被告は本判決によって何も困ることはないであろう。それを見越したうえでの差止請求認容判決なのかもしれない。

原子炉の稼働の停止に関する行政事件訴訟に係るものとして、中部電力の設置・稼働する高浜原子力発電所3・4号機に関する[10] 名古屋地判令4・3・10裁判所HPがある。事案は、概要、原子力規制委員会が、同発電所について大山の噴火の噴出規模を増大する見直しをしたことに伴い、原子炉等規制法43条の3の23第1項に基づいて、同法43条の3の8第1項の設置変更許可申請をすることを命ずる処分（バックフィット命令）をしたところ、周辺住民らが、従来の想定を上回る規模の自然災害が想定される場合には原則として使用停止命令をすべきである、見直しがされた噴出規模を前提とすれば本件原子炉施設は安全が欠如しているから設置変更許可処分、設計工事計画認可処分（43条の3の9第1項）、保安規定変更認可処分（43条の3の24第1項）、使用前事業者検査（43条の3の11第1項）がされるまでの間、使用停止を命ずべきある、という主張をしてその義務付け（行訴法3条6項1号）を求めた、というものである。訴訟要件のうち原告適格については、事故により年間実効線量が20mSvに達するおそれのある地域に居住する住民は、一定の確率的影響を受けるおそれがあり、避難を指示され、生命、身体、財産に対する直接的かつ重大な被害を受けるとして、原告ら（本件原子炉敷地から3〜140

kmの範囲の距離に居住）の原告適格を認めた。生命、身体だけでなく財産についても明確に個別的利益性を認めている。重大な損害の要件については、「本件各原子炉施設の安全性に欠ける現実的な可能性があると認められる場合には、原告らの生命、身体等に直接かつ重大な損害が生ずる具体的な危険性が存在する」という判断枠組を示した。その上で、（噴出規模の見直しに伴い）本件原子炉敷地における降下火砕物の最大層厚が変更されたことによりそれが施設の安全機能にもたらす影響の有無や範囲は——設置変更許可処分は令和3年5月19日に既になされているが——後続の工事計画認可の審査において確定し、使用前検査による実際の施設の状態についての安全機能の有無が確定するものであり、これら手続が完了するまでは降下火砕物に対する対策が確認されたものとはならないから、原子炉施設の安全性に欠ける現実的な可能性があるものと認めた。重損要件に関しては、財産には明示的には言及されていない。本案勝訴要件については、原子炉等規制法43条の2の23第1項が原子炉施設の使用停止、改造、修理、移転、運転の方法の指定その他の措置と多様な選択肢を用意していることや「できる」規定になっていることなどから、同規定は行政裁量を認めるものと解した上で、本件については、使用停止命令という処分をしないこと、すなわち、大山の噴火が差し迫ったものではない（から使用停止までしなくてよい）という原子力規制委員会の判断に不合理な点はなく、裁量権の逸脱・濫用には当たらないと結論づけている。ただ、基準を満たしているとは言えないという状況において、使用停止処分をすべき義務があるとは言えなくとも、行政庁がなんらの処分をしなくてよいというわけにはいかないようにも思われる（本判決は、重損要件該当性判断の個所では具体的な危険性を肯定している。なお、本件原子炉は定期検査時を除き運転中）。原子力規制委員会は、設置変更許可処分の後設工認の手続を完了させる期限を変更許可処分から1年以降の最初の定期事業者検査（炉規法43条の3の16第1項）において、原子炉を起動させるために必要な検査を開始する日とし、それまでに上記手続が完了しない場合は運転の前提条件を満たさないものと判断するとしている。それまでの期間は何もしなくてよいということであろうか。

この他、大阪地判令2・12・4判時2504号5頁（大飯3・4号機設置変更許可取消請求）、広島地決令3・11・4裁判所HP（伊方3号機差止仮処分）が見られたが、前者は本誌22で、後者は本誌24で紹介されている。

(2) 損害賠償

[11] さいたま地判令4・4・20裁判所HPの事案は、福島第一原子力発電所の事故により避難を余儀なくされた原告らが、東京電力及び国に対し、精神的損害ないし不動産損害を被ったとして損害賠償を請求した、というものである。東京電力に対する損害賠償請求は認めたが、国については、ドライサイトコンセプトが主で、水密化を補完的な対策と解した上で、想定津波を防護することを目的とした防潮堤では本件の津波による浸水を回避することはできず、水密化だけではやはり回避可能ではなかったとして、その賠償責任を否定した。精神的損害については、避難に相当性があった場合にはこれを認め、不動産損害については、価値下落分のみを認めた。避難の相当性については、「避難指示の発出や区域設定等の状況、避難者が居住等していた場所の放射線量に加え、本件原発からの距離・方角、避難の時期、当該地域の他の住民の動向、避難者及び家族の属性・状況等を総合的に考慮し、具体的な状況の下で避難を選択することが一般人の感覚に照らして合理的であり、社会通念上相当であると評価できるか否かによる判断するのが相当」と判示している（避難指示がされた、市等から避難を促された、子どもがいる等の事情がある場合には、避難の相当性が認められている）。

[12] 最二判令4・6・17裁判所HP（仙台、東京2件）は、いずれも、福島第一原子力発電所の事故による損害につき、国の賠償責任を否定した。判決は、電気事業法40条に基づく規制権限を経済産業大臣が行使していれば、平成14年のいわゆる長期評価に基づいて想定される最大の津波が本件発電所に到達したとしても、敷地への海水の侵入を防ぐことができるように設計された防潮堤等の設置という措置が講じられた蓋然性が高いが、実際に起きた津波による海水の敷地への侵入は防止できなかった可能性が高いとした。防潮堤等の設置の他に水密化という措置を執ることも対策として考えられるが、本判決は、これについて、「想定される津波による上記敷地の浸水を防ぐことができるように設計された防潮堤等を設置するという措置を講ずるだけは対策として不十分であるとの考え方が有力であったこ

とはうかがわれ［ない］」とした。菅野博之補足意見は、これを過失責任主義の問題として扱うが、草野耕一補足意見は因果関係の問題として位置付けている。三浦守反対意見は、国の規制権限の不行使が違法であったと結論づけている。反対意見によれば、防潮堤等が完成するまでの間、津波による浸水のおそれが継続して存在することになる。これによる重大な災害の発生・拡大を防止するためには、原子炉の一時停止等さまざまな措置が検討されなければならないが、特に炉心または使用済み核燃料プールの冷却を継続する機能を維持するためには非常用電源設備の機能の維持が不可欠である。また、非常用電源設備は多重性等を備えた設計であることが求められ（安全設計審査指針）、本件非常用電源設備は主要建屋の1階または地下1階に設置されていたから、水密化等の措置を講ずる必要があった。多数意見は、本件事故以前において、敷地が津波により浸水することが想定される場合に、適切な防潮堤等を設置するという措置が津波対策として不十分であると解すべき事情はうかがわれず、それ以外の措置が講じられた蓋然性があるとはいえないとするが、本件のようにそれまで想定されなかった津波による浸水を防止するために事後的に防潮堤等を設置せざるを得なくなったという事態に即応して、そのような災害を確実に防止するために必要かつ適切な措置として合理的に認められるものを技術基準に従って講ずべき措置の対象とすべきである。津波による浸水を前提としない設計を妥当なものとして維持するには、浸水の防止が確実でなければならないが、津波は予測困難な自然現象であり、最新の知見に基づいて想定された津波であっても、これを超える津波の発生可能性をおよそ否定することは困難であるし、貞観地震につき、多くの専門家によって津波の痕跡調査等の研究が積み重ねられつつあった。このような事情の下では、単に、想定される津波を前提とした防潮堤等の設置で足りるということはできず、津波により浸水する危険にも備えた多重的な防護についても検討すべきであった。反対意見は大要上記のように述べた上で、水密化の措置が講じられていれば、本件津波に対しても非常用電源設備を防護する機能を十分にあげることができたと考えられ、さらに、防潮堤等の設置が完了していれば、より一層防護の効果をあげた、として規制権限が行使されていれば被害の発生を防ぐことができたと判断している。万が一にも重大事故が起こってはならないのに、水密化

等の措置が検討対象から外されたことを問題視しない多数意見の判断は、相当に甘いという感が否めない。このような判断がされるようでは、日本は最初から原子力利用をすべきでなかったというべきではないか。

以上の他、福島地郡山支判令3・7・30判時2499号13頁は本誌24で取り上げられている。

6 廃棄物・リサイクル

廃棄物関係では、既に1で紹介した［2］広島地決令3・3・25判時2514号86頁がある。

この他、今期の判例集に登載されたものとして福井地判令3・3・29判時2514号62頁（廃棄物事務管理）があるが、既に本誌24にて紹介されている。

7 景観・まちづくり

[13] 静岡地判令2・12・24判時2511号20頁は、鉄道高架化等を目的とした都市計画事業認可の取消訴訟に関する判決である。本判決は、事業地内不動産を所有しあるいは居住する者には原告適格を認めたが、事業地周辺に不動産を所有しあるいは居住する者については、原告適格を否定した。後者について、本判決は、最大判平17・12・7民集59巻10号2645頁（小田急高架化訴訟上告審判決）を引用したうえで、本件事業は環境影響評価法・環境影響評価条例の対象事業にあたらず、環境影響評価が必要とされる程度に周辺環境に影響を与えるものではないこと、高架化事業等に伴う日照阻害、騒音、振動等の影響が著しいとはいえないことから、本件事業により健康または生活環境に係る著しい被害を直接的に受けるおそれがあるとは認められないと判断した。都市計画事業認可の前提となる都市計画決定の適法性審査の判断枠組みについては、本判決は、最一判平18・11・2民集60巻9号3249頁（小田急高架化訴訟上告審判決（本案））に従った。また、原告らは、本件都市計画決定が、決定当時適法であったとしても、その後の事情の変化により都市計画法21条1項に基づき変更されるべき状態にあったと主張し、その点を看過して行われた都市計画事業認可は違法であると主張した。本判決は、この点につき、都市計画決定に係る判断は決定当時の事情を基礎として政策的観点からなされるものであり、その後の事情の変化などにより都市計画決定が遡って違

法になることはないとしつつも、都市計画決定後の社会・経済情勢の著しい変化により都市計画の必要性や合理性がおよそ失われ、都市計画法21条1項に基づき都市計画を変更すべきことが明白であるといえる事情が存するにもかかわらず変更されないままに事業認可申請に至ったものであることが一見して明らかであるなどの特段の事情がある場合は、都市計画が変更されないまま事業認可をすることは許されない、と判示した。本件については、そのような特段の事情の存在を否定している。なお、上記の、環境影響評価法・条例の対象事業の規模ではないという理由で周辺住民の原告適格を認めないという本判決の考え方は、妥当ではない（たとえば4車線以上・10km以上の国道の建設工事（環境影響評価法の対象事業）と、4車線5kmの国道の建設工事（環境影響評価法の対象事業ではない）とでは、沿道住民の受ける環境影響に大差はない）。この点について、対照的な判断をしたのが東京地判平31・1・30裁判所HPである（本誌19号56頁（桑原勇進）、桑原・法セミ777号121頁を参照）。

[14] 大阪地判令3・5・20判タ1493号79頁は、大阪市長が市内のB寺に対してした墓地、埋葬等に関する法律（墓埋法）に基づく納骨堂経営許可処分及び同変更許可処分について、周辺住民ら（原告）がその取消しを求めた訴訟である。本判決は、まず、最二判平12・3・17判時1708号62頁を参照し、墓埋法10条1項自体は墓地等の周辺に居住する個々人の個別的利益を保護することを目的とするものではないとした。もっとも、墓埋法を施行するために大阪市長が定めた規則である大阪市墓地、埋葬等に関する法律施行細則（本件細則）について、行政事件訴訟法9条1項にいう目的を共通にする関係法令であると認め、本件細則の趣旨・目的を参酌したうえで、墓埋法及び本件細則が周辺住民の個別的利益を保護していると認められるかどうかを判断した。本件細則8条は、墓地等の所在地が、学校、病院及び人家の敷地からおおむね300メートル以内の場所にあるときは墓埋法10条1項にかかる許可を行わない旨規定し、ただし、市長が墓地等の付近の生活環境を著しく損なう恐れがないとみとめるときはこの限りでない、と定めている。しかし、本判決は、納骨堂が周辺住民の生命、身体の安全や健康を脅かし、財産に著しい被害を生じさせることは想定し難いなどとして、上記距離制限規定をもってしても、法が周辺住民の個別的利益を保護する趣旨を

含むと解することは困難であるなどと判示し、周辺住民の原告適格を結論として否定した。

これに対し、控訴審判決である [15] 大阪高判令4・2・10（LEX/DB 25591967）は、地方公共団体またはその長が条例または規則をもって墓埋法と目的を共通にする関係法令を定めるにあたり、周辺住民個々人の個別的利益の保護を当該関係法令の趣旨及び目的の中に取り込むことも地方公共団体またはその長の裁量に委ねられているという前提に立ったうえで、原判決とは異なり、本件細則8条の上記距離制限規定等の規定は、周辺住民の生活環境等にかかる個別的利益を保護するものであると解し、原告らの原告適格を肯定し、訴えを第一審裁判所に差し戻した。

[16] さいたま地判令3・2・10判例自治483号92頁は、マンション建設工事のための生コンクリート車等の特殊車両の道路通行に関し、近隣住民が、道路法47条の2第1項に基づく特殊車両通行許可または車両制限令12条に基づく特殊車両認定の差止めまたは取消しと、既になされた通行許可及び車両認定処分の違法を理由とする国家賠償を求めた事案である。本判決は、道路法及び車両制限令は、道路の構造を保全し交通の危険を防止することにより、一般公衆の利益を保護するものであって、沿道住民の個別的利益を保護する趣旨を含むものではないとして、処分の取消・差止請求を却下するとともに（なお、本判決は、「本件道路における交通の安全等が原告らの個別的利益として保護されるべき特段の事情」の有無を検討し、結論として、特段の事情は存在しないと認定している）、国家賠償請求を棄却した。本判決のように、公物管理は一般公衆の利益の保護を目的とするものにすぎないという紋切り型の思考によって原告適格を否定すると、被害者は、全ての原因行為者（本件でいえば、特殊車両の運行者）を同定したうえで民事差止訴訟を提起するほかなく、実効的な権利救済という観点から疑問が残る。

[17] 大阪地判令3・1・22判例自治484号89頁は、市街化調整区域における宅地開発を行う事業者に対してなされた、都市計画法29条以下に基づく2件の開発許可の取消請求事件である。本判決は、一つ目の開発許可については、既に開発工事が完了し工事の検査済証の交付がなされていたため、先例（最三判平11・10・26判時1695号63頁）に従い、訴えの利益を否定した。二つ目の開発許可については、都市計画法33条1項2号・3号・7号の規定は、

火災、溢水、地盤沈下等による被害が直接に及びうる開発区域外の一定範囲の住民の生命・身体の安全等を個々人の個別的利益として保護する趣旨を含むものであると解釈し、開発区域の敷地境界から直線で20メートル程度に居住している原告らの原告適格を肯定した。本案では接道要件違反（同法33条1項2号）の有無などが争点となったが、処分は違法とはいえないと判断された。

[18] 宇都宮地判令4・1・27裁判所HPは、栃木市が、都市公園の敷地内に公園施設を設置したことに関し、同市の住民ら（原告）が、栃木市長（被告）に対し、①地方自治法242条の2第1項1号に基づき、公園施設に課されるべき固定資産税の免除の差止めを求めるとともに、②同条1項3号に基づき、都市公園条例の定めにより課されるべき使用料の徴収を怠っていることの違法の確認を求めた住民訴訟である。上記公園施設は、公園施設を設置した訴外A社の子会社が運営する栃木シティFCが使用するサッカー専用のホームスタジアム及び練習場として設置された（従前は、多目的グラウンドとしてサッカー以外の用途にも使用されていた）。本判決は、①につき、地方税法367条が定める固定資産税の減免は、本来的には徴収の猶予、納期限の延長等によっても到底納税が困難であるような担税力の薄弱な者に対する個別的な救済措置として設けられたものであり、この規定を受けて定められた栃木市税条例71条1項4号にいう「特別の事情があるもの」の解釈にあたってもその趣旨を考慮すべきであるとし、租税負担の公平という観点からみても、当該固定資産に、同条1項1号～3号の事由（貧困により生活扶助を受ける者の所有する固定資産、公益のために直接専用する固定資産、災害等により著しく価値を減じた固定資産）に準ずるような固定資産税の減免を相当とする程度の強い公益性がある場合でなければならないとした。そのうえで、本件公園施設の建物は「特別の事情があるもの」には該当しないと判断して、原告らの請求を認めた。②に関しては、使用料については本来条例により定められるべきところ、その例外として市長が減免を決められる場合である「公益上その他特別の理由」（栃木市公園条例22条）については限定的に解されるべきであるなどとし、使用料1225万円余を請求しないことは違法であると判示した。

また、東京地判令2・11・12が判時2505号3頁に掲載されたが、本誌22号で紹介済みである。

8　自然保護

[19] さいたま地判令3・2・24判例自治480号72頁は、農地所有者である原告が、自らに対する農地法51条に基づく農地の原状回復命令の取消しを求めた事案である。訴外G及び訴外Bは、原告の被相続人であるAとの契約に基づき、Aの土地において産業廃棄物の埋立てを行ったため、廃棄物処理法違反、農地法違反の罪により、別件刑事訴訟において有罪判決を受けている（昭和60年8月）。その後、平成30年6月、処分行政庁（久喜市農業委員会）は、農地法51条に基づき、原告に対し農地の原状回復を命じる本件処分を行った。本判決は、Aが訴外G・訴外Bとの間で埋立てにかかる契約を締結していたこと、Aが本件土地を購入した際あるいはそれ以降、農地として利用しようとした形跡がないことなどの事実を認定し、Aは農地法4条1項・5条1項に違反した者であり、その一般承継人である原告は、違反転用者に該当すると判断した。そして、農地法51条に基づく原状回復命令を発布した処分行政庁の判断が裁量権の範囲を逸脱しまたはそれを濫用したものとはいえないとして、原告の請求を棄却した。原告は、本件処分が農地として利用されなくなって35年以上経過してなされたものであり処分の必要性が疑わしこと、農地への原状回復には莫大な費用がかかることなどを主張したが、本判決は原告の主張を斥けた。

前掲の [1] 最三判令4・1・25は、原告が山形県遊佐町に所有する土地において岩石採取業を営んでいたところ、「遊佐町の健全な水循環を保全するための条例」に基づき、原告の土地を含む地域が「水源涵養保全地域」に指定され、かつ、原告の所有地において行っている岩石採取事業が本件条例に定める「規制対象事業」であると認定する処分がなされたため、原告が、主位的にはこの認定処分の取消しを求め、予備的に損失補償を請求した事案である（規制対象事業であると認定されたにもかかわらず、事業に着手すると、中止命令・原状回復命令の対象となり、当該命令に従わないと氏名または名称等が公表され、あるいは、過料を科されることとなる）。第一審・山形地判令元・12・3判例自治485号52頁は、①上記条例は採石法または自然環境保全法に矛盾抵触するものではない、②本件条例の目的は、遊佐町における水資源を保全することにあり、地下水脈の

流路の全容を解明することは技術的・財政的に不可能または極めて困難であることからすると、条例2条2項にいう予防原則の観点から相応の規制を設けることは許容されるべきであり、本件条例の規制は、憲法22条1項に反するものではない、③本件条例及び上記認定処分に適正手続違反や指導配慮義務違反（紀伊長島町水道水源保護条例違反事件・最二判平16・12・24民集58巻9号2536頁を参照している）があるとはいえないなどとして、主位的請求を棄却した。他方、予備的請求については、④地下水脈の全容を解明することは困難であり、原告の事業が地下水脈にどのような影響を及ぼすかについては明らかになっていないこと、及び⑤原告は上記条例制定前から上記土地で一貫して採石場を営んできたことを指摘し、本件では、原告の犠牲のもとに、遊佐町の住民の利益が保護されているといえるから、上記認定処分による原告に対する制約は原告に特別の犠牲を強いるものであるとして、損失補償請求を認容した（④については、予防的介入であることを損失補償の要否の一要素として考慮しているようにも読める。この論点につき、島村健「予防的介入と補償」石田眞＝大塚直編『労働と環境』（日本評論社・2008年）215頁以下の参照を乞う）。控訴審・仙台高判令2・12・15判例自治485号69頁は、原判決を一部変更し、損失補償額を上乗せした（被控訴人・遊佐町の附帯控訴は棄却）。上告審である [1] は、上記条例の憲法22条1項適合性についてとりあげ、上記条例は憲法22条1項に違反するものではないと判断した（本号の及川敬貴評釈を参照）。

[20] 福岡高判令4・3・25裁判所HPは、国営諫早湾土地改良事業としての干拓事業を行う国（控訴人）が、佐賀地判平20・6・27判時2014号3頁、福岡高判平22・12・6判時2102号55頁（以下、これらを「本件各確定判決」という。これらについての訴訟を「前訴」という）において、諫早湾干拓潮受堤防の排水門の開放を求める請求が認容された漁業者（島原漁協と有明漁協の組合員。被控訴人）らを被告として、本件各確定判決の強制執行の不許を求めた訴訟に関するものである。第一審・佐賀地判平26・12・12判時2264号85頁は、一部の被告（漁業権または漁業を営む権利を喪失し、または保有していなかったもの）との関係で請求を認容したが、その他の被告に対する請求は棄却した。差戻前控訴審・福岡高判平30・7・30訟月66巻7号772頁は、開門請求権の根拠とされた共同漁業権は漁業権存続期間経過後（平成25年8月31日）に消滅し、共同漁業権から派生する開門請求権も消滅したという形式論を展開して控訴人の請求を認容し、本件各確定判決に基づく強制執行の停止を命じた。上告審・最二判令元・9・13判時2434号16頁は、本件各確定判決は、漁業権が存続期間経過により消滅しても、漁業共同組合に同一内容の各共同漁業権の免許が再度付与される蓋然性があることなどを前提として、改めて付与される従前と同一内容の各共同漁業権から派生する各漁業行使権に基づく開門請求権をも認容したものであると理解すべきであるとして、差戻前控訴審判決の考え方を斥けた。そのうえで、①本件各確定判決が、飽くまでも将来予測に基づくものであり、開門の時期に判決確定の日から3年という猶予期間を設けた上、開門期間を5年間に限って請求を認容するという特殊な主文を採った暫定的な性格を有する債務名義であること、②前訴の口頭弁論終結日から既に長期間が経過していることなどを踏まえ、前訴の口頭弁論終結後の事情の変動により、本件各確定判決に基づく強制執行が権利の濫用となるかなど、本件各確定判決についての他の異議の事由の有無について更に審理を尽くさせるため、本件を原審に差し戻した。この間、佐賀地決平26・4・11訟月61巻12号2347頁は、国に対し排水門の5年間にわたる開放の継続を命じるとともに、債権者1人当たり1日につき1万円を支払うことを命じた（その後、佐賀地決平27・3・24判時2265号45頁は金額を1人1日あたり2万円に増額した）。他方、干拓地の農業者らは、国に対し排水門の開放を禁じる仮処分の申請をしたところ、長崎地決平25・11・12LEX/DB25502355はこれを認容し、さらに、長崎地決平26・6・4判時2234号26頁は、この仮処分決定に基づき、排水門の開放を禁じるとともに、開門をした場合には債権者らに対し1日あたり合計49万円の支払を命じる間接強制決定をした。また、干拓地の営農者らは、排水門の開放の差止めを求める本案訴訟を提起したところ、長崎地判平29・4・17判時2353号3頁は、これを一部認容した。

前掲最二判令元・9・13の差戻後控訴審判決である本判決・福岡高判令4・3・25は、次の理由により、被控訴人らによる強制執行は権利濫用にあたると判断した。本判決は、①本件各確定判決は、将来時点における妨害排除・予防請求を認容するものであり、その判断は相当の不確実性をはらんでいること、②妨害排除請求の可否に関する判断は、被

侵害利益と対立する諸利益との総合的な利益衡量の下にされたものであるところ、現時点では比較衡量の結果が異なることもありうることを指摘し、本件各確定判決にはもともと仮定的な部分があり、期間を限った暫定的な性格が強いものであるから、本件各確定判決に基づく強制執行が権利濫用として許されないものであるか否かは、改めて現時点で利益衡量を行って判断するべきであるとした。本判決は、(a) 債権者である漁業者一人当たりの漁獲量は、本件各確定判決の口頭弁論終結後、増加傾向にあること、諫早湾近傍部での漁獲量は減少しているが、その原因が本件潮受堤防の閉切りによるものであるということには疑義があること、(b) 現時点においては、排水門を常時開放した場合に生じる防災上の支障は相当に増大していること、(c) 地元自治体や関係者の反対により、開門調査に伴う被害防止のための工事に着手できる状況になかったこと、(d) 潮受堤防閉切り後に形成された生態系や自然環境等が排水門の開放により変容を余儀なくされることなど様々な事情を総合考慮し、現時点では、本件事業には、被控訴人らの救済として開門請求までを求めるに足りる違法性はないと判断した。詳細なコメントをする紙幅はないが、(a) 漁獲量が増えているといっても、名産のタイラギの漁獲はなくなり、高級なクルマエビもほとんど漁獲はなく、漁獲が増えたのはビゼンクラゲやシバエビであること、(b) 判決の履行を怠ることにより違法な状態が既成事実化したと評価されても仕方がないこと、(c) 他の公共工事ではより強い反対運動を制して工事を強行する例もあるが、本件において国は本件各確定判決の履行に真摯に取り組んできたとはいえないこと、(d) 閉切り後に被控訴人が判決を履行しなかったことによって形成された生態系の価値を過大に評価していること（閉切り後の生態系とは比較にならないほど貴重な、潮受堤防閉切り前の諫早湾の生態系の価値を著しく軽視しておきながら、国がこのような主張をする自体、理解しがたいことである）、本判決には不合理な判断が多いといわざるをえない。

なお、最三判令3・7・6が民集75巻7号3422頁、判時2506=2507号5頁、判タ1490号59頁、判例自治479号12頁に掲載されたが、本誌前号で紹介済みである。

9　気候変動

前出の [3] 大阪高判令4・4・26 は、神戸製鋼所が神戸市に建設中の石炭火力発電所について、発電所の周辺住民らが、当該発電所にかかる環境影響評価書確定通知（電気事業法46条の17第2項）の取消し等を求めた訴訟の控訴審判決である。原判決・大阪地判令3・3・15判タ1492号147頁（本誌23号で紹介済み。島村健・本誌23号118頁以下、島村ほか「日本における気候訴訟の法的論点—神戸石炭火力訴訟を例として」神戸法学雑誌71巻2号1頁以下参照）と同様、確定通知の処分性を認め、火力発電所事業に起因する大気汚染によってこのような健康または生活環境に係る著しい被害を受けるおそれのある者について原告適格を肯定した。他方、二酸化炭素の排出に起因する地球温暖化によって健康等に係る被害を受けると主張するにとどまる者は、当該事業に関する評価書に係る確定通知の取消しを求める原告適格を有しないと判断した。本判決は、「CO_2排出による被害を受けない利益を法的保護に値する個人の利益と解すべき社会基盤が確立しているとまでは言い難い」として原告適格を否定したが、なお書きで「この判断は、現時点の社会情勢を前提としたものであって、今後の内外の社会情勢の変化によって、CO_2排出に係る被害を受けない利益の内実が定まってゆき、個人的利益として承認される可能性を否定するものではない」と判示している。本案判断について、本判決は、CO_2による影響に関する経済産業大臣の判断の瑕疵にかかる原告の主張は、行政事件訴訟法10条1項により制限されるとしつつも、傍論として、わが国の（特に電気事業分野の）温暖化対策について「様々な、大きな、重要な課題がある」と述べていくつかの具体的な問題点を指摘している。また、大気汚染に係る検討の欠落についても、結論として経済産業大臣の裁量権の行使が違法とはいえないと判断したが、本判決は、原告らの、PM2.5の影響に関する調査・予測・評価をすべきであったという主張や、計画段階環境配慮書の段階で燃料種の複数案の検討が不可欠であったという主張に、一定の理解を示している。

（くわはら・ゆうしん）
（しまむら・たけし）

医事裁判例の動向

手嶋　豊　神戸大学教授

医事判例研究会

1　はじめに

(1)　対象とする裁判例

今期の対象となる判決は28件で、掲載誌の範囲は判時2499号～2516号、判タ1490号～1495号である。またこれらに加え令和4年1月1日から同年6月30日に判断が出された事案でLEX/DBに掲載の医療判例集に収載されているものも含めた。金法2177号～2188号、金判1631号～1643号には、本欄で取り上げる医療事件に該当する事案の掲載はなかった。民集75巻4号～8号の範囲では、B型肝炎訴訟最高裁判決が掲載されているが（最二判令3・4・26民集75巻4号1157頁以下）、既に本欄前号で紹介されているため、本稿では省略した。

(2)　今期の全般的な傾向

以前より、雑誌に掲載される医事裁判例の数は減少傾向にあることが指摘されており、商業データベース等の電子媒体に掲載される裁判例数が雑誌掲載数を上回っている。また、医療事故関係以外の医事法関連事案が増加していることも、指摘されているとおりである。

医療事故事案では請求棄却例が多いことは近時の傾向として変化がない。今期の紛争事案のなかには、転送先への情報提供義務 [2] や、顛末報告義務 [24] などについて検討されているものなど、診療行為そのものではない問題について争うものが散見される。

後期高齢者は、加齢によって身体機能の脆弱化により受診機会が増え、介護・介助が必要な場合も多いこと、事故に遭遇すると回復が難しいことなどを理由として、医療を受ける機会が多いことから事故

に遭遇する可能性も小さくなく、今期も9件、全体の約3分の1の割合となっている。

2　医療事故をめぐる今期の裁判例

(1)　検査・診断

[1] 東京地判令4・1・14LEX/DB 25603258 は、Yが運営する病院に入院していたAの子Xらが、医師には腹痛を訴えるA（80歳）に対し適時に有用かつ適切な検査や診察を実施すべきであったのにこれを怠った注意義務違反があり、Aが総胆管結石に起因する胆道炎から敗血症を発症し死亡したと主張してYに対し損害賠償を請求したが、請求は棄却された。

[2] 東京地判令4・1・28LEX/DB 25603264 は、Y_1 が運営する病院及び Y_2 が運営する大学病院に通院していたA（85歳）の相続人Xらが、Y_1 病院の医師は、患者の転送先病院に対し胃がん疑いの診断がされたこと等の重要な診療情報を提供しなかった注意義務違反があり、Y_2 病院の医師には、胃がんの観察や鑑別等を怠り、胃がんを見落とした注意義務違反があり、これらの注意義務違反によりAの胃がんの発見が遅れ死亡したと主張して損害賠償を請求した事案で、Y_1 の記載した紹介状の内容が不備で情報提供義務を果たしていないとして、請求の一部が認容されたものである。

[3] 鳥取地判令4・1・31LEX/DB 25592084 は、Y_1 市が設置する病院で食道胃接合部癌と診断されて胃全摘術を受けたが後に癌ではなかったことが判明した患者X（63歳）が、担当医 Y_2 には食道胃接合部癌と誤診した過失があり、医師にはXが良性疾患の可能性もあることやその場合の治療手段についての説明義務違反があったなどと主張して損害賠償

を求めたが、請求は棄却された。

[4] 鹿児島地判令4・4・20LEX/DB 25572123は、頭痛等を訴えてYらが設置運営する病院において検査及び診察を受けた後に、脳膿瘍に起因する脳ヘルニアを発生し、意識障害等の後遺障害を残したXが、医師は脳膿瘍を疑って直ちに治療等を開始すべき注意義務があったのにこれを怠り重篤な後遺障害が残存した旨を主張した事案で、脳膿瘍の疑いが高いと診断した上で直ちに抗菌薬投与及び穿刺排膿術を実施すべきだったのにこれを怠ったとして担当医の過失を認め高額の賠償を認めた（患者は医師、25歳）。

[5] 福岡高判令4・4・21LEX/DB 25592655は、A広域夜間急病センターからY病院に救急搬送され、その後B大学病院に救急搬送されて急性虫垂炎の治療を受けたXが、同病院において緊急手術を受けることを余儀なくされ後遺障害が残ったのは、急性虫垂炎の鑑別診断が遅滞したことによると主張して、損害賠償を求めた原審（熊本地判令3・4・21LEX25569619）が請求を一部認容したのに対して、控訴審はこれを取消し、請求を棄却した。

(2) 手術・処置・患者管理

（a） 投薬

[6] 東京地判令4・2・3LEX/DB 25603812は、X病院で診療を受けたA（78歳）の相続人Yらに対し、X病院でのAの診療にかかる医療事故に関する損害賠償債務の不存在確認を求める事案であり、Yらは、Xには睡眠薬の種類、用量、頻度等の処方内容に加え、ガイドライン上非推奨とされているにもかかわらずこれを処方する理由、副作用、他に使用可能な作用機序の異なる睡眠薬があるかどうか、他に選択できる非薬物療法等について説明すべき義務を負っていた等を主張したが、違反は認められなかった。

[7] 大阪地判令4・4・15LEX/DB 25592696は、Y₁が運営する病院で、脳梗塞の既往のあるA（72歳）が人工股関節全置換術を受けた後、血栓溶解剤rt-PA（アルテプラーゼ）投与を受け死亡したが、その子Xらが、Y病院の医師に手術後の投薬に係る注意義務違反があったと主張して損害賠償等を求めた事案で、当該患者に禁忌薬を投与した過失があるとして請求が一部認容された。

（b） 処置・治療

[8] 山形地判令4・5・24LEX/DB 25592818は、

Yが設置管理するY市立病院に普段と様子が違うとして救急車で搬送されたA（89歳）の相続人Xらが、Yに対し、診察を担当した医師から相談を受け、Aを帰宅させ経過観察とするよう指示した医師らには、Aの状態を適切に把握せず必要な検査及び治療を怠った過失があり、Aは同過失により高次脳機能障害を負ったと主張して損害賠償を求めたが、請求は棄却された。

[9] 大津地判令4・1・14LEX/DB 25591888は、歯科医院でインプラント手術を受けたところ、歯科医が神経の走行位置を確認したうえで施術すべき義務があったのにこれを怠りXの左側三叉神経を損傷したとして損害賠償を求めた事案で、本件手術によって埋入されたインプラント体がXの下顎管に触れ三叉神経を圧迫したことによって左側三叉神経障害が生じた事実が推認され、歯科医師は偶発症を発生させないようにするための適切な検討を尽くしたと認められないと認め、請求を一部認容した。

[10] 東京地判令4・1・27LEX/DB 25603105は、Yの開設する歯科医院で右上4番の根管治療を受けていたXが、Yには可能な限り炎症を起こさせることなく根管治療を実施し炎症等が生じた場合には速やかに治療を行い炎症を遷延させない義務があったにもかかわらずこれを怠った過失があり、Xは右頬部蜂巣炎を発症して後遺症が残存したとして損害賠償の支払を求めたが、請求は棄却された。

[11] 東京地判令4・2・17LEX/DB 25603814は、Y歯科医院に通院していたXが上顎右側の第二小臼歯（「右上4番」）の根管充填治療を受けた後、右顔面の感覚及び運動麻痺が残存したことについて損害賠償を求めたが、請求は棄却された。

（c） 手術

[12] 東京地判令2・5・29判タ1496号227頁は、先天性心疾患の治療のため心人工心肺下の心臓手術を受けたA（生後3か月）が、術後、低酸素性虚血性脳症を発症して重大な脳神経障害を残した症例について、Aおよびその両親らが、被告病院の医師らは、術前に再度心エコー検査を実施する注意義務、術中に、脳モニターを使用する注意義務及び血液ガス分析の結果から送血カニューレの位置や角度を調整する注意義務を負っていたにもかかわらず、これらを怠ったと主張して、診療契約上の債務不履行又は不法行為に基づく損害賠償請求したのに対して、カンファレンス鑑定の結果等に照らし、術前に

再度心エコー検査を実施する注意義務や術中に人工心肺の送血カニューレの位置等を調整する注意義務を負っていたとはいえず、脳神経障害の原因も不明として請求は棄却された。

[13] 東京地判令4・1・20LEX/DB 25603267 は、交通事故により左脛骨腓骨近位端粉砕骨折及び左肘挫創の傷害を負い、Yが経営する病院で観血的整復固定術を受けたXが、その後、感染性偽関節等の後遺障害を負ったことについて、Y病院の医師には異物残存させた過失があるとして、Yに対し損害賠償の支払を求めたが、請求は棄却された。

(d) 麻酔

[14] 東京地判令4・2・25LEX/DB 25603809 は、Y₁市が運営する市立病院で左足関節骨折手術を受けたX（51歳）が、Y病院整形外科のY₂医師及び麻酔科のY₃医師に、硬膜外麻酔の手技上の過失、麻酔方法選択上の過失、硬膜外麻酔を追加する際の利害得失等についての説明義務違反の各過失があり、その結果、Xは硬膜外麻酔の合併症により脊髄梗塞を発症し、両下肢麻痺の後遺障害を負うに至ったと主張し損害賠償の支払を求めたが、請求は棄却された。

(e) 患者管理

[15] 札幌地判令2・7・31 判タ1495号219頁は、利用契約に基づき被告の運営する介護施設に入居していたA（大正生まれ）に対し、施設従業員が食事介助を適切に行う注意義務などに違反した過失によりAが死亡したと主張して損害賠償を求めた事案につき、Aはミキサー食を摂取中に意識が消失したが、窒息の場合に起こるべき幾つもの機序が見られていないことから意識喪失から死亡に至る原因を窒息とみるには疑問があり、過失があったとしても、過失行為とAの死亡に因果関係を認めることはできないとして請求を棄却した。

[16] 名古屋高金沢支判令2・12・16 判時2504号95頁（原審：金沢地判令2・1・31 判時2455号41頁）は、Y病院で医療保護入院中に身体的拘束を受けた患者A（40歳）が死亡したことにつき、Y病院の医師らが違法にAの身体的拘束を開始・継続し、身体的拘束による肺動脈血栓塞栓症の発症を回避するための注意義務に違反した過失によってAが死亡したとして損害賠償を求めたことにつき、原審は身体的拘束の開始及び継続に違法はないがAに弾性ストッキングを装着させなかった過失があるとしつつ、装

着させても死亡の結果を確実に回避することができたとはいえないとして請求を棄却したが、控訴審は、Aの身体的拘束の開始の違法性について、精神保健福祉法及び告示第130号で定める基準の内容を参考にして判断するのが相当とし、身体拘束開始を判断した時点での患者の状態は告示第130号に該当せず医師の判断は早きに失し裁量を逸脱して違法で、拘束開始後の診療経過に照らしても、本件拘束が適法になることはなかったとし、Aは本件拘束により急性肺血栓塞栓症を発症して死亡したと認められ、Yは使用者責任に基づく損害賠償義務を負うとした。

[17] 大阪地判令3・2・17 判時2506=2507号53頁は、Yが開設運営する病院で認知症の入院患者A（71歳）に経鼻胃管カテーテルの挿入留置が施行されたが、チューブ先端が食道に留まったままで経鼻栄養が実施されたため、栄養剤の逆流・胃内容物の誤嚥により誤嚥性肺炎を発症し、非心原性肺水腫により転送先病院で死亡した、医師は栄養剤等注入を中止して抗生剤を投与し適切な呼吸管理をすべき義務等に違反したとしてAの相続人Xらが損害賠償の支払を求め（甲事件）、転送先病院を開設・運営する地方公共団体の参加人はXらに対し損害賠償債務が存在しないことの確認を求め独立当事者参加を申し立てた（乙事件）事案である。判決はY病院の医師につき注意義務違反を認め賠償を命じ、Xが参加人に賠償請求する可能性もあるとして参加人の確認の利益も認めた。

[18] 東京地判令4・1・14LEX/DB 25603257 は、Y病院の入院患者X（86歳）が、病院内で転倒し左大腿骨頸部骨折の傷害を負い、運動障害等の後遺障害を負ったのは、看護師らの転倒転落防止措置義務違反によると主張して損害賠償を請求したのに対して請求は棄却された。

[19] 東京地判令4・1・28LEX/DB 25603265 は、Yが運営する特別養護老人ホームに、ショートステイ（短期入所生活介護）で入所していたA（89歳）の相続人Xが、YはAについて廃用予防のためリハビリテーションを実施すべきであるのにこれを怠った安全配慮義務違反があり、Aが廃用症候群を発症した後、敗血症で死亡したと主張して入所契約上の債務不履行に基づく損害賠償を請求したが、請求は棄却された。

[20] 札幌地判令4・4・25LEX/DB 25592619 は、Yが運営する病院に入院中のA（89歳）がY病院の

看護師及び介護士による介助を受けて入浴中、溺水して死亡したことにつき、Aの相続人Xが、Y病院の管理者には、入浴中に溺水する危険性の高い患者の一対一の看視体制の構築を怠った過失及び入浴時間のルール化を怠った過失、看護師には浴槽内にいるAの介助を別の患者の介助を担当する介護士に引き継いだ過失、引継ぎを受けた介護士には、別の患者の洗髪介助を行い、浴槽内にいたAの状態を目視により確認しなかった過失があるなどと主張して損害賠償を求めたのに対し、介護士の注意義務違反を認めて請求の一部を認容した。

[21] 高松高判令4・6・2LEX/DB 25592690は、A（26歳）は、急性呼吸窮迫症候群（ARDS）で、Yが運営する「Y医療センター」に入院し、集中治療室において治療を受けていたが、ベッドから床面に転落し、脳死状態になり約3か月半後死亡したため、Aの相続人Xらが、Y病院の医師ないし看護師がAの転落を防止し、又は、転落により重篤な傷害が発生することを防止するための措置を講ずべき義務を懈怠した過失があった、及び、Aが死亡したのは、本件事故に加え、その後（死亡直前の時期）の不適切な輸液投与を行った過失があったためと主張して、主位的請求としてA死亡による損害、予備的請求としてAが脳死状態になったことによる損害（金額は死亡の場合と同額）等の支払を求めた。第一審（高知地判令2・6・30LEX/DB 25566236）は請求を棄却したが、控訴審は人員配置等の措置の不十分さの結果回避義務違反を肯定して、請求を一部認容した。

(3) 説明義務違反

[22] 東京高判令2・7・22判タ1493号64頁は、Xが幼少期から長期間にわたり自閉症の診療を受けていたところ、医師Aが少量L-DOPA療法を選択すべきでないのにこれを選択し続行したことは違法で親権者に必要な説明も怠った等と主張してAの相続人Yに対して損害賠償を請求した事案につき、原審（東京地判令元・10・17判時2456号65頁）はAの説明義務違反を認めたが、控訴審は、同療法は自閉症に対する治療法としてその当時の医療水準として確立された治療法ではないが実績も存在し、他に確立された積極的な治療法が存在しなかったこと、同療法で用いる薬剤は、パーキンソン病等を適用とする薬剤として承認されており、添付文書や医薬品

インタビューフォームには、高頻度で重大な副作用が生じるおそれがある旨は記載されていないとして、少量L-DOPA療法開始の注意義務違反・中止義務違反・説明義務違反等をすべて否定し、説明義務違反については消滅時効も完成しているとして原審を破棄し賠償請求を棄却した。

[23] 東京地判令4・2・28LEX/DB 25603768は、Yの開設する病院においてS状結腸癌の手術を受けたA（92歳）が、手術の約2年後に、吻合部に狭窄が生じてこれに対するバルーン拡張術を受けたところ、大腸穿孔を生じ、永久的横行結腸ストマの後遺症が生じたことにつき、Aの訴訟承継人Xらが、Y病院の医師は、S状結腸癌の手術の際、自動吻合器を抜去するに当たり、吻合部の腸管を骨盤腔内に引き込んだ上、そのままこれを放置させた過失によってAの吻合部を狭窄させた等及び予期される治療効果、他の治療法との比較、合併症リスク等についての説明義務違反によりP1に上記後遺症を生じさせたなどと主張して、Yに対し損害賠償の支払を求めたのに対し、判決は説明義務違反を認めて請求の一部を認容した。

[24] 宮崎地判令4・4・13LEX/DB 25592615は、Aの相続人Xらが、Y1法人の医師Y2において、Aの腹腔鏡胆嚢摘出手術を執刀した際に誤って総胆管を切除した上、この部分に総胆管吻合術を行ったが、その後の合併症である良性の総胆管吻合部狭窄に適応のない金属ステントを留置したことにより、長期の入通院を強いた上、肝硬変で死亡したとして、顛末報告義務違反等を主張した事案で、請求の一部を認容した。

3 その他の医事判例

(1) 予防接種関連

[25] 札幌地判令4・3・11LEX/DB 25572071は、集団予防接種等によるB型肝炎ウイルス感染・慢性肝炎を発症した事案であるが、HBe抗原陰性慢性肝炎発症時が除斥期間の起算点となるというべきとして除斥期間が経過していたと判断した。

(2) 優生保護法関連

[26] 大阪地判令2・11・30判タ1495号167頁、判時2506＝2507号69頁は、優生保護法による不妊手術について除斥期間の経過を認めたが（同様の結

論として神戸地判令3・8・3賃金と社会保障1795号23頁）、本件控訴審は、除斥期間の経過により請求を認めないのは正義に反するとして、地裁とは逆の判断をした（大阪高判令4・2・22賃金と社会保障1798号46頁。東京高判令4・3・11賃金と社会保障1800号5頁も賠償を認めた）。

(3) コロナ関連

[27] 札幌高判令4・3・16LEX/DB 25592235は、Xとその妻Dとの間の息子Cは、Yの運営する大学病院で、Dの勤務先病院における新型コロナウイルス感染症の集団感染の発生を理由に受診を拒否されたがこれは診療契約上の債務不履行ないし不法行為に当たると主張してYに対して損害賠償支払を求めたところ、原審（旭川地判令3・10・15LEX/DB25591296）はXの請求を棄却し、控訴審も、Dが新型コロナ陽性者の濃厚接触者であると誤解されたことを認めるに足りる証拠はなく、Y病院において予定されていたCの受診の延期を求めるとともに緊急性の高い手術とはいえないCの手術延期を求めたことに正当な理由があったと認められるとして、控訴を棄却した。

(4) その他

[28] 東京地判令4・2・24LEX/DB 25603767は、救急搬送事案につき、前訴と実質的に同一の請求及び主張を蒸し返し、前訴の確定判決によって紛争が解決されたとのYの合理的期待に反し、Yに重ねて応訴の負担を強いる前訴の不当な蒸し返しと認めるのが相当とし、訴訟上の信義則に違反し不適法とされて却下された。

（てじま・ゆたか）

労働裁判例の動向

小鍛冶広道　弁護士

労働判例研究会

はじめに──今期の労働裁判例の概観

今期の対象は、2022年1月から6月までの期間に掲載された裁判例（民集75巻4号75巻8号、判時2499～2516号、判タ1490～1495号、労判1253～1263号及び労経速2465～2481号）である。

今期の注目すべき裁判例を1つ挙げるとすれば、労働契約申込みなし制度（派遣法40条の6）について、その適用を正面から認めた [66] 東リ事件大阪高裁判決であろう。同制度については、平成27年10月に鳴り物入りで導入された割には裁判例の蓄積自体がなされてこなかったのであるが、上記大阪高裁判決の判示は使用者側にとって相当に厳しいものであり、今後同判決の与える影響は小さくないものと考えられる。

検索機能を果たすべく、上記掲載紙に掲載された裁判例はすべて網羅した。従前の例に倣って今期も、荒木尚志『労働法〔第4版〕』（有斐閣、2020年）の主要目次の項目を分類基準として用い、これに従って裁判例を分類、概観する。

1　労働法と形成と展開

2　労働関係の特色・労働法の体系・労働条件規制システム

いずれについても、該当裁判例なし。

3　個別的労働関係法総論

(1)　労働基準法・労働契約法上の労働者

労働基準法・労働契約法上の「労働者性」の判断については、「フリーランスとして安心して働ける環境を整備するためのガイドライン」（令和3年3月26日、内閣官房・公正取引委員会、中小企業庁、厚生労働省）において、これまでも一般的支持を得てきた昭和60年12月19日労働基準法研究会報告「労働基準法の『労働者』の判断基準について」に準拠すべきことが改めて示されたところであるが、今期掲載された「労働者性」に関する裁判例も、概ね上記労働基準法研究会報告の示した判断枠組みに準拠した判断を行っている。具体的な裁判例として、業務委託契約に基づく配送業務従事者の労働者性を否定した [1] ロジクエスト事件・東京地判令2・11・24労判1259号69頁、美容室勤務の美容師の労働者性を否定した [2]TRYNNO事件・名古屋地岡崎支判令3・9・1労経速2481号39頁、専属マネジメント契約を締結して活動していたタレントの労働者性を否定した [3] Hプロジェクト事件・東京地判令3・9・7労経速2469号3頁、客室乗務員として乗務するための訓練契約が労働契約に該当すると判断した [4] ケイ・エル・エム・ローヤルダッチエアーライン事件・東京地判令4・1・17労経速2480号22頁がある（なお、[4] においては、「他人のための労働か自己のための活動か」が論点とされている点においても興味深い）。

4　労働者の人権保障（労働憲章）

(1)　パワー・ハラスメント

今期のパワー・ハラスメントに関する裁判例として注目すべきものとして、[5] 東武バス日光事件・東京高判令3・6・16労判1260号5頁が挙げられる。同事件においては、路線バス運転手が乗車していた男子高校生に対し、「おめえ、次、ぜっていやんなよ。頭出したろ。ふざけてて。次、殺すぞマジで」と発言する等したことに関連し、人事担当役員が当該バス運転手に対し「チンピラ」「雑魚」と発言したことに関し、その違法性を肯定した第一審判決（宇都宮地判令2・10・21労判1260号18頁）を覆し、「（男子校高校生に対して）『殺すぞ』といった発言をした

り、本件男子高校生の在籍する高校を見下したりするのはチンピラであり、控訴人会社にチンピラないしそれと同視できる雑魚は不要であるとの趣旨で発言したものであり、業務上の指導と無関係に控訴人の人格を否定するものとはいえない」等としてその違法性を否定するとともに、第一審判決同様に、上記人事担当役員らによる「向いてねえよ。」「クソ生意気なことこきやがって。」「もう客商売よした方がいいよ。」「もう会社ではいられないんです。」等の発言についても、その違法性を否定したものである。いわゆるパワハラ指針（令和2年厚生労働省告示第5号）においては、「人格を否定するような言動を行うこと」は「パワーハラスメントに該当すると考えられる」とされており、更に厚労省通達（令和2年2月10日雇均発0210第1号）においては、「労働者に問題行動があった場合であっても、人格を否定するような言動など業務上必要かつ相当な範囲を超えた言動がなされれば、当該職場におけるパワーハラスメントに当たり得ること」と記載されているところであって、一般的な実務感覚としても、「どのような理由があっても人格否定はNG」という感覚が存するのであるが、これに対し同裁判例は「業務上の指導と関連があれば人格否定も許容されうる」との判断を示したものであり、（不法行為における違法性判断とパワハラ該当性の判断はイコールではないとしても）今後議論を呼ぶ可能性がある。なお、同裁判例においては、いわゆる下車勤務及び下車勤務中の運転手服務心得の黙読・書き写し等の指示に関しても第一審判決を覆し、その違法性を否定している。

他のパワー・ハラスメントに関する裁判例としては、新人従業員に対する先輩従業員の「死ねばいい」「辞めればいい」という発言の不法行為該当性を認めつつ、新人従業員との自死との間で相当因果関係を認めず慰謝料（80万円）等の認容にとどめた [6] 損害賠償請求事件・札幌地判令3・1・28判タ1494号114頁、駐留軍等労働者に対する米国人上司による「あなたはうそつきだ」「あなたのすべてが気に入らない」「あなたをクビにしてやる」「やることすべてが間違っている」等の叱責について違法性を認め、これら叱責と被害者の適応障害発症の相当因果関係を認めたものの、被害者の退職との間の相当因果関係については否定し、慰謝料（金50万円）等の限度で国の損害賠償責任を認めた [7] 国（在日米軍厚木航空施設・パワハラ）事件・東京地判令3・11・22労判1258号5頁、長時間労働により心理的負荷がかかっている中で常務取締役から感情的な

言動（「あんたは休むのかよ」、扉を強く閉めて退出）等を受けて従業員が自殺したことについて、企業の安全配慮義務違反と取締役の会社法429条1項に基づく責任を認めた [8] 池一菜園事件・高松高判令2・12・24判時2509号63頁、刑務所勤務の国家公務員を夜間勤務担当から外した措置はパワー・ハラスメントに該当しないとした [9] 国・人事院事件・東京地判令4・2・16労経速2481号29頁がある。

また、[10] 摂津産業開発事件・大阪地判令3・3・26労判1259号55頁は、ゴルフ場運営会社の従業員（調理師）について、他の従業員に対する嫌がらせ行為（冷蔵庫・冷凍庫にいる際に扉を閉めたり電気を消す、背中に氷を入れる）について、「幼稚であったり、社会人として不適切な行為であることはいうまでもなく、使用者からの指導・注意・処分の対象となる行為であるということはできる」ものの、これらの行為を理由とする解雇については合理的とはいえない、との判断を示している。

(2) カスタマー・ハラスメント

本年2月25日に厚生労働省が「カスタマーハラスメント対策企業マニュアル」を公表して以降、各企業においてはいわゆるカスハラ対策についての関心が高まっている状況にあるが、[11] 一般財団法人NHKサービスセンター事件・横浜地川崎支判令3・11・30労経速2477号18頁においては、コールセンターに勤務するコミュニケーターが視聴者からのわいせつ発言や暴言、著しい不当要求等に晒されることに関する安全配慮義務違反の有無が問題とされた。同問題について裁判所は、一方で、安全配慮義務の具体的内容としてわいせつ発言や暴言、著しく不当な要求を繰り返す視聴者に対し刑事・民事等の法的措置をとる義務があるとまでは認められないとしつつ、コミュニケーターの心身の安全を確保するためのルールが策定され、当該ルールに沿った対応が行われていたことや、無料のメンタルヘルス相談が提供されていたこと等を総合考慮すれば、安全配慮義務違反はない、との判断を示した。

5　雇用平等、ワーク・ライフ・バランス法制

(1) 女性の婚姻・妊娠・出産等を理由とする不利益取扱の禁止

これまで、均等法9条4項に関するめぼしい裁判例は公表されていなかったと思われるため、同条項の適用に関する [12] 地位確認等請求控訴事件・東京高判令3・3・4判時2516号111頁は先例的意義

を有するものと思われる。もっとも、結局のところ、妊娠中及び出産後1年を経過しない女性労働者に対する解雇の有効性判断については、当該解雇の合理的理由（労契法16条）の有無に帰するのであって、均等法9条4項については、訴訟上の攻撃防御方法としての独自の意義はないように思われる。

(2) セクシュアル・ハラスメント

今期のセクシュアル・ハラスメントに関する裁判例としては、身体的接触を含む露骨なセクハラ言動と、被害相談に不快感を抱いたことを理由とする報復的パワハラ言動（会議の席での批判等）が不法行為を構成するとしたうえ、会社の事後対応（調査不十分等）について職場環境配慮義務違反を認めた [13] 人材派遣業A社ほか事件・札幌地判令3・6・23 労判 1256 号 22 頁、管理職者による（過去に注意指導を受けていたにもかかわらず繰り返された）複数被害者に対する職場内外を問わない日常的なセクハラ言動及び反省の欠如を理由とする普通解雇を有効と判断した [14] 医療法人社団A事件・横浜地判令3・10・28 労経速 2475 号 26 頁、教え子の女子学生の自宅において身体的接触を行ったことを理由とする懲戒解雇を有効と判断した [15] 学校法人A大学事件・東京地判令4・1・20 労経速 2480 号 3 頁がある。なお、[15] においては一事不再理についての判断が行われており、実務上参考になる。

6 賃金

(1) 休業手当

[16] ホテルステーショングループ事件・東京地判令3・11・29 労経速 2476 号 29 頁は、ラブホテルの客室清掃担当者について、新型コロナウイルス感染拡大に伴う売上減少に対応するための時短・休業について、「被告は、事業を停止していたものではなく、毎月変動する売上の状況やその予測を踏まえつつ、人件費すなわち従業員の勤務日数や勤務時間数を調整していたのであるから、これはまさに使用者がその裁量を持った判断により従業員に休業を行わせていたにほかならない」のであって、「不可抗力」ということはできないから、使用者の「責に帰すべき事由」（労基法 26 条）に該当する、として、同条所定の休業手当の支給（会社が独自の計算により支払っていた金額との差額）の支払を命じた。

7 労働時間

(1) 労働時間性

労働時間性に関する裁判例としては、会長専属運転手について、専用車両駐車場の出庫時刻・帰庫時刻を始業・終業時刻、車両内待機時間は全て労働時間、車両外待機時間のうち1時間は非労働時間と判断した [17] ラッキーほか事件・東京地判令2・11・6 労判 1259 号 73 頁、障害者グループホームにおける泊まり込み時間の労働時間性に関して、2名の泊まり込み者について、それぞれ2日に1日は夜間の利用者対応が義務付けられていた、として労働時間性を認めた [18] グローバル事件・福岡地小倉支判令3・8・24 労経速 2467 号 3 頁がある。

(2) 割増賃金

今期の割増賃金に関する裁判例として世間的に最も注目されたのは、公立小学校教員の時間外割増賃金請求（及び国家賠償請求）を棄却した [19] 埼玉県（小学校教員・時間外割増賃金請求）事件・さいたま地判令3・10・1 労経速 2468 号 3 頁であろう。同判決においては、「現在の我が国における教育現場の実情としては、多くの教育職員が、学校長の職務命令などから一定の時間外勤務に従事せざるを得ない状況にあり、給料月額4パーセントの割合による教職調整額の支給を定めた給特法は、もはや教育現場の実情に適合していないのではないかとの思いを抱かざるを得ず、原告が本件訴訟を通じて、この問題を社会に提議したことは意義があるものと考える」等の「付言」が付されている。なお、同事件については東京高裁で控訴棄却の判断が下されている（東京高判令4・8・25）。

また今期も、固定残業代に関する裁判例が多く見られた。具体的には、上記 [17] ラッキーほか事件において「営業手当」の割増賃金該当性が否定されたほか、[20] ライフデザインほか事件・東京地判令2・11・6 労判 1263 号 84 頁においては、「業務手当」の割増賃金該当性が否定され、他方、[21] フーリッシュ事件・大阪地判令3・1・12 労判 1255 号 90 頁においては、「固定残業手当」の割増賃金該当性が肯定された。

少々特殊な裁判例として、[22] エイシントラスト元代表取締役事件・宇都宮地判令2・6・5 労判 1253 号 138 頁は、別件訴訟で会社に対し割増賃金支払を命じる判決が確定したにもかかわらず、当該会社が支払わないことについて、会社の元代表取締役

に会社法429条1項に基づき未払割増賃金相当額の損害賠償責任を認めた（ただし、同種裁判例は過去に複数あり、珍しい判断がなされたものではない）。

8 年次有給休暇

[23] 不二タクシー事件・東京地判令3・3・26労判1254号75頁は、懲戒処分としての出勤停止中であったタクシー運転手が、出勤停止最終日（2月18日）に行った、翌日（同月19日）から連続40日間の年休権行使（時季指定）について、時事通信社事件最高裁判決（最三判平4・6・23民集46巻4号306頁）を引用したうえで、会社が「有給休暇の時季指定をする際には原則として前月20日までに上長に申出る」旨の就業規則条項に沿って行った2月19日から同月28日までの期間に関する時季変更について有効と判断した。

9 年少者・妊産婦等

該当裁判例なし。

10 安全衛生・労働災害

(1) 業務災害の認定

労災保険における業務起因性に関する裁判例としては、いまだ発生機序等が未確定とされている化学物質過敏症に関連して、「発症の原因や機序が十分に解明されていないことを理由として、直ちに業務起因性を否定することは相当でない」と判示したうえ、事業所内トイレに散布された殺菌剤の原液を拭き取る業務に際し、空気中に浮遊していた同殺菌剤の主成分である次亜塩素酸ナトリウムのミストを吸入して化学物質過敏症に発症した、として業務起因性を肯定した [24] 国・岩見沢労基署長（元気寿司）事件・札幌高判令3・9・17労判1262号5頁（第一審判決・札幌地判令2・2・13労判1262号27頁9の判断を覆した）が存するほか、自死事案における業務起因性の判断において、客観的な記録（戸締り報告書における最終退出者としての記録）が存在しない労働日における行政処分庁による終業時刻の認定を見直し、精神障害発症直前の連続2か月間における1か月あたりの時間外労働時間数が概ね120時間以上であったとして業務起因性を肯定した [25] 国・出雲労基署長（ウシオ）事件・松江地判令3・5・31労経速2466号3頁が存する。

[26] 地方公務員災害補償基金北海道支部長事件・札幌高判令3・9・7労経速2469号17頁は、地方公務員の自死事案における公務起因性の判断において、第一審判決（札幌地判令3・1・13労経2466号25頁）を見直し、発症前における33日間の連続出勤期間の頃において、時間外労働時間数がかなり増加しており(30日間の時間外勤務時間109時間25分)、また、作成の目途の立たないワーク・シートの提出を督促されていたうえ、その間にも常に営農用水警報が発せられる可能性があることを意識しておかなければならない状態であったこと等よりすれば、業務による強い負荷が与えられていたと認められる、として公務起因性を認めた。

(2) 労災民訴

今期の労災民訴に関する裁判例は注目すべき論点を含むものが多いが、なかでも最も注目すべきは、[27] 大器キャリアキャスティング・ENEOSジェネレーションズ事件・大阪地判令3・10・28労経速2471号3頁であろうか。同事案は、セルフ方式による給油所の運営会社から給油所運営業務の受託を受けた会社（受託会社）との間で有期労働契約を締結し、深夜早朝時間帯に就労していた労働者が、運営会社とも有期労働契約を締結して週1～2日、早朝深夜時間帯以外の時間帯に就労した結果、当該労働者が精神障害を発症した（受託会社の業務により精神障害を発症したとして労災認定有）、という事案において、受託会社及び運営会社の安全配慮義務違反等に基づく責任の存否が争われた事案である。裁判所は、まず受託会社の責任について、上記兼業に伴う連続・長時間労働の発生は当該労働者の積極的な選択の結果生じたものであることに加え、当該上長が運営会社での就労を確実に止めるように約束をとりつける等していること等を理由として責任を否定し、運営会社の責任についても、上記の通り兼業に伴う連続・長時間労働の発生は当該労働者の積極的な選択の結果生じたものであることに加え、同運営会社は受託会社における当該労働者の労働時間等を当然に把握していたものではないこと（当該労働者は受託会社における業務として、運営会社の競合会社から受託会社が受託した給油所の業務にも従事していた）等を理由として責任を否定した。

同様に注目されるべき裁判例として、[28] ロバート・ウォルターズ・ジャパン事件・東京地判令3・9・28労経速2470号22頁が挙げられる。同裁判例においては、新型コロナウイルスの感染が拡大し始めた2020年3月の時点において、派遣元会社が派遣労働者に対して負う健康配慮義務又は安全配慮義務

として、「労働者が求める場合には、派遣先に対し、在宅勤務の必要性を訴え、労働者を在宅勤務させるように求める義務」を負っていた、との派遣労働者側の主張に対し、「被告（派遣元会社）や本件派遣先会社において、当時、原告が通勤によって新型コロナウイルスに感染することを具体的に予見できたと認めることはできないというべきであるから、被告が、労働契約に伴う健康配慮義務又は安全配慮義務（労働契約法5条）として、本件派遣先会社に対し、在宅勤務の必要性を訴え、原告を在宅勤務させるように求めるべき義務を負っていたと認めることはできない」との判断を示した。安全配慮義務が具体的な予見可能性に基づく結果回避義務である以上、当然の判断といえよう。

[29] 社会福祉法人むつみ福祉会事件・長崎地判令3・1・19判時2500号99頁は、保育士の自死事案（労災認定有）について、当該保育士は自死の1年以上前に起こった保育園の虐待騒動（テレビ報道されるに至っていた）による強い心理的負荷によりうつ病を発症し、同騒動に伴う心理的負荷がその後も持続した（当該保育士は虐待騒動の中心となった保護者らの子が在籍するクラスの主担任を務めた）ことに加え、経験豊富な保育士が相次いで退職したこと等による負担も加わってうつ病を増悪させ自死に至った、と判断したうえ（自死と業務との因果関係）、これら心理的負荷による当該保育士の体調悪化については法人において認識可能であったが（予見可能性）、これに対して法人の講じた安全配慮措置（虐待騒動直後のカウンセリング等）は十分なものとはいえなかった、と判断して、法人の安全配慮義務違反の責任を認めた。

[30] 岡本土木・日鉄パイプライン＆エンジニアリング事件・福岡地小倉支判令3・6・11労経速2465号9頁は、下請企業従業員の業務中の事故に関する元請企業の安全配慮義務について、元請企業が元方事業者・特定元方事業者（安衛法29条・30条）に該当するというのみで下請企業の労働者に対して安全配慮義務を負うものではない、としたうえで、三菱重工所神戸造船所事件最高裁判決（最一判平3・4・11）における事例判断を一般的な判断枠組みに引き直し、「下請企業の労働者が労務を提供するに当たって、元請企業の管理する設備、工具等を用い、事実上元請企業の指揮監督を受けて稼働し、その作業内容も元請企業の労働者とほとんど同じであるなど、元請企業と下請企業の労働者とが特別の社会的接触関係に入ったと認められる場合」に元請企業が下請企業の労働者に対して安全配慮義務

を負う、との判断枠組みを提示したうえで、事案における判断としては元請企業の安全配慮義務を否定した。

[31] 日和住設ほか事件・札幌地判令3・6・25労判1253号93頁は、連続3か月にわたり100時間を超える時間外労働を行ったことにより精神障害を発症した労働者が自死に至った事案（労災認定有）であるが、そもそも労働時間を抑制するための制度を構築せず（106時間の時間外労働が生じることを想定した固定残業代を採用していた）、また実際に労働時間の把握を怠っていた点について、法人とともに法人の代表取締役についても民法709条に基づく不法行為責任（連帯責任）を認めた点に特徴がある。

(3) アスベスト関連

[32] 建設アスベスト訴訟（京都）事件・最一判令3・5・17労判1259号33頁は、屋外建設作業従事者（屋根工）が石綿粉じんにばく露し中皮腫にり患したことに関する国及び建材メーカーの責任について、①国において、平成13年から同16年9月30日までの間に屋外建設作業に従事する者が石綿関連疾患にり患する危険が生じていることを認識することができたということはできないから、厚生労働大臣が同14年1月1日から同16年9月30日までの間に安衛法に基づく規制権限を行使しなかったことは国賠法1条1項の適用上違法ということはできない、②建材メーカにおいても、平成13年から同15年12月31日までの期間に自らの製造販売する石綿含有建材を使用する屋外建設作業従事者に石綿関連疾患にり患する危険が生じていることを認識できたということはできないから、同14年1月1日から同15年12月31日までの期間に、石綿含有建材に石綿関連疾患にり患する危険があること等を表示すべき義務を負っていたということはできず、不法行為責任を認めることはできない、と判断した。

他のアスベスト関連の裁判例としては、長年にわたり製缶構造物の溶接作業に従事してきた者が胸膜中皮腫を発症した事案において、安全配慮義務の前提となる予見可能性については、従業員が石綿粉じんにばく露することによりその生命・健康に重大な障害が生じる危険性があることを認識し得たのであれば、石綿粉じんのばく露による胸膜中皮腫の発生等につき具体的な認識ないしはその可能性がなくとも足る、という立場を前提に、わが国においては少なくともじん肺法が制定された昭和35年頃には上記予見可能性が認められたとし、安全配慮義務違反の責任を認めた [33] 日立パワーソリューショ

ンズ事件・横浜地横須賀支判令3・8・30労判1255号39頁がある。

11　労働契約の基本原理

(1)　退職後の秘密保持義務

[34] X事件・横浜地決令4・3・15労経速2480号18頁は、美容室を退職した美容師に対する、同美容師が労働契約締結に際し差し入れていた「誓約書兼同意書」により負担していた退職後の秘密保持義務を根拠とする、顧客情報の利用及び第三者への開示・提供の差止を求める仮処分申立について、発令から2年間に限って認めた事例である。同決定が、退職後の秘密保持義務の有効性を認める根拠の一つとして在職中に毎月5000円ないし1万4000円の「情報秘密保持手当」を支給していたことに言及している点は、実務において参考になろう。

(2)　引き抜き行為

[35] スタッフメイト南九州・アンドワーク事件・宮崎地都城支判令3・4・16労経速2468号29頁は、労働者派遣事業等を営む会社の従業員が在籍中に労働者派遣事業等を行うことを目的とした別会社を設立したうえ、所属会社の他の従業員に対して引き抜き行為を行ったことについて、過去の同種裁判例（ラクソン事件・東京地判平3・2・25労判588号74頁）の示した判断枠組みをほぼ踏襲した判断を行った結果、当該引き抜き行為は社会的相当性を逸脱しているとして、当該従業員の債務不履行責任・不法行為責任を認めた。

12　雇用保障（労働契約終了の法規制）と雇用システム

(1)　普通解雇

今期の普通解雇に関する裁判例のうち、能力不足等を理由とする普通解雇の裁判例としては、[36] Zemax Japan事件・東京地判令3・7・8労経速2467号18頁（解雇有効）、及び[37] ノキアソリューションズ＆ネットワークス事件・東京地判平31・2・27労判1257号60頁（解雇無効）がある。前者については、被解雇者の能力・能率の低さだけでは合理的な解雇理由とはいえないとしつつ、被解雇者の強い敵対心により会社（代表者）との間において適切なコミュニケーションを図ることが困難であり、改善可能性がなかったと認められることも併せ考えれば、解雇の合理的理由が認められる、との判断を示したものである。他方、後者については、被解雇者は職務遂行上必要とされる能力等が不足している等と認定しつつ、過去のPIPの実施状況等からすれば、被解雇者にPIP等による指導を実施したり、配置転換や職務等級（降級）・役職の引き下げを行う等の解雇回避措置によってその業務成績を改善する余地がないとはいえず、業務成績不良が改善指導によって是正しがたい程度にまで達していると認めることはできない、等として解雇の有効性を否定したものである。

その他の普通解雇に関する裁判例として、会社代表者のパワハラを指摘する匿名文書に関連して、会社が警察署と相談の上、警察署に出頭して指紋・唾液を任意提出するよう従業員に協力を求めたことについて、自身は協力しないことを明らかにしたうえで、他の従業員に対しても協力することに疑問を呈するメールを社内送信したこと等を理由とする解雇を無効とした[38] 清流出版事件・東京地判令3・2・26労判1256号78頁、服務規律違反等を理由とする解雇について第一審判決（奈良地判令2・8・12労判1263号53頁）を覆してその有効性を否定した[39] 一般社団法人奈良県猟友会事件・大阪高判令3・6・29労判1263号46頁がある。

(2)　整理解雇

整理解雇に関する裁判例としては、[40] バークレイズ証券事件・東京地判令3・12・13労経速2478号3頁がある。同裁判例においては、外資系証券会社のMD（マネージング・ディレクター、賃金年額4200万円＋賞与年額2000万円程度）のポジションクローズに伴う解雇について、外資系金融機関における雇用慣行に照らせば「整理解雇の4要素」に沿って判断すべきではない、との主張を排斥したうえで、同解雇については人員削減の必要性が認められず、合理的な人選基準の設定もなく、解雇回避努力も不十分である、等として解雇の有効性を否定した。裁判所は、上記会社側主張を排斥する根拠として「国際企業における人事労務管理と整合する合理的な内容の労働契約や就業規則を制定」していなかったこと等を挙げているのであるが、例えば外資系企業の日本法人における就業規則条項として「海外本部からポジションクローズの指示があった場合」には解雇する、との条項を挿入した場合（実際問題、日本法人としては当該指示に抗うことはできないことが通例と思われるが）裁判所がどう判断するのか、興味深いところではある。

[41] ユナイテッド・エアーラインズ（旧コンチネ

ンタル・ミクロネシア）事件・東京高判令3・12・22労判1261号37頁は、外資系航空会社の成田ベース閉鎖に伴う客室乗務員の解雇について、当該解雇がグループ内の経営統合の過程で生じたものである以上、グループを一体とみて有効性判断をすべきであるとの労働者側主張を排斥し、所属会社単体において「整理解雇の4要素」等を総合考慮して合理性・相当性の判断をすべきであるとしたうえで、結論的に解雇有効と判断した第一審判決（東京地判平31・3・28労判1213号31頁）の判断を維持した。

[42] ネオユニットほか事件・札幌高判令3・4・28労判1254号28頁は、就労継続支援A型（雇用型）事業所の閉鎖に伴うスタッフ及び利用者（知的障害者・精神障害者）全員の解雇について、同解雇を有効と判断した第一審判決（札幌地判令元・10・3労判1254号43頁）を変更し、同解雇については事業所閉鎖に伴うスタッフ・利用者全員に関する人員削減の必要性・人選の合理性については認められるものの、解雇手続の相当性に関しては、利用者に対して「障害の特性等も踏まえた丁寧な説明」等を欠いており、またスタッフに対しても十分な説明を尽くしたと認めることはできない、また解雇回避努力に関しても、再就職の都合等を考慮して閉鎖時期を決定し、合意退職に応じてもらえるよう調整するなどの努力が尽くされていない、等として、その有効性を否定した。

(3) 退職の意思表示

[43] 日東電工事件・広島地福山支判令3・12・23労経速2474号32頁は、退職希望日空欄の退職願の提出（令和2年1月30日提出）をもって労働契約の合意解約に関する申込の意思表示、これに対する所属部長からの「退職願が受理されている」旨の電話連絡（同2年2月3日）をもって承諾の意思表示と認定し、同年2月3日付で労働契約は合意により終了した旨を認めているが、どのようなロジックで退職日が2月3日に特定されることになるのか、不明確さは否めないところであろう。

(4) 退職勧奨

今期の裁判例において、退職勧奨の違法性を否定したものとして、[44] 日立製作所事件・東京地判令3・12・21労経速2477号3頁がある。同裁判例においては、退職勧奨に応じる意思がないことを明らかにしていた労働者に対する退職勧奨について、「退職を一旦は断った者に対し再考を求め、再度退職を促すことも、それが対象とされた労働者の

自発的な退職意思の形成を促すものである場合には違法ということはできず、それが社会通念上相当とは認められないほどの執拗さで行われるなど、当該労働者に不当な心理的圧力を加え、その自由な退職意思の形成を妨げた場合に初めて違法となり、不法行為を構成することがあるというべきである」との判断枠組みを示したうえで、事案における判断としては不法行為該当性を否定した。上記判断枠組みについては、退職勧奨の違法性判断に関するリーディングケースと目されている日本IBM事件東京地裁判決（東京地判平23・12・28労経速2133号3頁）において示されていた、「当該社員が会社に対して退職勧奨に応ずることによる有利不利の諸事情を比較検討した上で退職勧奨に応じない選択をしたこと、更なる説明ないし説得活動を受けたとしても退職勧奨に応じない意思は堅固であり、この方針に変更の余地のないこと、したがって、退職勧奨のための面談には応じられないことをはっきりと明確に表明し、かつ、会社に対してその旨確実に認識させた段階で、初めて、会社によるそれ以降の退職勧奨のための説明ないし説得活動について、任意に退職意思を形成させるための手段として、社会通念上相当な範囲を逸脱した違法なものと評価されることがあり得る」との判断枠組みとの間において、関係・整合性が議論されることになろう。

上記のほか、[37] ノキアソリューションズ＆ネットワークス事件及び [38] 清流出版事件においても、退職勧奨の不法行為該当性が否定されている。

以上に対し、[5] 東武バス日光ほか事件においては、辞めたくない等と繰り返し述べている者に対して「男ならけじめをつけろ」「他の会社に行け」「退職願を書け」等と述べ、その場で自主退職の手続をするよう繰り返し迫ったことについて、「労働者に対し明確かつ執拗に辞職（自主退職）を求めるものであり、これに応じるか否かに関する労働者の自由な意思決定を促す行為として許される限度を逸脱し、その自由な意思決定を困難にするもの」として、不法行為該当性を認めた（慰謝料20万円）。

(5) 定年後における継続雇用

[11] 一般財団法人NKHサービスセンター事件は、コールセンター勤務のコミュニケーターの無期転換（令和元年8月～）直後の定年退職（同12月末）に伴う継続雇用拒否について、合理的かつ相当な解雇理由が存在することを理由として、労働契約上の権利を有する地位にあることの確認請求等を棄却したものであるが、高年法の継続雇用制度に関する条

項には私法上の効力はない、という一般的理解との関係において、仮に合理的かつ相当な解雇理由が存在しない場合にはなぜ継続雇用契約の成立が認められることになるというのか、理論的検討が不十分であった感は否めないところであろう。

13 労働契約の成立・開始

(1) 採用内定

今期の採用内定に関する裁判例としては、[45]フォビジャパン事件・東京地判令3・6・29労経速2466号21頁、及び[46]エスツー事件・東京地判令3・9・29労判1261号70頁がある。前者は、会社の代表取締役(ただし従業員採用権限なし)の言動による採用内定関係(解約権留保付労働契約)の成立自体は否定しつつ、当該代表取締役により提示されていた(採用に至った場合の)賃金額(前職より高い賃金額)を期待して前職を退職したにもかかわらず、会社が実際には前職すら下回る賃金額を正式提示した結果、労働契約成立に至らなかったことについて、期待権侵害による不法行為の成立を認めた。後者は、採用内定を受けた技能実習生15名が入社後に従事することを予定されていた新規事業の事業見通しが立たなくなったこと等を理由とする内定取消について、無効であるのみならず不法行為を構成するものとし、給与6か月分相当額及び慰謝料30万円の賠償を命じた(ほかに、内定前段階の者1名に対する期待権侵害の不法行為も肯定(慰謝料10万円))。

(2) 本採用拒否(試用期間)

試用期間解雇(本採用拒否)に関する[47]日本オラクル事件・東京地判令3・11・12労経速2478号20頁は、留保解約権を行使する旨の意思表示が試用期間内に確定的にされた場合には、解雇の効力発生日が試用期間満了日より後とされた場合であっても、(被解雇者の地位を不当に不安定にするものでない限り)なお留保解約権の行使と扱われる旨を示した。これまでの実務においては、試用期間解雇(本採用拒否)における解雇の効力発生日は試用期間満了日までに設定しなければならない、というのが常識とされていたところであり、この裁判例の実務への影響は少なくないと思われる。

14 就業規則と労働条件設定・変更

(1) 合意による労働条件変更

[48]春秋航空日本事件・東京地判令3・7・29労経速2465号19頁は、定年後再雇用者(有期雇用)の契約更新のタイミングでの賃金減額(月額50万⇒月額31万5000円)について、労働契約期間の定めが形骸化している等といった労働者側主張を排斥したうえ、合意による賃金減額の有効性を肯定した。

15 人事

(1) 昇格

[49]社会福祉法人希望の丘事件・広島地判令3・11・30労判1257号5頁は、職能資格の昇格(1級→2級)について、就業規則において1級の「標準職務」については「職種の基本業務を行うもの」、2級の「標準職務」については「難易の高い業務を行うもの」とされていること、及び原告職員の実際の職務内容に着目し、「被告は原告に対して現行俸給表2級相当の役割を担わせる者とし、これに見合う就労を求めていたことは明らかであるから、原告は、被告に対し、個別具体的に昇格を求める権利を得たというべきである」「実際に原告はそれに見合う業務を担っているのであるから、昇格を前提とした給与の請求をすることができる」等との判断を示した。裁判所の上記判断については、「職能資格」制度と銘打たれてはいるものの、実質的には「職務等級」制度であって、アサインされる職務が変われば当然に職能資格(≒職務等級)が変更されるべき制度である、という制度理解を前提とした判断である、ということができるであろう。

(2) 降格

[50]広島精研工業事件・広島地判令3・8・30労判1256号5頁は、職位・役職の降職(課長⇒平社員、役付手当6万円・賃金役15%減額)について、就業規則上の明示の根拠は不要としつつ、必要性と不利益のバランスを欠き人事権の濫用に該当する、としたうえ、同降職及び残業不許可・仕事を与えない・厳しい叱責等について安全配慮義務違反として慰謝料(100万円)の賠償を命じたものの、基準内賃金として支給していた能率手当の減額については適法と判断したものである。本裁判例については、具体的な安全配慮義務(結果回避義務)の内容が特定されていない点において根本的な問題があると指摘せざるを得ないであろう。また、能率手当減額の判断についても違和感が強い。

[44]日立製作所事件は、管理職について役割等級制度、一般社員について職能資格制度を採ってい

る企業の主任技師（管理職）について、期待される業績貢献がなかったことを理由に技師（一般社員）への降職を行い、あわせて役割等級「F」から職能資格「総合職5級」に降級を行ったことについて、会社が労働者の降職に伴い賃金を引き下げる権限を有していることを前提に、当該降職・降級については業務上の必要性が存する一方、同降職・降級に伴い裁量労働勤務手当の支給対象となった結果むしろ月例賃金総額は増額したこと等からすれば、当該降職・降級は人事権の濫用には当たらないとした。

(3) 配転

[51]NECソリューションイノベータ事件・大阪地判令3・11・29労経速2474号3頁は、出向先の拠点集約に伴う関西ビル（大阪）から玉川事業場（神奈川）への配転命令の有効性を認め、同配転命令違反を理由とする懲戒解雇を有効とした。同事案においては、労働者の長男と母親の健康状態について、訴訟提起後に医師の診断書等が提出されたが、これについて裁判所は、会社側が配転困難な事情を聴取するため面談の機会を設けようとしていたにもかかわらず、当該従業員が暴言ないし社会人としての礼節を欠いた不適切な表現を含むメールを送信する等して断固として面談に応じない姿勢を示していた、との事実を認定したうえ、「被告…が、原告に対して、医師の意見書や診断書の提出を求めるなどの必要な調査を怠ったということはできないのであって、本件配転命令に際し、被告…が医師の意見書・診断書等の原告の長男及び母親の具体的な状態を認識することができなかったのは原告が招いた事態であるから、被告…が、本件配転命令を発出した時点において認識していた事情を基に、本件配転命令の有効性を判断することが相当というべきである」との判断を示した。

[38] 清流出版事件においても、出版社における雑誌編集責任者から単行本編集者への配置転換について、不当な動機・目的は認定できず、業務上の必要性が認められ、賃金減額など待遇上の不利益がないこと等に鑑み、不法行為には該当しないとの判断が示されている。

なお、[52] 学校法人コングレガシオン・ド・ノートルダム事件・福岡地小倉支決令3・12・15労経速2473号13頁は、転居を伴う配転命令の無効を主張し、配転先事業場に勤務すべき義務のないことを仮に定めることを求める仮処分申立事件において、被保全権利については判断することなく、保全の必要性の不存在を理由に申立を却下した。

(4) 傷病欠勤・休職

[53] 三菱重工業事件・名古屋高判令4・2・18労経速2479号13頁は、私傷病による連続欠勤日数が就業規則所定の上限日数（33か月）を超えたことによる解雇について、従前の職務（工務主任）と同等の職務を通常の程度に行える健康状態に回復していたとも、リハビリ勤務など軽易作業に就かせればほどなく従前の職務と同等の職務を通常の程度に行える健康状態になっていたとも認められず、また、当該従業員が配置される現実的可能性があると認められる業務（統括基幹職または主任が担当すべき業務）について、労務の提供がすることができたとは認められず、当該従業員からその提供を申し出たことも認められない、等として、同解雇の有効性を認めた第一審判決（名古屋地判令3・8・23）の判断を追認した。

[54] 学校法人工学院大学事件・東京地判令3・11・25労経速2473号16頁は、平成25年11月26日を始期とする休職命令が発令されたことを前提に、就業規則所定の定年退職日（平成27年3月31日）の6日前（同月25日）に休職期間満了退職扱いとなり、その結果、退職金規定所定の定年退職時加算支給分の支払を得られなかったものの、上記休職命令に関する辞令書面が職員に到達したのは平成26年1月21日ころであった、という事案について、裁判所が、「被告における休職制度においては、欠勤期間が3か月間となった日の翌日である休職期間の指揮の日よりも後の時期になってから、同日を休職期間の始期と定める休職命令の発令を行うことも想定されていると解するのが合理的である」との解釈を示し、上記加算支給分の支払は不要と判断したのであるが、素朴な感想として、当該法人の就業規則は「〜〜の場合は休職とする」ではなく「〜〜の場合は休職を命じることができる」という記載となっている以上、上記解釈は相当に「苦しい」のではないかと思われる。

16　企業組織の変動と労働関係

(1) 会社の解散

[55] 龍生自動車事件・東京地判令3・10・28労経速2473号3頁は、新型コロナウイルス感染症拡大による売上激減に晒されたタクシー会社が自らの解散・清算を前提として行った解雇について、いわゆる整理解雇法理によりその有効性を判断するのではなく、①手続的配慮を著しく欠いたまま解雇が行われたと評価される場合や、②解雇の原因となっ

た解散が仮装されたもの、又は既存の従業員を排除するなど不当な目的でなされたものと評価される場合に（例外的に）当該解雇は無効となる、との判断枠組みを示したうえ、事案における判断としては解雇有効と判断した。

17 懲戒

(1) 通報と懲戒処分

今期の懲戒に関する注目すべき裁判例として、[56] 神社本庁事件・東京地判令3・3・18 労判 1260 号 50 頁がある。裁判所は、神社本庁の職員（総合研究部長）が、同法人の総長その他複数の役職員らが背任行為に該当する不動産売買に関与している等の印象を与える文書を作成し、理事2名に交付した行為について、外形的には懲戒事由に該当するとしつつも、公益通報者保護法の規程内容及び趣旨からすれば、「労働者が、労務提供先である使用者の役員、従業員等による法令違反行為の通報を行った場合、通報内容の真実性を証明して初めて懲戒から免責されるとすることは相当とはいえず、①通報内容が真実であるか、又は真実と信じるに足りる相当な理由があり、②通報目的が、不正な利益を得る目的、他人に損害を加える目的その他の不正の目的でなく、③通報の手段方法が相当である場合には、当該行為が被告の信用を毀損し、組織の秩序を乱すものであったとしても、懲戒事由に該当せず又は違法性が阻却されることとなり、また、①〜③のすべてを満たさず懲戒事由に該当する場合であっても、①〜③の成否を検討する際に考慮した事情に照らして、選択された懲戒処分が重すぎるというときは、労働契約法 15 条にいう客観的合理的な理由がなく、社会通念上相当性を欠くため、懲戒処分は無効となると解すべきである」との判断枠組みを提示したうえ、事案における結論としては（通報事実のすべてについて真実と信じるに足る相当な理由はないため、懲戒事由には該当するとしつつ）解雇の相当性を否定した。あわせて同裁判例においては、同法人教化広報部長に対する懲戒処分としての降格及び減給の有効性も否定されている。なお、同事件については控訴審判決（東京高判令3・9・16）において法人側の控訴が棄却されている。

他方、[57] 医療法人偕行会事件・東京地判令3・3・30 労判 1258 号 68 頁においては、内容虚偽の請求書を作成して関連法人を欺いて多額の損害を与えたこと等を理由とする懲戒解雇を有効と判断するとともに、公益通報者保護法3条1号により同解雇

が無効である旨の主張に関しては、公益通報に該当する通知の約4か月前に懲戒処分のための弁明の機会の付与が行われていることから、「本件懲戒解雇が本件公益通報通知と近接した時期にされたことをもって、本件懲戒解雇が本件公益通報通知を理由としてされたものと推認することはできない」との判断が示された。

(2) その他

上記のほか、今期の懲戒処分に関する裁判例としては、ソフトウェア開発会社のプログラマー（有期雇用契約者）が、開発中のソースコードの提出要求に応じなかったことを理由とする懲戒解雇については「性急にすぎる」等として無効（労契法 17 条にいう「やむを得ない事由」があるとはいえない）としつつ、同解雇の通知をもって契約拒絶（雇止め）を行ったものと評価できるとし、同更新拒絶については合理性・相当性が認められ有効であると判断した [58] ネットジャパン事件・東京地判令元・12・26 判タ 1493 号 176 頁、旅費の不正受給（不正請求回数 100 回超、不正受給額 50 万円超）を理由とする懲戒解雇を有効とした第一審判決（札幌地判令2・1・23 労判 1217 号 32 頁）を覆し解雇無効と判断した [59] 日本郵便事件・札幌高判令3・11・17 労経速 2475 号3頁、病気休暇中の消防長に対して飲酒ひき逃げ死亡事故の事故車両に職員が同乗していたことについて監督責任を問う趣旨で科された戒告処分（地公法 29 条1項）を取り消した [60] みよし広域連合事件・徳島地判令3・9・15 労経速 2470 号 28 頁がある。上記 [59] の裁判例に関しては、率直に言って首を傾げるほかないところである。

なお、[23] 不二タクシー事件においては、度重なる出庫時間・帰庫時間違反をしたタクシー運転手に対する出勤停止 14 日の懲戒処分について、（手続的）相当性を欠く（無効）と判断されている。

18 非典型（非正規）雇用

(1) 無期転換

[61] 学校法人専修大学（無期転換）事件・東京地判令3・12・16 労判 1259 号 41 頁、及び [62] 学校法人乙事件・大阪地判令4・1・31 労経速 2476 号3頁は、いずれも学校法人関係者においては極めて注目度の高い裁判例である。前者においては、科技イノベ活性化法 15 条の2第1項1号にいう「研究者」について、研究開発法人または大学等において研究開発及びこれに関連する業務に従事している者

であることを要するとしたうえ、大学において専ら外国語授業等に従事している非常勤講師については「研究者」に該当しないとの判断が示された。これに対し後者においては、任期3年の有期雇用契約を締結し、同契約が更新（再任）された（通算6年）大学の専任教員（講師）について、同教員については大学教員任期法4条1項1号にいう「その他の当該教育研究組織で行われる教育研究の分野又は方法の特性に鑑み、多様な人材の確保が特に求められる教育研究組織の職」に該当するものとして任期を定めることができ、学校法人の任期規程において同法の定める手続要件の不備も認められないこと等から、同法7条1項の定めにより無期転換は否定されるとし、あわせて、当初の募集要項に「再任は1回のみ」等と明記されており、再任にかかる雇用契約書にも不更新条項が挿入されていたこと等から、雇止めについても有効（更新の合理的期待はなく雇止め法理は適用されない）とした。

(2) 雇止め

[63] 日本通運（川崎・雇止め）事件・横浜地川崎支判令3・3・30労判1255号76頁は、厚生労働省が令和4年3月30日に公表した「多様化する労働契約のルールに関する検討会報告書」において「関連する主な裁判例」として紹介された裁判例である。同裁判例においては、有期労働契約（契約期間1年）の締結「当初」から「当社における最初の雇用契約開始日から通算5年を超えて更新することはない」旨の更新上限条項が定められ、4回目の更新契約（最終契約）においては不更新条項が挿入されていた事案において、最終契約の満了時において雇用継続を期待することについて合理的理由があるとは認められない、として雇止め法理の適用を否定した。他方、[64] A学園事件・徳島地判令3・10・25労経速2472号3頁は、平成18年以降、有期労働契約（契約期間1年）を反復更新されていた職員に関し、その「途中」である平成25年3月に法人が取扱基準において「平成25年4月1以降に再雇用される者の契約期間は通算5年を超えることができない」旨の更新上限規定を挿入し、以後は契約更新時の雇入通知書（一方的に差し入れる）に「更新回数は上記取扱基準の定めるところによる」旨が追記されるようになった、という事実関係の下において、職員が自由な意思に基づいて更新上限の設定を承諾したうえで平成25年以降の契約更新に及んだと認めるに足りる客観的に合理的な理由があるとはいえず、雇用契約が更新されることについての合理

的な期待が消滅したとはいえない、等として雇止め法理の適用を認めたうえで、上限到来を理由とする雇止めには合理性・相当性は認められないと判断した。[63]と[64]とでは、更新上限の設定が「当初」からなされたか「途中」からなされたかにより判断枠組み及び結論が左右されたものであるが、これは「不更新条項」「更新上限条項」と雇止め法理の適否に関する近時の裁判例の一般的傾向に沿ったものといえる。

今期の雇止めに関する他の裁判例としては、契約期間を1か月とする有期雇用契約（黙示更新1回）の雇止めについて、雇止め法理の適用は認めつつも雇止めの合理性・相当性を認めた[65] 医療法人社団悠翔会事件・東京地判令3・3・31労判1256号63頁、家電量販店で販促活動に従事する有期雇用労働者（契約期間3か月、更新5回）に対する勤務態度不良等を理由とする雇止めを無効とした[66] スタッフマーケティング事件・東京地判令3・7・6労経速2465号31頁がある。

(3) 労働者派遣

[67] 東リ事件・大阪高判令3・11・4労経速2470号3頁は、行内製造工程における請負労働者について労働契約申込みなし制度（派遣法40条の6第1項5号）の適用が問題になった事案であるが、大阪高裁は第一審判決（神戸地判令2・3・13労経速2416号9頁）を覆し、いわゆる「偽装請負」か否かについては昭和61年労働省告示第37号を参照して判断すべき、としたうえで、①発注者側の技術スタッフが作成した「伝達事項」が請負側責任者に交付され、各工程の掲示板に貼付されていたが、同「伝達事項」の内容は具体的な作業手順の指示を含む内容であったこと、請負側責任者が作成している「週間製造日程表」（具体的な作業日程が記されたもの）について発注者の確認を得ており、修正を受けることもあったこと等からすれば、請負会社は同告示にいう「業務の遂行に関する指示その他の管理を自ら行うものであること」との要件を満たさない、②発注者側が月1回程度開催する工程会議（時間外に行われる）について、請負会社側の関与なく請負労働者が参加していたこと等からすれば、請負会社は同告示にいう「労働時間等に関する指示その他の管理を自ら行うものであること」との要件も満たさない、③請負労働者の有給休暇時の応援者の手配について発注者側従業員が行っていたこと等からすれば、請負会社は同告示にいう「企業における秩序の維持、確保等のための指示その他の管理を自ら行うものであるこ

と」との要件も満たさない、等として偽装請負の状態にあったことを認め、更に、派遣法40条の6第1項5号にいう「脱法目的」についても、「日常的かつ継続的に偽装請負等の状態を続けていたことが認められる場合には、特段の事情がない限り、…組織的に偽装請負等の目的で当該役務の提供を受けていたものと推認するのが相当」である、として同目的の存在を認定し、結論的に発注者と請負労働者との間に期間の定めのない労働契約の成立を認めた。なお、同事件については最高裁において上告棄却及び上告不受理決定がなされている模様である（令4・6・7決定）。

[68] 日本貨物検数協会（日興サービス）事件・名古屋高判令3・10・12労判1258号46頁は、発注者との業務委託契約に基づき船舶貨物の検数業務に従事していた請負労働者について、派遣法40条の6第1項5号所定の労働契約申込みなし制度の適否が問題となった事案であるが、裁判所は第一審判決（名古屋地判令2・7・20労判1228号33頁）の判断を大筋で踏襲し、発注者・請負会社間の契約形態が業務委託契約から労働者派遣契約に切替えられた平成28年3月31日まではいわゆる偽装請負状態にあったこと、及び同条号所定の「脱法目的」についても認定し、同条1項本文によるみなし申込みの効力は同29年3月31日までは存続していたものとしつつ（同条2項）、これに対して請負労働者は同年10月31日付書面にて承諾の意思表示をしたものの、同時点では同みなし申込みの効力は失われており（同条3項）、また同27年10月以降、請負労働者の加入組合が請負労働者を発注者に移籍させるよう要求していたことについては、みなし申込みに対する承諾の意思表示とは評価できないため、発注者との間で労働契約が成立したものとは認められないとした。

19　個別労働紛争処理システム

該当裁判例なし。

20　労働組合

[69] 大和自動車王子労働組合事件・東京地判令3・5・31労判1256号50頁は、労働組合の組合員であった原告が除名され、組合が会社に対しユニオン・ショップ協定に基づく解雇を要求したことにより会社に解雇されたこと（後に会社は解雇を撤回）、及び組合がその掲示板に除名及び解雇要求の事実等を掲示したことについて、同除名処分、解雇要求及び掲示行為について不法行為が成立するとし、慰謝料30万円の賠償及び民法723条に基づく名誉回復処分（組合掲示板への告示文の掲示）を命じた。

[70] 三多摩合同労働組合元組合員事件・東京地立川支判令3・9・16労判1258号61頁は、組合規約改正により賦課金の納付義務に関する具体的な定めが置かれたものの、当該規約改正にかかる組合大会より前に組合員が受領した未払賃金については賦課金納付義務の対象とならない旨等を判示した。非常に珍しい裁判例である。

21　団体交渉

[71] 山形大学事件・最二判令4・3・18労経速2479号3頁は、山形県労働委員会（処分行政庁）が、法人・組合間における昇給抑制及び賃下げ（本件各交渉事項）をめぐる団体交渉の過程において不誠実交渉があったことを認定し、大学法人に対して本件各交渉事項について適切な財務情報等を提示するなどして誠実に団体交渉に応ずべきとする救済命令（誠実交渉命令）を発したのに対し、大学法人がこれを不服として提起した取消訴訟の上告審である。原判決（仙台高判令3・3・23）が、救済命令発令時点において法人と組合が本件各交渉事項につき改めて団体交渉をしても組合にとって有利な合意を成立させることは事実上不可能であったと認められることから、上記救済命令は行政処分庁がその裁量権の範囲を逸脱した旨を判示したのに対し、最高裁は、団体交渉事項について合意の成立する見込みがないと認められる場合であっても、使用者が誠実交渉義務を尽くしていないときは、その後誠実に交渉に応ずるに至れば、使用者からの十分な説明や資料の提示が受けられ、組合活動一般についても労働組合の交渉力の回復や労使間のコミュニケーションの正常化が図られるから、誠実交渉命令を発することが直ちに救済命令申立制度の趣旨・目的に由来する限界を逸脱するということはできないこと等を理由に、「使用者が誠実交渉義務に違反する不当労働行為をした場合には、当該団体交渉に係る事項に関して合意の成立する見込みがないときであっても、労働委員会は、誠実交渉命令を発することができると解するのが相当である」と判示し、原判決を破棄差し戻しした。

[72] 国・中労委（アート警備）事件・東京高判令2・8・20労判1262号37頁は、使用者が労働組合との団交開催条件として、①団交の内容その他団交に関する情報の一切についてこれを秘密として保持

し、正当な理由なく第三者に開示又は漏洩しないこと、②団交において録音・撮影を行わないこと、③団交において会社代理人弁護士の議事進行に従うことの3項目（以下「団交3条件」）のすべてに同意する旨の書面の提出を求め、組合がこれに応じないことを理由に団交を開催しなかったこと等が正当な理由のない団体交渉拒否に該当するとした中労委命令（中労委平31・1・31命令・労判1196号90頁）の取消訴訟であるが、同中労委命令同様に不当労働行為の成立を認めた第一審判決（東京地判令2・1・30労判1262号52頁）の判断を維持した。なお、同事件については最高裁において上告棄却及び上告不受理決定がなされている（最三決令3・2・9）。

22　労働協約

23　団体行動

いずれも該当裁判例なし。

24　不当労働行為

[73] 大阪府・府労委（大阪市・市労組）事件・大阪地判令3・7・29労判1255号49頁は、地公法が適用される職員と地公労法により労組法が原則として適用される職員が加入する混合組合からの組合事務所貸与に関する団交申入れを運営管理事項に当たるとして拒否した市の行為が不当労働行為に当たるとした大阪府労働委員会の救済命令（大阪府労委平31・1・28命令）の取消訴訟であるが、裁判所は、地公労法7条は義務的団交事項を同条各号掲記のものに限定する趣旨の規程であると解するのは相当ではなく、地公労法が適用される労組法適用職員についても労働条件等の団体交渉が円滑に行われるための基盤となる労使関係の運営に関する事項は義務的団交事項となり得ると解することが相当である、等として市の取消請求を棄却した。

25　労働市場法総論

26　労働市場法各論

27　雇用システムの変化と雇用・労働政策の課題

いずれも該当裁判例なし。

28　その他（いずれにも分類できないもの）

[74] エコシステム事件・東京地判令3・8・3労経速2468号22頁は、会社がタクシー乗務員に対して勤務形態を変更する配転命令（定常日勤昼勤務⇒定時制昼勤務）を発令し、それにより健康保険・厚生年金保険の被保険者資格を喪失したとして日本年金機構に資格喪失届を提出したため、同機構により資格喪失確認処分が行われたことに対し、同機構からは「裁判所が上記配転命令の無効を判定しそれが確定したときは資格喪失確認処分を取り消す」旨の回答が行われていた、という経過に基づき、当該乗務員が会社に対し、同配転命令が無効であるとして、同配転命令の発効日から会社退職日までの間、同配転命令前の勤務形態（定常日勤昼勤務）のタクシー乗務員たる雇用契約上の地位を有していたことの確認を求める等した訴訟であるが、裁判所は、過去の法律関係ではあるものの確認の利益を認めたうえで、本件配転命令は無効であると判断し、地位確認請求を認容した。

[75] フジ住宅事件・大阪高判令3・11・18労経速2481号3頁は、会社の代表取締役会長が①中国・韓国・北朝鮮（中韓北朝鮮）の国籍や民族的出自を有する者に対する侮辱・人格攻撃を記載する等した文書を就業時間中に反復継続して職場において大量配布させた行為、及び②従業員に教科書展示会に赴き同会長らが支持する教科書の採択を求める旨のアンケートを提出するよう勧誘した行為について、同会社の従業員（韓国籍）が同会長個人及び会社を被告として損害賠償を求める訴えを提起したところ、同会長が③同従業員の訴訟提起を批判する内容の文書を職場で配布させたことから、同従業員は同配布行為についても違法であるとして請求を追加するとともに、控訴審においては配布行為の差止を求める請求も追加した、という案件である。裁判所は上記①②③の各行為が不法行為を構成するとした第一審判決（大阪地堺支判令2・7・2労判1227号38頁）を維持するとともに（慰謝料額を100万円から120万円に増額）、従業員に対する就業時間内又は会社設備を利用して行われる配布行為について、一定の内容に限って人格的利益を根拠とする差止を認めた。

（こかじ・ひろみち）

知財裁判例の動向

城山康文　弁護士

知財判例研究会

1　はじめに

　知財判例研究会では、2022年上半期（1月1日〜6月30日）に下された知的財産に関する判例であって、原則として最高裁判所ウェブサイトに掲載されたものを概観し、報告する。なお、行政裁判例（審決取消訴訟の裁判例）も、知的財産分野においては重要な意義を有するものであるので、本稿では対象に含めた。

2　著作権法

[地図の著作物とその思想・感情の享受]

　[1] 東京地判令4・5・27（令元(ワ)26366、29部）は、住宅地図の著作物性を認めた。「一般に、地図は、地形や土地の利用状況等の地球上の現象を所定の記号によって、客観的に表現するものであるから、個性的表現の余地が少なく、文学、音楽、造形美術上の著作に比して、著作権による保護を受ける範囲が狭いのが通例である。しかし、地図において記載すべき情報の取捨選択及びその表示の方法に関しては、地図作成者の個性、学識、経験等が重要な役割を果たし得るものであるから、なおそこに創作性が表れ得るものということができる。そこで、地図の著作物性は、記載すべき情報の取捨選択及びその表示の方法を総合して判断すべきものである。…原告各地図は、都市計画図等を基にしつつ、原告がそれまでに作成していた住宅地図における情報を記載し、調査員が現地を訪れて家形枠の形状等を調査して得た情報を書き加えるなどし、住宅地図として完成させたものであり、目的の地図を容易に検索することができる工夫がされ、イラストを用いることにより、施設がわかりやすく表示されたり、道路等の名称や建物の居住者名、住居表示等が記載されたり、建物等を真上から見たときの形を表す枠線である家形枠が記載されたりするなど、長年にわたり、住宅地図を作成販売してきた原告において、住宅地図に必要と考える情報を取捨選択し、より見やすいと考える方法により表示したものということができる。したがって、本件改訂により発行された原告各地図は、作成者の思想又は感情が創作的に表現されたもの（著作権法2条1項）と評価することができるから、地図の著作物（著作権法10条1項6号）であると認めるのが相当である。」

　原告から業務委託を受けた調査員が調査・作成したものに関しても、「原告の指揮監督の下、原告における職務の遂行として行ったもの」として、職務著作の成立を認めた。

　被告らは、原告各地図の利用について、「当該著作物に表現された思想又は感情を自ら享受し又は他人に享受させることを目的としない場合」（著作権法30条の4柱書）に該当すると主張したが、裁判所は、次のように述べて被告主張を斥けた。「被告らは、各家庭に広告物を配布するポスティング業務を行うために、原告各地図を複写し、これらを切り貼りしてポスティング用地図である被告各地図の原図を作成し、ポスティングを行う配布員は、上記原図を更に複写したものを受け取り、これに記載された建物の位置、道路等の情報を基に、ポスティングを行ったものである。したがって、被告会社は、原告各地図に記載された建物の位置、道路等の情報を利用するために、原告各地図を複写の方法により複製したものであるから、被告会社による複製行為は、原告各地図に表現された思想又は感情を自ら享受し、又は配布員に享受させることを目的としたものであることは明らかである。」

[インラインリンクと公衆送信]

　[2] 東京地判令4・4・22（平31(ワ)8969、29部）は、被告がそのウェブページ（「本件ウェブページ」）にインラインリンクを貼り、本件ウェブページを閲覧

するユーザーによるリンクのクリック等の操作を介することなく、リンク元である本件ウェブページが立ち上がった時に、自動的にリンク先のウェブサイトに掲載されている著作権侵害画像（「被告画像1」）がユーザーの端末に送信され、ユーザーの端末上に自動表示されるようにしたことに関し、被告による公衆送信権侵害及びその幇助を否定した。「本件リンク設定行為は、本件動画の表紙画面である被告画像1をリンク先のサーバーから本件ウェブページの閲覧者の端末に直接表示させるものにすぎず、被告は、本件リンク設定行為を通じて、被告画像1のデータを本件ウェブページのサーバーに入力する行為を行っていないものと認められる。そうすると、…原告画像1を複製したものと認められる被告画像1を含む本件動画をYouTubeが管理するサーバーに入力、蓄積し、これを公衆送信し得る状態を作出したのは、本件動画の投稿者であって、被告による本件リンク設定行為は、原告画像1について、有形的に再製するものとも、公衆送信するものともいえないというべきである。」「また、…被告による本件リンク設定行為は、…本件動画の投稿者による被告画像1を含む本件動画をYouTubeが管理するサーバーに入力・蓄積して公衆送信し得る状態にする行為と直接関係するものではない。そうすると、本件リンク設定行為が本件動画の投稿者による複製及び公衆送信行為自体を容易にしたとはいい難いから、被告による本件リンク設定行為が、被告画像1に係る原告の著作権（複製権及び公衆送信権）侵害を幇助するものと認めることはできない。」

3　特許権

[職務発明対価請求]

[3] 知財高判令4・5・25（平31(ネ)10027、4部）は、光ディスクのエラー訂正技術に関する職務発明対価請求訴訟において、一審被告（ソニーグループ株式会社）に対し、3204万円余の支払を命じた。

[職務発明対価請求——使用者規程に従った支払の合理性]

[4] 大阪地判令4・3・24（平29(ワ)7391等、26部）は、職務発明対価請求事件に係るものであり、原告（従業員発明者）から使用者（被告）への職務発明の譲渡のうち1件は、特許法35条に関する平成16年改正法が適用されるものであった。裁判所は、被告規程に従った対価支払が不合理であるとは認められないとして原告の請求を斥けた。被告規程に関する

協議・開示・意見聴取の具体的態様については閲覧等制限の対象となっているため明らかではないが、裁判所は原告主張に対して、「質問等の機会を現に与えられていたことから、原告が協議に関与していないということもできない」、「従業員は、…実際の実績補償金の算定過程についても一定程度理解可能であったとうかがわれる」、「最終的に、原告と被告との間で意見等の相違は解消されなかったと見られるものの、原告からの意見聴取の状況という観点からは、被告による原告からの意見聴取は実質的に尽くされたといってよい」と述べている。

[職務発明対価請求——消滅時効の起算点]

[5] 東京地判令4・5・27（令2(ワ)29897、29部）は、使用者（被告）の職務発明規程に登録報奨金を支払う旨とその報奨金額に関する定めが置かれていたものの、当該登録報奨金の支払時期の定めは置かれていなかった事案に関する。裁判所は、特許法35条に基づく職務発明対価請求権と当該規程に基づく登録報奨金請求権とはいずれも、特許を受ける権利の承継時に期限の定めのないものとして発生したのであるから、当該承継時が消滅時効の起算時になるものとした。消滅時効の期間については、職務発明対価請求権については旧民法が適用され10年間、当該規程に基づく登録報奨金請求権については「商行為によって生じた債権」と推定されるので旧商法522条が適用され5年間とされた。

[進歩性——予測できない顕著な効果]

[6] 知財高判令4・2・2（令2(行ケ)10071、4部）は、進歩性を基礎づける予測できない顕著な効果の認定につき、次のように述べた。「発明の効果が予測できない顕著なものであるかについては、当該発明の特許要件判断の基準日当時、当該発明の構成が奏するものとして当業者が予測することのできなかったものか否か、当該構成から当業者が予測することのできた範囲の効果を超える顕著なものであるか否かという観点から検討する必要がある（最高裁判所平成30年(行ヒ)第69号令和元年8月27日第三小法廷判決・集民262号51頁参照）。もっとも、当該発明の構成のみから、予測できない顕著な効果が認められるか否かを判断することは困難であるから、当該発明の構成に近い構成を有するものとして選択された引用発明の奏する効果や技術水準において達成されていた同種の効果を参酌することは許されると解される。なお、予測できない顕著な効果の立証責任は特許権者にあるから、当該発明の構成から奏する

効果が不明であるからといって、直ちに予測できない顕著な効果があるとすることはできない。」

[新規事項追加——システム構成要件の削除]

[7] 東京地判令4・2・25（令2(ワ)33027、40部）は、特許侵害訴訟において、補正要件違反（新規事項追加）に基づく特許無効を理由として、原告（特許権者）の請求を棄却した。「本件特許の出願当初の請求項においては、本件発明の構成として『有料自動機の動作を検知するセンサー』が含まれており、当該『センサーの検知信号に基づいて前記有料自動機の動作状態』についての監視結果を管理サーバへ送信することが規定されていた。ところが、本件補正により、『有料自動機の動作を検知するセンサー』が本件特許の構成から除外されるとともに、『ICカードリーダー／ライタ部と通信部とを有する装置』によって生成された『接続されている前記ランドリー装置が運転中であるか否かを示す情報』を管理サーバに送信するという構成に変更されたことが認められる。このように、本件補正に補正された事項は、管理サーバに送信すべき情報が、有料自動機の動作を検知するセンサーの検知信号に基づくものに限られることはなく、当該センサーの検知信号以外の情報に基づくものであっても、これに含まれるというものと解するのが相当である。これに対し、…当初明細書等の記載内容によれば、有料自動機の動作を検知するセンサーの検知信号以外の情報に基づき、有料自動機が運転中であるか否かを判定したり、当該結果を推測したりする方法については、何ら開示されていないことが認められる。そして、当初明細書等の記載に接した当業者において、出願時の技術常識に照らし、上記補正された事項が当初明細書等から自明である事項であるものと認めることはできない。そうすると、本件補正は、当初明細書に記載した事項との関係において新たな技術的事項を導入するものであると認めるのが相当であり、『願書に最初に添付した明細書、特許請求の範囲又は図面に記載した事項の範囲内』においてするものということはできない。」

[新規事項——医薬品の用途限定]

[8] 知財高判令4・3・7（令2(行ケ)10135、2部）は、「鎮痛剤」に係る発明（本件発明2）を「神経障害又は繊維筋痛症による、痛覚過敏又は接触異痛の痛みの処置における鎮痛剤」とする訂正請求に関し、新規事項追加を理由として訂正を認めず特許無効とした審決を維持した。「本件発明2は、公知の物質である本件化合物2について鎮痛剤としての医薬用途を見出したとするいわゆる医薬用途発明であるところ、訂正事項2－2に係る本件訂正は、『請求項1記載の（鎮痛剤）』とあるのを『神経障害又は線維筋痛症による、痛覚過敏又は接触異痛の痛みの処置における（鎮痛剤）』に訂正するというものであり、鎮痛剤としての用途を具体的に特定することを求めるものである。そして、『痛みの処置における鎮痛剤』が医薬用途発明たり得るためには、当該鎮痛剤が当該痛みの処置において有効であることが当然に求められるのであるから、訂正事項2－2に係る本件訂正が新規事項の追加に当たらないというためには、本件化合物2が神経障害又は線維筋痛症による痛覚過敏又は接触異痛の痛みの処置における鎮痛剤として『効果を奏すること』が、当業者によって、本件出願日当時の技術常識も考慮して、本件明細書（本件訂正前の特許請求の範囲を含む。以下同じ。）又は図面の全ての記載を総合することにより導かれる技術的事項として存在しなければならないことになる。」

[国内優先権]

[9] 東京地判令4・3・18（平30(ワ)4329等、29部）は、国内優先権の有効性について、次のように述べ、有効と認めた。「法41条2項は、後の出願に係る発明のうち、先の出願の当初明細書、特許請求の範囲又は図面に記載された発明に限り、その出願時を法29条の適用につき限定的に遡及させることを定めている。後の出願に係る発明が先の出願の当初明細書等に記載された事項の範囲のものといえるか否かは、単に後の出願の特許請求の範囲の文言と先の出願の当初明細書等に記載された文言とを対比するのではなく、後の出願の特許請求の範囲に記載された発明の要旨となる技術的事項と先の出願の当初明細書等に記載された技術的事項との対比によって決定すべきであるから、後の出願の特許請求の範囲の文言が、先の出願の当初明細書等に記載されたものといえる場合であっても、後の出願の明細書の発明の詳細な説明に、先の出願の当初明細書等に記載されていなかった技術的事項を記載することにより、後の出願の特許請求の範囲に記載された発明の要旨となる技術的事項が、先の出願の当初明細書等に記載された技術的事項の範囲を超えることになる場合には、その超えた部分については優先権主張の効果は認められないというべきである。…追加実施例1は、本件発明の実施に係る具体例であるとともに、優先権基礎出願明細書等の請求項1の発明の実施に係る

具体例でもあったといえるから、優先権基礎出願明細書等に新たな技術的事項を加えるものではない。」

[生産方法の推定]

[10] 知財高判令4・2・9（令2(ネ)10059、2部）は、発酵処理による所定量のオルニチン及びエクオールを含有する粉末状の発酵物の製造方法に係る発明に関し、特許法104条に基づく生産方法の推定の適用を認め、特許侵害を否定した原判決を取消し、差止を命じた。

[損害額の推定──102条1項の適用]

[11] 知財高判令4・3・14（平30(ネ)10034、4部）は、ソレノイドに関する特許権の侵害を認め、特許法102条1項の推定に基づき損害額を算定した。裁判所は、原告製品（侵害品の競合品）の単位当たり限界利益を侵害品の譲渡数量に乗じて損害額を算定するにあたり、原告製品の機能や顧客吸引力を考慮して、原告製品の限界利益につき95％の覆滅を認めた。そして、102条1項1号の「侵害品の譲渡数量の全部又は一部に相当する数量を特許権者が販売することができない事情」として、侵害品の価格、サポート態勢、性能を挙げて、侵害品の譲渡数量の2割がそれに該当するものとして、侵害品の譲渡数量の8割を上記覆滅後の原告製品限界利益に乗じた。そのうえで、当該2割の数量に関する102条1項2号の適用にあたっては、性能面の差異に基づく分は原告にライセンス機会の喪失があったものとは言えないとして、その半分の1割の数量に関してのみ実施料相当額（2％）の損害額を加算した。

[損害額の推定──102条2項の適用]

[12] 知財高判令4・4・20（令3(ネ)10091、2部）は、特許権者ではなく同一グループ内の別法人が特許発明を実施している事案において、102条2項に基づく損害額の推定を認めた。「特許権者に、侵害者による特許権侵害行為がなかったならば利益が得られたであろうという事情が存在する場合には、特許法102条2項の適用が認められると解すべきである。これを本件についてみると、一審原告製品は本件特許権の実施品であり、一審被告製品1〜3と競合するものである。そして、一審原告製品を販売するのはジンマー・バイオメット合同会社であって特許権者である一審原告ではないものの、…一審原告は、その株式の100％を間接的に保有するZimmer Inc.の管理及び指示の下で本件特許権の管理及び権利行使をしており、グループ会社が、Zimmer Inc.の管理及び指示の下で、本件特許権を利用して製造した一審原告製品を、同一グループに属する別会社が、Zimmer Inc.の管理及び指示の下で、本件特許権を利用して一審原告製品の販売をしているのであるから、ジンマー・バイオメットグループは、本件特許権の侵害が問題とされている平成28年7月から平成31年3月までの期間、Zimmer Inc.の管理及び指示の下でグループ全体として本件特許権を利用した事業を遂行していると評価することができる。そうすると、ジンマー・バイオメットグループにおいては、本件特許権の侵害行為である一審被告製品の販売がなかったならば、一審被告製品1〜3を販売することによる利益が得られたであろう事情があるといえる。そして、一審原告は、ジンマー・バイオメットグループにおいて、同グループのために、本件特許権の管理及び権利行使につき、独立して権利を行使することができる立場にあるものとされており、そのような立場から、同グループにおける利益を追求するために本件特許権について権利行使をしているということができ、上記のとおり、ジンマー・バイオメットグループにおいて一審原告の外に本件特許権に係る権利行使をする主体が存在しないことも併せ考慮すれば、本件について、特許法102条2項を適用することができるというべきである。」

[損害額の推定──102条2項と3項の重畳適用]

[13] 大阪地判令4・6・9（令元(ワ)9842、21部）は、102条2項に関し、競合品の存在等による2割の推定覆滅を認め、当該覆滅部分に関し、「特許侵害行為と被告の受けた利益との相当因果関係が認められないとしても、当該部分について、特許権者は、特許権侵害の際に請求し得る最低限度の損害額として同条3項の適用により算定される損害額の賠償請求をし得るものと解される（この点につき被告も争っていない。）。」として、実施料相当額の損害を認めた。

他方、東京地判令4・5・13（令2(ワ)4331、40部）は、別件特許権の侵害もあったことによる5割の推定覆滅を認め、当該覆滅部分に関し、「本件特許権の侵害における推定の覆滅は、…本件各発明以外にも別件特許権が被告製品の売上げに貢献していた事情を考慮したものである。そのため、本件各発明のみによっては売上げを伸ばせないといえる原告製品の数量について、原告が、被告ジョウズに対し本件各発明の実施の許諾をし得たとは認められないというべきである。そうすると、当該数量について同条3項を適用して、実施料相当損害金を請求する理由を認めることはできない。」として、実施料相当額

の損害を否定した。

[損害額の推定——実施料相当額]

[14] 東京地判令4・4・27（令2(ワ)29604、40部）は、被告補助参加人（シャープ株式会社）が製造して被告（ソフトバンク株式会社）に販売し、被告が利用者に販売したスマートフォンに関し、原告特許権の侵害を認め、被告に対し、相当実施料率（0.01％）に基づき算定した損害賠償を命じた。裁判所は、次のように述べ、被告補助参加人の被告に対する売上に当該相当実施料率を乗じて損害額を算定した。「被告製品の販売に係る本件発明の実施料相当額は、被告製品の売上高に相当な実施料率を乗じて算定するのが相当である。」と述べたうえで、「被告と被告補助参加人は、端末設備等購入基本契約書に係る契約（以下「本件契約」という。）を締結し、本件契約に基づき、被告補助参加人は、被告製品を製造し、被告に販売していたこと、本件契約によれば、被告補助参加人は、被告製品の製造販売のために必要な特許ライセンスを取得しており、被告が第三者からその権利を侵害するものとして訴えが提起された場合には、被告補助参加人の責任と費用で第三者との紛争を解決することとされていたこと、そのため、被告製品に使用される特許については、被告補助参加人の製造販売の段階で実施料が負担され、被告の販売の段階で実施料が支払われることは想定されていなかったこと、もとより、被告補助参加人が、原告に上記相当額を支払っていれば、原告が、被告から実施料率を得ることはできなかったこと、以上の事実を認めることができる。上記認定事実によれば、被告製品の実施料に関する取引の実情を踏まえると、被告製品の販売に係る本件発明の実施料相当額は、被告補助参加人による被告製品の売上高に相当な実施料率を乗じて算定したものと推認するのが相当であり、これを覆すに足りる的確な証拠はない。」

[属地主義]

[15] 東京地判令4・3・24（令元(ワ)25152、29部）は、「サーバと、これとネットワークを介して接続された複数の端末装置と、を備えるコメント配信システム」に係る特許権の侵害を否定した。原告（特許権者）は、被告が米国所在のサーバから日本国内のユーザ端末へファイルを配信することにより当該「コメント配信システム」が生産されると主張したが、裁判所は、「『生産』に当たるためには、特許発明の構成要件の全てを満たす物が、日本国内において新たに作り出されることが必要であると解すべきである。」と述べ、被告システムにおいては米国にサーバが所在する以上、「『物』である『コメント配信システム』が日本国内において『生産』されていると認めることができない。」とした。「特許法2条3項1号の『生産』に該当するためには、特許発明の構成要件を全て満たす物が日本国内において作り出される必要があると解するのが相当であり、特許権による禁止権の及ぶ範囲については明確である必要性が高いといえることからも、明文の根拠なく、物の構成要素の大部分が日本国内において作り出されるといった基準をもって、物の発明の『実施』としての『生産』の範囲を画するのは相当とはいえない。そうすると、被告システム1の構成要素の大部分が日本国内にあることを根拠として、直ちに被告システム1が日本国内で生産されていると認めることはできないというべきである。」

[独占禁止法違反]

[16] 知財高判令4・3・29（令2(ネ)10057、1部）は、プリンタ用トナーカートリッジのリサイクル品に関する特許権行使につき、一審原告・控訴人（特許権者）の行為が独占禁止法違反に該当し権利濫用であるとして請求を棄却した原判決を取消し、一審被告・被控訴人らによる特許侵害を認めて差止・損害賠償を命じた。一審被告らは、リサイクル品の製造にあたり、使用済みの一審原告製トナーカートリッジ（「原告製品」）にトナーを再充填するだけではなく、一審原告製プリンタ（「原告プリンタ」）に当該トナーカートリッジを装着した際にトナーの残量表示を適切に行うことができるようにするため、使用済みの原告製品の電子部品の交換を行っていた。当該電子部品が、本件で行使された特許権（「原告特許権」）の技術的範囲に属する物である。電子部品の交換が必要となったのは、一審原告がその電子部品（「原告電子部品」）のメモリにつき、書換制限措置を施していたからであった。裁判所は、次のように論じた。

「本件書換制限措置が講じられた原告電子部品が搭載された純正品の原告製品が装着された原告プリンタと使用済みの原告製品にトナーを再充填した再生品が装着された原告プリンタの機能を対比すると、再生品が装着された原告プリンタは、トナー残量表示に『？』と表示され、残量表示がされず、予告表示がされない点で純正品の原告製品が装着された原告プリンタと異なるが、再生品が装着された場合においても、トナー切れによる印刷停止の動作及び『トナーがなくなりました。』等のトナー切れ表示は純正品が装着された場合と異なるものではな

く、印刷機能に支障をきたすものではないこと、再生品が装着された原告プリンタにおいても、トナー残量表示に『?』と表示されるとともに、『印刷できます。』との表示がされるので、再生品であるため残量表示がされないことも容易に認識し得るものであり、ユーザーが印刷機能に支障があるとの不安を抱くものとは認められないこと、ユーザーは、残量表示がされないことについて予備のトナーをあらかじめ用意しておくことで対応できるものであり、このようなユーザーの負担は大きいものとはいえないことを踏まえると、残量表示がされない再生品と純正品との上記機能上の差異及び価格差を考慮して、再生品を選択するユーザーも存在するものと認められる。また、…電子部品の形状を工夫することで、本件各発明1ないし3の技術的範囲に属さない電子部品を製造し、これを原告電子部品と取り替えることで、本件各特許権侵害を回避し、残量表示をさせることは、技術的に可能であり、…原告プリンタ用のトナーカートリッジの市場において、本件書換制限措置によるリサイクル事業者の不利益の程度は小さいものと認められる。

次に、控訴人は、本件書換制限措置を行った理由について、原告電子部品に本件書換制限措置が講じられていない場合には、原告プリンタに自ら品質等をコントロールできない第三者の再生品のトナーの残量が表示され、残量表示の正確性を自らコントロールできないので、このような弊害を排除したいと考えて本件書換制限措置を講じたものである旨を主張し、…その理由には、相応の合理性が認められること、上記のとおり、本件各特許権侵害を回避した電子部品の製造が技術的に可能であることを併せ考慮すると、控訴人が本件書換制限措置がされた原告電子部品を取り替えて使用済みの原告製品に搭載した被告電子部品について本件各特許権を行使することは、原告製品のリサイクル品をもっぱら市場から排除する目的によるものと認めることはできない。

上記のとおり、本件書換制限措置によりリサイクル事業者が受ける競争制限効果の程度は小さいこと、控訴人が本件書換制限措置を講じたことには相応の合理性があり、控訴人による被告電子部品に対する本件各特許権の行使がもっぱら原告製品のリサイクル品を市場から排除する目的によるものとは認められないことからすると、控訴人が本件書換制限措置という合理性及び必要性のない行為により、被控訴人らが原告製品に搭載された原告電子部品を取り外し、被告電子部品に取り替えることを余儀なく

させ、上記消尽の成立を妨げたものと認めることはできない。

以上の認定事実及びその他本件に現れた諸事情を総合考慮すれば、控訴人が、被控訴人らに対し、被告電子部品について本件各特許権に基づく差止請求権及び損害賠償請求権を行使することは、競争者に対する取引妨害として、独占禁止法（独占禁止法19条、2条9項6号、一般指定14項）に抵触するものということはできないし、また、特許法の目的である『産業の発達』を阻害し又は特許制度の趣旨を逸脱するものであるということはできないから、権利の濫用に当たるものと認めることはできない。」

なお、損害額の算定にあたっては、被告製品の購買動機の形成に対する原告特許権の寄与率は5％とし、被告が被告製品の販売により得た限界利益の5％を損害額として認定した。

4 意匠権

［出願手続と禁反言］

[17] 知財高判令4・1・12（令3(行ケ)10067、2部）は、拒絶査定を維持した審決が出願意匠に係る物品の認定を誤ったものであると判断し、「物品の同一性又は類似性の認定に誤りがある場合には、意匠法3条1項該当性の判断に誤りがあるというべきである。」として、当該審決を取り消した。原告（出願人）が意見書や審判請求書において出願意匠と引用意匠とは「物品が共通する」と主張していたことに関し、被告（特許庁長官）は、物品の認定に関して審決取消訴訟において異なる主張をすることは禁反言により許されないなどと主張したが、裁判所は、次のように判断した。「意匠登録出願についての拒絶理由の存否は、審査官が職権により判断すべきものであって（旧法17条）、出願人が審査段階又は審判段階において述べたことについて自白の拘束力が働くものではない上、権利行使の当否ではなく権利設定の適否が問題となる審決取消訴訟である本件において、被告は行政庁として対応しているものであって、本願意匠の意匠に係る物品につき、査定及び審判の各段階における原告の主張が本訴における主張と異なるものであったことにより被告の利益が不当に害されるとの関係もないことからすると、本件意見書や本件審判請求書における上記の原告の主張をもって、禁反言の法理の適用などによって原告が本訴において本件審決以前にしていた主張と異なる主張をすることが許されないとまでいうことはできない。また、被告以外の第三者との関係において、禁

反言の法理が適用されることにより、原告が本願意匠に係る意匠権を行使する場面に制限を受けるおそれがあるとしても、特定の当事者間における権利行使の制限の当否と権利の付与の適否とは、およそ場面が異なるのであるから、直ちに本願意匠について、意匠権登録による保護を与えるべきではないなどということはできない。」

[創作性]

[18] 知財高判令4・6・28（令3（行ケ）10158、3部）は、意匠の創作性の判断に関し、次のように述べた。「意匠法3条2項は、物品との関係を離れた抽象的なモチーフを基準として、それから当業者が容易に創作することができる意匠でないことを登録要件としたものであって、創作非容易というためには、物品の同一又は類似という制限をはずし、上記周知のモチーフを基準として、当業者の立場からみた意匠の着想の新しさや独創性を要すると解すべきであり（最判昭和49年3月19日同45年（行ツ）第45号民集28巻2号308頁、最判昭和50年2月28日同48年（行ツ）第82号最高裁裁判集民事114号287頁参照）、本願意匠に係る物品と厳密には同一といえなくても、それと目的又は機能を共通にし、製造又は販売等する業者が共通している物品は、本願意匠に係る物品の当業者がその形状等を当然に目にするものと推認されるから、同一の物品分野に属するものとして、創作容易性を判断する際の資料となるものと解すべきである。」「本願意匠に係る物品である工具の落下防止コードを取り扱う当業者は、人の落下を防ぐ安全用コードの形状等を当然に目にするものと認められ、人の落下を防ぐ安全用コードに属する引用意匠2に係る物品である『ハーネスライン』（安全ベルト）についても、その形状等を当然に目にするものと推認されるから、引用意匠2に係る物品は、同一の物品分野に属するものとして、本願意匠の創作容易性を判断する際の資料となるものと認められる。」

[意匠権侵害]

[19] 大阪地判令4・2・10（令元（ワ）10829、26部）は、意匠権侵害を認め、差止及び損害賠償を命じた。損害賠償額の認定は、被告が侵害行為により得た限界利益の額（意匠法39条2項）に基づき算定したが、原告登録意匠1（部分意匠）に関しては4割、原告登録意匠2（部分意匠）に関しては6割の限度で推定の覆減を認め、当該覆減部分に関して、原告登録意匠1に関しては5％、原告登録意匠2に関しては3％の実施料相当額（意匠法39条3項）に基づく損

害額を認定した。推定覆減の程度及び実施料相当額に関する相違は、部分意匠が各物品（マッサージ器）の効果を発揮する部分に関するものか否かによる。

5 商標権

[役務の質を普通に用いられる方法で表示する標章]

[20] 知財高判令4・1・25（令3（行ケ）10113、3部）は、「睡眠コンサルタント」の文字を横書きしてなる商標（「本願商標」）について、「指定役務である『技芸・スポーツ又は知識の教授、セミナーの企画・運営又は開催…』との関係で、本件審決がされた令和3年7月26日の時点において、『睡眠に関する専門的な知識を有する者による、睡眠に関する役務である』という役務の質を表示記述するものとして取引に際し必要適切な表示であり、本願商標の取引者、需要者によって本願商標が本願指定役務に使用された場合に、役務の質を表示したものと一般に認識されるものであるから、本願商標は、本願指定役務について役務の質を普通に用いられる方法で表示する標章のみからなる商標であると認めるのが相当である。」と述べ、商標法3条1項3号に該当するものと判断した。

[混同のおそれに基づく登録拒絶]

[21] 知財高判令4・1・27（令3（行ケ）10092、3部）は、登録商標「hihachi」（指定商品：家庭用電気火鉢等）について、周知著名性が極めて高い引用商標「HITACHI」との関係において、他人の業務に係る商品と混同を生ずるおそれがある商標であり、商標法4条1項15号に該当するものであるから、その登録を取り消すべきであるとした異議決定を維持した。

[結合商標の類否]

東京地判令4・1・31（令2（ワ）1160、29部）は、被告が被服に用いた被告標章（「KENT」と「BROS.」を2段書きし、その上段と下段の間に小さなフォントで枠囲いされた「MARINE　SPIRIT」との記載がある。）につき、その構成部分である「KENT」部分は「被服の分野において、相応の周知性を有しており、取引者及び需要者に対し、商品の出所識別標識として相当強い印象を与え得る」から分離観察できるとして、原告登録商標との類似性を認めて商標権侵害に基づく差止等を命じた。

[22] 大阪高判令4・5・13（令3(ネ)2608、8部）は、「商標権者が指定商品に付した登録商標を、商標権者から譲渡を受けた卸売業者等が流通過程で剥離抹消し、さらには異なる自己の標章を付して流通させる行為は、登録商標の付された商品に接した取引者や需要者がその商品の出所を誤認混同するおそれを生ぜしめるものではなく、上記行為を抑止することは商標法の予定する保護の態様とは異なるといわざるを得ない。したがって、上記のような登録商標の剥離抹消行為等が、それ自体で商標権侵害を構成するとは認められないというべきである。」とした。

[商標の使用と書籍における記載]

[23] 知財高判令4・2・9（令3(行ケ)10076、2部）は、登録商標「知本主義」（標準文字）（指定商品：新聞、雑誌、書籍）に関し、不使用取消審決を維持した。裁判所は、「商標法上、商標の本質的機能は、自他商品又は役務の識別機能にあると解するのが相当であるから（同法3条参照）、同法50条にいう『登録商標の使用』というためには、当該登録商標が商品又は役務の出所を表示し、自他商品又は役務を識別するものと取引者及び需要者において認識し得る態様で使用されることを要する」と述べたうえで、登録人の書籍における「知本主義の時代を生きろ」、「私は資本主義ではなく『知本主義』時代が到来すると思う。」、「資本主義に代わる知本主義」、「『資本主義』から『知本主義』へ」などの記載は、商標法50条にいう「登録商標の使用」に該当しないと判断した。

[不使用取消審判請求と不争義務]

[24] 知財高判令4・2・10（令2(行ケ)10114、1部）は、和解契約中の「商標権を妨害しない」との条項につき商標権の有効性を争わない義務（いわゆる不争義務）を定めたものと解したうえで、商標権について不争義務を負う者が、当該商標権に係る商標登録について不使用取消審判を請求することは、信義則に反し許されないと解した。「商標法50条1項が、『何人も』、同項所定の商標登録取消審判を請求することができる旨を規定し、請求人適格について制限を設けていないのは、不使用商標の累積により他人の商標選択の幅を狭くする事態を抑制するとともに、請求人を『利害関係人』に限ると定めた場合に必要とされる利害関係の有無の審理のための時間を削減し、審理の迅速を図るという公益的観点によるものと解される。一方で、商標権に関する紛争

の解決を目的として和解契約が締結され、その和解契約において当事者の一方が他方（商標権者）に対して当該商標権について不争義務を負うことが合意された場合には、そのような当事者間の合意の効力を尊重することは、当該商標権の利用を促進するという効果をもたらすものである。また、このように当事者間の合意の効力を尊重するとしても、第三者が当該商標権に係る商標登録について同項所定の商標登録取消審判を請求することは可能であるから、上記公益的観点による利益を損なうものとはいえない。したがって、和解契約に基づいて商標権について不争義務を負う者が、当該商標権に係る商標登録について同項所定の商標登録取消審判を請求することは、信義則に反し許されないと解するのが相当である。」

6　不正競争防止法

[ハイヒール靴底赤色の商品等表示該当性]

[25] 東京地判令4・3・11（平31(ワ)11108、40部）は、高級ファッションブランド「クリスチャンルブタン」が原告となり、その周知著名な商品等表示（女性用ハイヒールの靴底にパントン社が提供する色見本「PANTONE18-1663TPG」（以下「原告赤色」という。）を付したもの。（以下「原告表示」という。）が被告により冒用されたとして、不正競争防止法2条1項1号に基づき差止等を求めた事件に関し、商品等表示該当性を否定して請求を棄却した。「商品の形態（色彩を含むものをいう。以下同じ。）は、特定の出所を表示する二次的意味を有する場合があるものの、商標等とは異なり、本来的には商品の出所表示機能を有するものではないから、上記規定の趣旨に鑑みると、その形態が商標等と同程度に不競法による保護に値する出所表示機能を発揮するような特段の事情がない限り、商品等表示には該当しないというべきである。そうすると、商品の形態は、①客観的に他の同種商品とは異なる顕著な特徴（以下『特別顕著性』という。）を有しており、かつ、②特定の事業者によって長期間にわたり独占的に利用され、又は短期間であっても極めて強力な宣伝広告がされるなど、その形態を有する商品が特定の事業者の出所を表示するものとして周知（以下、『周知性』といい、特別顕著性と併せて『出所表示要件』という。）であると認められる特段の事情がない限り、不競法2条1項1号にいう商品等表示に該当しないと解するのが相当である。そして、商品に関する表示が複数の商品形態を含む場合において、その一部の商品形態

が商品等表示に該当しないときであっても、上記商品に関する表示が全体として商品等表示に該当するとして、その一部の商品を販売等する行為まで不正競争に該当するとすれば、出所表示機能を発揮しない商品の形態までをも保護することになるから、上記規定の趣旨に照らし、かえって事業者間の公正な競争を阻害するというべきである。のみならず、不競法2条1項1号により使用等が禁止される商品等表示は、登録商標とは異なり、公報等によって公開されるものではないから、その要件の該当性が不明確なものとなれば、表現、創作活動等の自由を大きく萎縮させるなど、社会経済の健全な発展を損なうおそれがあるというべきである。そうすると、商品に関する表示が複数の商品形態を含む場合において、その一部の商品形態が商品等表示に該当しないときは、上記商品に関する表示は、全体として不競法2条1項1号にいう商品等表示に該当しないと解するのが相当である。これを本件についてみると、原告表示は、…原告赤色を靴底部分に付した女性用ハイヒールと特定されるにとどまり、女性用ハイヒールの形状（靴底を含む。）、その形状に結合した模様、光沢、質感及び靴底以外の色彩その他の特徴については何ら限定がなく、靴底に付された唯一の色彩である原告赤色も、それ自体特別な色彩であるとはいえないため、被告商品を含め、広範かつ多数の商品形態を含むものである。そして、前記認定事実及び第2回口頭弁論期日における検証の結果（第2回口頭弁論調書及び検証調書各参照）によれば、原告商品の靴底は革製であり、これに赤色のラッカー塗装をしているため、靴底の色は、いわばマニュキュアのような光沢がある赤色（以下『ラッカーレッド』という。）であって、原告商品の形態は、この点において特徴があるのに対し、被告商品の靴底はゴム製であり、これに特段塗装はされていないため、靴底の色は光沢がない赤色であることが認められる。そうすると、原告商品の形態と被告商品の形態とは、材質等から生ずる靴底の光沢及び質感において明らかに印象を異にするものであるから、少なくとも被告商品の形態は、原告商品が提供する高級ブランド品としての価値に鑑みると、原告らの出所を表示するものとして周知であると認めることはできない。そして、靴底の光沢及び質感における上記の顕著な相違に鑑みると、この理は、赤色ゴム底のハイヒール一般についても異なるところはないというべきである。したがって、原告表示に含まれる赤色ゴム底のハイヒールは明らかに商品等表示に該当しないことからすると、原告表示は、全体として不競法2条1項1号にいう商品等表示に該当しないものと認めるのが相当である。

[アフィリエイトサイトと競争関係]

[26] 東京地判令4・3・4（令3(ワ)3824、40部）は、インターネット上のアフィリエイトサイトに商品に関する虚偽事実を記載された販売者（原告）が、当該サイトの運営者（被告）に対して不正競争防止法違反に基づく損害賠償を求めた事件に関する。裁判所は、両者間の競争関係を認めて不正競争行為があったものとし、当該サイトの運営者に損害賠償を命じた。「不正競争防止法2条1項21号は、競争関係にある者が他の事業者の営業上の信用を害する虚偽の事実を告知するなどし、競争行為において有利な地位を得ようとする行為を規定し、もって事業者間の公正な競争等を確保するものである。このような同号の趣旨、目的に鑑みると、不正競争防止法2条1項21号に規定する『競争関係』とは、商品販売上の具体的な競争関係がある場合に限定されるものではなく、虚偽の事実を告知又は流布した者が、他人の競争上の地位を低下させることによって、不当な利益を得る場合をも含むと解するのが相当である。これを本件についてみるに、前記前提事実によれば、原告はモバイルWiFiルーターという商品を自ら販売する事業者であるのに対し、被告はアフィリエイターであり、原告商品と競合する商品を直接販売するものではない。しかしながら、…本件サイトを閲覧した者が本件サイトを通じて商品を契約する場合において、被告は、上記の者が原告商品を契約した場合には何らの経済的利益を得られないのに対し、（アフィリエイトリンクが設定された）商品を契約した場合にはアフィリエイト報酬を得ることができることになる。これらの事情の下においては、被告は、原告商品について虚偽の事実を告知又は流布し、原告の競争上の地位を低下させることによって不当な利益を得ることができる関係にあるものと認められる。したがって、被告と原告は、『競争関係』にあるものと認めるのが相当である。」

（しろやま・やすふみ）

取引|1　宅地建物取引業法に違反する名義貸しおよび利益分配の合意の効力

最三判令3・6・29
令2(受)205号、令3(オ)577号、報酬等請求本訴、
不当利得返還請求反訴、民訴法260条2項の申立て事件
民集75巻7号3340頁〔破棄差戻し〕
第一審：東京地立川支判平30・11・30金判1632号17頁
第二審：東京高判令元・9・26金判1632号11頁

片山直也　慶應義塾大学教授

現代民事判例研究会財産法部会取引パート

●——事実の概要

　X（個人、本訴原告・被控訴人、反訴被告・控訴人、被上告人）は、平成28年10月頃、訴外A（個人）と共に、投資用不動産物件の売買事業を行う旨の計画を立てた。Xは、宅地建物取引士の資格を有していたものの、自らを専任の宅地建物取引士とする会社での勤務を続けつつ、その人脈等を活用して、新たに設立する会社において不動産取引を継続的に行うために、その後、宅地建物取引士の資格を有するZ（個人、本訴被告・被控訴人）を上記計画に加えて、Zを新たに設立する会社の専任の宅地建物取引士とすることとした。Zは、平成29年1月、上記計画に従ってY（株式会社、本訴被告・控訴人、反訴原告・被控訴人、上告人）を設立してその代表取締役に就任し、Yは、同年2月、Zを専任の宅地建物取引士として宅地建物取引業の免許を受けた。

　Xは、平成29年2月頃までに、不動産仲介業者である株式会社Bから、C株式会社の所有する土地建物（以下「本件不動産」という）の紹介を受け、上記計画に基づく事業の一環として本件不動産に係る取引を行うことにした。同年3月7日、XとYとの間で、(ア)本件不動産の購入および売却についてはYの名義を用いるが、Xが売却先を選定した上で売買に必要な一切の事務を行い、本件不動産の売却に伴って生ずる責任もXが負う、(イ)本件不動産の売却代金はXが取得し、その中から、本件不動産の購入代金および費用等を賄い、Yに対して名義貸し料として300万円を分配する（Yは、本件不動産の売却先から売却代金の送金を受け、同売却代金から上記購入代金、費用等及び名義貸し料を控除した残額をXに対して支払う）、(ウ)本件不動産に係る取引の終了後、XとYは共同して不動産取引を行わない、との合意（以下「本件合意」という）が成立した。

　本件不動産については、平成29年3月、Cを売主、Yを買主とし、代金を1億3000万円とする売買契約が締結され、同年4月、Yを売主、Dを買主とし、代金を1億6200万円とする売買契約が締結された。

　Xは、平成29年4月26日、Yに対し、本件不動産の売却代金からその購入代金、費用等および名義貸し料を控除した残額が2319万円余りとなるとして、本件合意に基づき同額をXに支払うよう求めた。Yは、同月27日、上記売却代金の送金を受けたが、自らの取り分が300万円とされたことなどに納得していないとして上記の求めに応じず、上記計画に基づく事業への関与の継続を希望するなどしたものの、同年5月、Xに対し、本件合意に基づく支払の一部として1000万円を支払った。

　本件本訴は、Xが、Yに対し、本件合意に基づいてXに支払われるべき金員の残額として1319万円余りの支払を求めるなどするものであり、本件反訴は、Yが、Xに対する1000万円の支払は法律上の原因のないものであったと主張して、不当利得返還請求権に基づき、その返還等を求めるものである。

　原審（東京高判令元・9・26）は、前記事実関係等の下において、本件合意の効力を否定すべき事情はなく、本件合意の効力が認められると判断して、Xの本訴請求を認容し、Yの反訴請求を棄却した。

　Yが上告。「本件のような宅建業法13条1項その他の取締規法に違反する名義貸しを内容とする合意が無効であることは、大審院以来の判例であって、近時の高等裁判所の判例[1]もこれに従っており、学説上も異論は見られない」とし、本件合意は無効であるから、本件合意に基づき金員の支払を求めるXの請求は棄却されるべきであり、さらに、本件合意に関する不法性は専らX側に存するのであり、Yの不法性は仮にあるとしても極めて微弱であるから、上記不当利得返還請求は、不法原因給付であることを理由に棄却されるべきではない（民法708条ただし書）と上告受理申立て理由を述べている。

最高裁は、以下のように判示し、原判決中Y敗訴部分を破棄し、原審に差戻しをした。

●——判旨

　「宅地建物取引業法は、第2章において、宅地建物取引業を営む者について免許制度を採用して、欠格要件に該当する者には免許を付与しないものとし、第6章において、免許を受けて宅地建物取引業を営む者（以下「宅建業者」という。）に対する知事等の監督処分を定めている。そして、同法は、免許を受けない者（以下「無免許者」という。）が宅地建物取引業を営むことを禁じた上で（12条1項）、宅建業者が自己の名義をもって他人に宅地建物取引業を営ませることを禁止しており（13条1項）、これらの違反について刑事罰を定めている（79条2号、3号）。同法が宅地建物取引業を営む者について上記のような免許制度を採用しているのは、その者の業務の適正な運営と宅地建物取引の公正とを確保するとともに、宅地建物取引業の健全な発達を促進し、これにより購入者等の利益の保護等を図ることを目的とするものと解される（同法1条参照）。

　以上に鑑みると、宅建業者が無免許者にその名義を貸し、無免許者が当該名義を用いて宅地建物取引業を営む行為は、同法12条1項及び13条1項に違反し、同法の採用する免許制度を潜脱するものであって、反社会性の強いものというべきである。そうすると、無免許者が宅地建物取引業を営むために宅建業者との間でするその名義を借りる旨の合意は、同法12条1項及び13条1項の趣旨に反し、公序良俗に反するものであり、これと併せて、宅建業者の名義を借りてされた取引による利益を分配する旨の合意がされた場合、当該合意は、名義を借りる旨の合意と一体のものとみるべきである。

　したがって、無免許者が宅地建物取引業を営むために宅建業者からその名義を借り、当該名義を借りてされた取引による利益を両者で分配する旨の合意は、同法12条1項及び13条1項の趣旨に反するものとして、公序良俗に反し、無効であるというべきである」。

●——研究

1　はじめに

　宅建業法第1条は、同法の目的が、「その業務の適正な運営と宅地及び建物の取引の公正とを確保するとともに、宅地建物取引業の健全な発達を促進し、もつて購入者等の利益の保護と宅地及び建物の流通の円滑化とを図ること」にあると規定する。「免許

制度」の実施（昭和39年改正）による事業規制は、それらの目的達成の手段として位置づけられる。同法は、無免許事業の禁止（同法12条1項）および名義貸しの禁止（同法13条1項）を一般的に規定するとともに、それに違反した者には刑罰を科すこととしている（同法79条)[2]。

　本件においては、上記2つの禁止規定に反する行為の私法上の効力が争われた。最高裁は、名義貸し・無免許営業行為は、両規定（12条1項および13条1項）に違反して、免許制度を潜脱する反社会性の強いものであることを前提とし、無免許者が宅建業者との間でする名義を借りる旨の合意は、両規定の趣旨に反するものとして、公序良俗に反して無効である（「判示事項ⓐ」）とともに、それと併せて、「宅建業者の名義を借りてされた取引による利益を分配する旨の合意」は、「名義を借りる旨の合意と一体のもの」とみるべきであるから、同様に無効である（「判示事項ⓑ」）と判示した。

　本稿では、大審院および最高裁の先例（「無免許営業・名義貸し」類型）を整理し、それらと比較しつつ、本判決の意義を検討する。

2　先例——「無免許営業・名義貸し」類型を中心に

(1)　大審院判例

　「無免許営業・名義貸し」類型に関する大審院の先例としては、鉱業法違反のいわゆる「斤先堀契約」や取引所法違反の名義貸しの効力が無効とされた、「経済秩序」[3]に関する先例が中心となる。

　斤先堀契約については、大判大正8・9・15民録25輯1633頁（判例①）がリーディングケースである。同判決は、鉱業の盛衰が一国の経済に多大の影響を及ぼし、人の生命身体財産等に種々の危害を及ぼす虞があることから、当時の鉱業法第17条が「採掘ノ権利ヲ第三者ニ授与シ其者ヲシテ鉱業ヲ管理セシムルコトヲ禁止シタル」趣旨に鑑みて、鉱業権者が非鉱業権者に石炭の採掘権を付与する斤先堀契約は、公の秩序（民法90条）に反すると判示した（判示事項ⓐ）。その上で、非鉱業権者であるXがその契約に基づいて対価として鉱業権者Yに対してなした金銭（諸税金の代納分および販売代金の4％）の支払が民法708条の不法原因給付にあたる（不法は当事者双方に存する）と判示し（判示事項ⓑ）、Xの返還請求を棄却した原判決を支持している。

　次いで、大判昭19・10・24民集23巻608頁（判例②）は、判例①を引用し、いわゆる斤先堀契約は無効であるとした上で（判示事項ⓐ）、第三者Xが、斤先の斡旋尽力をなしたYに「採掘量ニ応シテ金員

ノ支払ヲ約スルカ如き」も民法90条に反して無効であるとし（判示事項ⓑ）、Xの支払請求を認容した原判決を破棄し原審に差戻しをしている。

さらに大判大正14・2・3民集4巻57頁（判例③）は、一歩踏み込んで、判例①の判示事項ⓐを当院判例の認める所として引用しつつ、鉱業権者Aから斤先堀契約により採掘権に関する権利を付与された訴外Bからさらに2分の1の権利を買い受けたXが、採掘した石炭をYに売却した売買契約についても「法禁行為ヲ助成スル結果ヲ来スヲ免カレス」として民法90条により無効と判断し（判示事項ⓑ）、XのYに対する金銭支払請求（代金債務を消費貸借に改めたもの）を棄却した原審判決を支持している。

取引所法違反の名義貸しの効力に関しては、大判大正15・4・21民集5巻271頁（判例④）が、米穀取引所の取引員であるXが取引員でないYに、X名義の下にYの損益計算において仲買業を経営させることは、取引員の資格に関する公益規定（当時の取引所法11条）に違反して無効であるので（判示事項ⓐ）、それとともに、営業上Xに及ぶべき損失を担保する目的でYに「信認金」を寄託させ、その返還債務を旧債務とする準消費貸借を締結することも、「一個不可分ノ契約ノ内容ヲ組成スルモノ」として無効である（判示事項ⓑ）として、Yの公正証書に基づく強制執行に対するXの請求異議を認めた原審を支持している。

以上のように、大審院判例は、「無免許営業・名義貸し」類型について、禁止規定違反として名義貸しの合意が民法90条により無効となることを前提として（判示事項ⓐ）、それに伴う金銭給付や名義を用いた取引行為に関する合意も無効となる余地を広く認めていた（判示事項ⓑ）。後者については、営業権（採掘権・取引員資格など）を付与する実質的な対価としての合意（判例①、判例②）や不可分とされる損失保証金の合意（判例④）にとどまらず、名義を用いた取引先との取引行為（売買契約）についても無効とする判決（判例③）がある点は、次の最高裁判例との関係が問われよう。

(2) 最高裁判例

最高裁判決は、いずれも名義貸しではないが、いわゆる「士業」に関する広い意味での無資格行為（非弁行為や禁止行為）につき、無効とした弁護士事件（最一判昭38・6・13民集17巻5号744頁・判例⑤）と有効とした司法書士事件（最三判昭46・4・20民集25巻3号290頁・判例⑥）とで判断が分かれている。

判例⑤（弁護士事件）は、弁護士資格を有していないXが、Y等の先代Aとの間で、債権の取立て、

そのためにAの提起する訴訟につき弁護士の選任、強制執行および和解等による解決の一切を委任され、成功報酬として取立金額から訴訟費用を控除した残額の半額を受け取る旨の委任契約を締結し、Y等に対し、報酬請求等を求めた事案について、「弁護士の資格のないXが右趣旨のような契約をなすことは弁護士法72条本文前段同77条に抵触するが故に民法90条に照しその効力を生ずるに由なきもの」と判示し、Xの上告を棄却している。

これに対して、判例⑥（司法書士事件）は、司法書士の訴外Aが、当時の司法書士法9条に違反して「業務の範囲を超えて他人間の仕事に関与」し、Xの代理人として、Yとの間で、XがYに対して負担する債務について、期限の猶予、所有権移転請求権保全の仮登記をなし、猶予期限までにXが債務を完済しない場合には、代物弁済として移転登記するとの即決和解をなしたところ、XがYに対して、本件和解契約は公序良俗に反して無効であると主張し、本件代物弁済による所有権移転登記の抹消登記を請求した事案である。最高裁（法廷意見）は、同条の禁止行為の対象が広く、行為自体として違法性ないし反社会性を有するわけではなく、一般の私人に禁止されていないことから、「禁止違反行為の効力まで否定するのでなければ、同条の禁止の目的を達成することができないというわけではない」とし（判示事項ⓐ）、その上で、「司法書士がその業務の範囲をこえて私法上の和解契約締結の委任を受け、右委任に基づき第三者たる相手方との間に私法上の和解契約を締結したような場合には、その内容が公序良俗違反の性質を帯びるに至るような特段の事情のある場合は別として、右和解契約は、第三者保護の見地からいっても、単に司法書士法9条に違反するのゆえをもって、ただちに無効であるとすることができない」（判示事項ⓑ）と判示している。

最高裁判決は、広く取締法規に違反する行為の私法上の効力について、有効例と無効例に分かれるが[4]、公法と私法の区分を前提に、「法令違反行為＝原則有効」との立場を採用しているものが多数であり、判例⑤は、食品衛生法違反の有毒アラレ販売に関する最一判昭39・1・23民集18巻1号37頁とともに例外的な無効例の1つと位置づけられてきた[5]。なお、根拠規定を、効力規定違反（91条）とするか、公序良俗違反（90条）とするかについては、判例においても混乱が見られるとの指摘が存するが[6]、他方、法令違反行為を無効とする裁判例の多くは公序良俗違反を根拠として援用しており、その上で、①法令違反であることをもって直ちに公序

良俗違反とするもの（弁護士事件など）と、②単に法令に違反するというだけでは取引の効力は否定されず、事案の事情[7]によっては公序良俗違反となるとするもの（司法書士事件もこれに含まれる）とに分かれているとの分析も有力になされていた[8]。

3 本判決の意義および射程

(1) 判示事項ⓐについて

本判決は、公序良俗違反の判断枠組みという点では、名義貸し・無免許営業類型における大審院以来の判断基準（「法令違反であることをもって直ちに公序良俗とするもの」）を踏襲した最高裁判例として位置づけられよう。少なくとも、取引の安全や当事者間の信義・公平などの私法的要素は一切考慮されておらず、逆に、免許制度の「潜脱」という点（制度趣旨、倫理的非難）が強調されている[9]。戦後の判例法理の動向としては、「取締法規に違反しているというだけでは、原則として契約は無効とならない」という考え方が基礎におかれていると分析されてきたが、類型に応じて準則を整理し直す必要があるように思われる。この点では、本判決には、「名義貸し・無許可営業」類型について、大審院判例を再確認したという意義が存する。同類型に関しては、「一律無効」構成が採用された事例（斤先堀契約事例、取引所法違反事例、弁護士事例、宅建業者事例）と、「原則有効＝特段の事情」構成が採用された事例（司法書士事例）とで、判断基準が二分されたことになる。確かに、弁護士事件、宅建業者事件では、無資格者・無免許者による業務行為の有効性が問題とされているのに対して、司法書士事件では、資格者・免許者の業務外行為の有効性が問題とされており、そもそも違反行為の構造を異にしていると分析することは可能であろう。後者では、「免許制度を潜脱する反社会性」が問われているわけではない。ただ、結論の差異は、いかなる行為の私法上の効力が問題と

なっているか（判示事項ⓑ）、その点の事案における差異によるところが大きいようにも思われる。

(2) 判示事項ⓑについて

本件において、私法上の効力を認めるべきか否かが問題とされたのは、「利益配分合意」である点には注意を要する。あくまでも名義貸しの当事者間の「内部的な合意」であり、実質的には名義貸しの「対価」の支払請求を認めるべきか否かという問題である。それゆえ、本判決は、名義貸し合意と「一体のもの」であるとして、「潜脱」という倫理的非難を正面から問うことができた。換言すれば、取引の安全や当事者の信義・公平という考慮が不要な類型であったともいえよう。仮に本事案において、司法書士事例（判例⑥）のような、名義を用いた代理行為や仲介行為など第三者間の「外部的な行為」の有効性が問題となる事案であったならば、同様の結論には至らなかったと推測される。そのような視点から、改めてこれまでの判例を見直してみると、「一律無効」構成の判断がなされた事案において私法上の効力が問題とされた行為は、判例③を除いて、名義貸しの報酬（対価）や、名義貸し当事者間の利益分配の合意の効力であった。これに対して、「原則有効＝特段の事情」構成と判断された司法書士事件（判例⑥）は、対外的な行為の有効性が争われた事例である。そうすると弁護士事例や宅建業者事例においても、名義を用いた代理行為や仲介行為（外部的な行為）の有効性が争われたならば、司法書士事件（判例⑥）と同じような判断が提示される可能性は高い（その限りで今日的には、判例③の先例的価値は疑わしいと考える余地があるように思われる）[10]。その判断基準として、「名義を借りる合意と一体のもの」（行為の一体性）という1つの指標を提示した点に、本判決の第2の意義が存する。

（かたやま・なおや）

---

1) 上告受理申立て理由は、名古屋高判平23・1・21 LEX/DB L06620074 を引用する。同判決は、「XとY間において合意された名義貸しの禁止規定に違反する合意の一部をなしている本件の利益配分金に係る合意も、これを裁判上行使することは許されない」と判示し、いわゆる「自然債務」構成を採用している点に特徴がある。

2) 岡本正治＝宇仁美咲『［逐条解説］宅地建物取引業法』（大成出版社、三訂版、2021年）39-40頁、94頁など参照。

3) 山本敬三『公序良俗論の再構成』（有斐閣、2000年）125-126頁など参照。

4) 判例の整理につき、磯村保「取締規定に違反する私法上の契約の効力」『判例における法理論の展開（民商法雑誌創刊50年記念論集）』（有斐閣、1986年）3-13頁など参照。

5) 大村敦志『契約法から消費者法へ』（東京大学出版会、1999年）175頁、山本・前掲『公序良俗論の再構成』241-242頁など参照。

6) 磯村・前掲「取締規定に違反する私法上の契約の効力」17頁など参照。磯村説は、弁護士事例（判例⑤）も含めて、客観的に取締規定に違反する行為の効力が私法上事後的にも否認されるべき場合には、民法91条の問題とすべきとする（同17-18頁）。

7) 伝統的通説（総合的判断説）は、①立法の趣旨、②違反行為に対する社会の倫理的非難の程度、③一般取引に及ぼす影響、④当事者間の信義・公平などを考慮事由とする（我妻栄『新訂民法総則』（岩波書店、1965年）263-264頁参照）。

8) 大村・前掲『契約法から消費者法へ』192-193頁参照。近時有力となりつつある「新たな公序論」として、「90条一元説」（同203頁など）をベースとした分析である。山本（敬）説は、効力について規定していない場合には、「裁判所は、90条を用いて、その法令を補完することが要請されている」とする（山本・前掲『公序良俗論の再構成』250-253頁など参照）。

9) この点につき、原田昌和「本件評釈」新判例解説 Watch 民法（財産法）No.5（2022年）70頁参照。

10) この点につき、家原尚秀「本件解説」ジュリスト1573号（2022年）123頁参照。

取引 2　家賃債務保証業者が定めた無催告解除権と明渡しみなし権限等を付与する条項への消費者契約法8条1項3号・10条の適用と12条3項に基づく差止請求の可否

大阪高判令3・3・5
令元(ネ)1753号・令2(ネ)1891号、
消費者契約法12条に基づく差止請求控訴、同附帯控訴事件
判時2514号17頁
原審：大阪地判令元・6・21判時2448号99頁、
判タ1475号156頁、金法2124号48頁、金判1573号8頁

中野邦保　桐蔭横浜大学教授

現代民事判例研究会財産法部会取引パート

●──事案の概要

家賃債務保証業者Yは、「住み替えかんたんシステム保証契約書」と題する契約書を用いて、住宅等の賃貸借契約（以下、「原契約」という）から生じる賃料債務等につき、賃借人からの保証委託契約の申込みに基づき、賃貸人との間でこれを保証する連帯保証契約を締結するとともに、同保証委託契約に基づく賃借人のYに対する求償債務等につき保証が受けられるよう個人連帯保証人との間で連帯保証契約を締結している（以下、これらを包括して「本件契約」という）。本件契約には、①賃借人が支払を怠った賃料等及び変動費の合計額が賃料3か月分以上に達したときに、Yに原契約を無催告解除する権限を付与する条項（13条1項前段）、②この無催告解除権の行使につき賃借人に異議がないことを確認する条項（同条1項後段）、③賃貸人からYに保証債務の履行請求があったときに、Yが賃借人に事前通知することなく保証債務を履行できるとする条項（14条1項）、④Yからの事後求償権の行使に対し、賃借人とその連帯保証人は賃貸人に対する抗弁をもってYへの弁済を拒否できないことを予め承諾する条項（同条4項）、⑤(i)賃借人が賃料等の支払を2か月以上怠り、(ii)Yが合理的手段を尽くしても賃借人本人と連絡がとれない状況の下、(iii)電気・ガス・水道の利用状況や郵便物の状況等から賃借物件を相当期間利用していないものと認められ、かつ、(iv)賃借物件を再び占有使用しない賃借人の意思が客観的に看取できる事情が存するときに（以下、(i)～(iv)をあわせ「4要件」という）、賃借人が明示的に異議を述べない限り、Yに賃借物件の明渡しがあったものとみなす条項（18条2項2号）が定められており、さらに、この場合には、(a)賃借人は、Yが賃借物件内等に残置する動産類を任意に搬出・保管することに異議を述べず（18条3項）、(b)当該搬出の日から1か月以内に引き取らない動産類全部の所有権を放棄し、以後、Yが随意に処分することにも異議を述べず（19条1項）、(c)その保管料及び搬出・処分に要した費用をYに支払うとする条項（同条2項）が定められている。

適格消費者団体Xは、上記①～⑤の各条項が消費者契約法（以下、「消契法」と略記する）8条1項3号又は10条に該当するとして、同法12条3項に基づき、各条項を含む消費者契約の申込み又は承諾の意思表示の差止めと、各条項が記載された契約書用紙の廃棄等を求めた。

原審は、条項①～④については、いずれも消費者契約法により無効にはならないとして、Xの請求を棄却した。条項⑤については、条項(a)、(b)と相まって、同条項の適用により、原契約が終了しておらず賃借人がいまだ賃借物件の占有を失っていない場合であっても、Yや賃貸人が自力で賃借物件内の動産類の搬出・保管・処分を行いうることとなるが、このような行為は法的手続によることのできない必要性緊急性の存するごく例外的な場合を除いて自力救済行為として不法行為に該当するため、これらの行為につき賃借人が異議を述べることができないとすることは、Y等に対する不法行為を理由とする損害賠償請求権を賃借人に放棄させる内容を含むものであるので、消契法8条1項3号に該当し、Xの請求には理由があると判示した。

以上に対し、XとYはともに敗訴部分を不服として控訴した。また、Xは、予備的請求として、条項⑤に加えて、条項(a)、(b)、(c)が一体として消契法8条1項3号又は10条に該当するとして、これらの差止等を求め附帯控訴した。

●──判旨

　本判決は、条項①については下記(1)(2)の理由から、条項②③④については概ね原審判決と同様の理由から、いずれも消費者契約法に反しないとしたうえで、条項⑤についても下記(3)のように述べ、Xの請求を一部認容した原審判決を取り消して、Xの請求をすべて棄却した（上告受理申立て）。

　(1) 本件契約では、賃料を1か月分でも遅滞したときに無催告解除できるとした契約条項を、「契約を解除するに当たり催告をしなくてもあながち不合理とは認められないような事情が存する場合に、無催告での解除権の行使を許す旨を定めた規定である」とした昭和43年判例や、「当事者間の信頼関係を破壊するものとは認められない特段の事情があるときは、債務不履行による賃貸借契約の解除は認められない」とした昭和39年判例が現時点においても賃貸借契約を規律する実体法規範の一部を成す判例法理として当然の前提とされており、条項①にも適用があると解することができる。もっとも、このように解すると、条項①は、民法542条1項で定める事由以外の場合にも無催告解除を認めるため、任意規定の適用による場合に比し、消費者である賃借人の権利を制限することになる。しかし、3か月以上賃料を滞納している事態は賃貸借契約の基礎を成す当事者間の信頼関係を大きく損なう事情であり、そのことに加えて、契約を解除するに当たり催告をしなくてもあながち不合理とは認められないような事情がある場合に、賃借人が解除前に履行の催告を受けられなかったとしても、その不利益の程度はさして大きくないため、無催告解除を認める条項①は消契法10条に該当しない。

　(2) 契約当事者以外の第三者からの解除権を認めると、賃借人は解除事由が発生した場合の交渉等が契約当事者の場合と比して困難となり、契約を終了させられる可能性が増すため、条項①は、任意規定の適用による場合に比し、消費者である賃借人の権利を制限する側面がある。しかし、本件契約においては、賃貸人はYからの保証債務の履行により賃料等を全額受領できるため原契約を解除する動機が乏しい反面、Yは不払賃料を填補し賃借人から求償債務の支払を受けられないリスクを負担し、その負担が賃料不払の継続により限度なく増大するおそれがあるため原契約を早期に終了させたい動機を有している。このような賃貸人とYとの利害状況に鑑み、「原契約の解除権をYにも付与し、もって、原契約

が継続することによりYの経済的負担が限度なく増大していく事態を、Y自らが解消することができるよう」にしたのが、条項①の趣旨である。それゆえ、Yに解除権を付与する条項①は、相応の合理性があり、無催告解除の要件に基づきYが解除権を行使しても、賃借人が受ける不利益の程度は必ずしも大きいということはできず、なお限定的なものにとどまるので、消契法10条に該当しない。

　(3) 条項⑤と条項(a)、(b)は、いずれもYが各条項により付与された権限を行使することにつき、賃借人が異議を述べないことなどを規定したにすぎず、これを越えて、これらの権限を行使するに際してなしたYの賃借人に対する不法行為に基づく損害賠償責任の全部を免除する趣旨を読み取ることはできないので、条項⑤は消契法8条1項3号に該当しない。

　また、条項⑤の4要件は、「賃借人が賃借物件について占有する意思を最終的かつ確定的に放棄した（ことにより賃借物件についての占有権が消滅した）ものと認められるための要件」を規定したものであり、4要件を満たしたうえでなお占有権が消滅していない場合は現実にはほとんど考え難いことから、条項⑤は、賃借人の占有が残っている場合にまで賃貸人とYに対し自力救済としてその占有を解く権限を付与することを目的としたものではなく、「4要件を満たすことにより、賃借人が賃借物件の使用を終了してその賃借物件に対する占有権が消滅しているものと認められる場合に」、「賃借人が明示的に意義を述べない限り、Yに対し、賃借物件の明渡しがあったものとみなし、原契約が継続している場合にはこれを終了させる権限を付与する趣旨の規定であると解するのが相当である」。もっとも、このように解すると、賃借人は法的手続を経ずに賃借物件内の動産類を搬出・保管あるいは処分され、賃貸人からの契約解除の意思表示等を受けることなく、Yにより一方的に原契約を終了させられることとなるため、条項⑤は、任意規定の適用による場合に比し、消費者である賃借人の権利を制限するものということができる。しかし、条項⑤が適用される場合には、賃借人は、通常、原契約の解消を希望するか予期しており、賃借物件内に残置した動産類の占有権のみならず、所有権をも放棄する意思を有するか、少なくとも処分等されてその所有権を侵害されてもやむを得ないとの意思を有しているものと考えられ、むしろ、自ら現実の明渡しをする債務や賃料等の更なる支払義務を免れるという利益を受けることができ、明示的に異議を述べさえすればYの権限行使を

阻止できる以上、賃借人が受ける不利益は必ずしも大きくないのに対し、賃貸人とYは、速やかに原契約を終了させて、法的手続を経ることなく賃借物件の明渡しを実現することができるとともに、Yは未払賃料等の支払義務を免れることができ、その受ける利益は大きいので、条項⑤は消契法10条に該当しない。

●──研究

1　はじめに

家賃債務保証業者登録制度は、2017年10月に、住宅確保要配慮者の居住の安定確保に向けた新たな住宅セーフティネット制度の施行にあわせ、家賃債務保証の業務の適正化を図るために、家賃債務保証業者登録規程（平成29年国土交通省告示第898号）によって定められたものである。賃貸借契約においては、約97％が何らかの保証を求めており、約6割が家賃債務保証業者を利用しているとされる。現在、88社が家賃債務保証業者として国土交通大臣による登録を受けており（2022年7月27日時点）、本件におけるYも、家賃債務保証業の主要3団体のうちの1つに所属し、登録業者として活動している[1]。

本件はこのような背景のもと生じたものであり、争点は多岐にわたるが、本稿では、紙幅の関係から、家賃債務保証業者が定めた条項①⑤への消費者契約法の適否につき検討することとする。

2　条項①⑤の解釈について
(1)　無催告での解除を認める条項

本判決は、契約条項を限定的に解した判例法理は賃貸借契約を規律する実体法規範の一部を成し、本件契約もこれを当然の前提としており、条項①は「賃借人が支払を怠った賃料等及び変動費の合計額が賃料3か月分以上に達したことという要件のほか、契約を解除するに当たり催告をしなくてもあながち不合理とは認められないような事情があることを要件として、Yによる無催告解除権の行使を認める規定」であるとして、その効力を認めている。

しかし、条項①に何ら規定されていない判例法理が当然の前提とされているとの理解を法に疎い消費者に期待するのは無理があり、このような不十分な契約書を用いた事業者側に有利な判断を示すのは消費者契約法の趣旨等からして妥当でない[2]。

(2)　Yに解除権を付与する条項

本判決は、本件契約をめぐる賃貸人とYとの利害状況に鑑みると原契約を解除する動機づけが異なるため、Yに解除権を付与する条項は、その趣旨・目的に相応の合理性があり、それによって賃借人が受ける不利益の程度は大きくなく限定的であるので、消契法10条後段の要件をみたさないとする。

しかし、Yは賃借人からの委託を受け自らのリスクの対価を得ているにもかかわらず、家賃債務保証契約における唯一の負担者である賃借人の利益を犠牲にしてまでYの経済的負担の回避を優先するリスク分配論は消費者保護に欠け妥当でない。実際、Yと賃貸人との利害状況の問題を賃借人に関連づける必要はなく、Yの経済的負担は、保証範囲を限定したり、保証契約の解除権を認めれば解消でき、Yに原契約の解除権を付与する必要まではないと考える[3]。また、本判決が述べるように、賃貸人と家賃債務保証業者とでは賃貸借契約を解除する動機づけが異なるがゆえに、悪質な取立行為や追い出し行為等の問題が生じていることからすると（現に、Yの従業員による退去勧告が不法行為とされた事案もある）、賃借人が受ける不利益の程度は決して小さくないものと考える。

(3)　Yに賃借物件を明渡したものとみなす権限を付与する条項

本判決は、条項⑤を賃借物件の占有権がいまだ消滅していない場合の明渡請求の規定と理解した原審とは異なり、4要件が定める客観的・外形的な事実から占有する意思を最終的かつ確定的に放棄し占有権が消滅したと認められる場合の規定と理解し（それゆえ、Yが自社のHP上で注意喚起するよう、条項⑤は「追い出し条項」ではない）、この場合に、「Yに対し、賃借物件の明渡しがあったものとみなし、原契約が継続している場合にはこれを終了させる権限を付与する趣旨」の条項は、相応の合理性があり、賃借人の不利益は限定的にとどまることから、消契法10条後段の要件をみたさないとする。

しかし、4要件において示された客観的・外形的な事実からは占有の意思を放棄したと認めることが困難ないし適切でない場合があり、その判断を早期に原契約を解除したいと考えるYに委ね、原契約の解除をすることなく契約関係の終了を認め、法的手続を経ずに賃借人の生活の本拠を一方的に奪うことを可能とすることになるため（Yによる恣意的・濫用的な運用も否定できないため[4]）、条項⑤は消契法10条に該当するものと考える[5]。

3 消費者契約法10条後段の該当性

本判決は、条項①⑤ともに、いずれも消契法10条の前段要件に該当するとしつつも、同条の後段要件には該当しないとしている。同法10条の解釈をめぐっては、前段・後段要件の関係、後段要件該当性の判断基準等につき種々の見解があるが[6]、本件事案を念頭におくならば、家賃債務保証契約の特殊な構造をふまえ、消費者の視点から契約条項を解釈し、後段要件の該当性を検討するべきであったと考える。

家賃債務保証契約は、賃借人・賃貸人・家賃債務保証会社の三者間契約によるが、賃貸人は、保証会社と契約を締結することで、無償で賃料不払のリスクや賃貸物件の明渡請求等の法的手続を回避することができ、もっぱら利益のみを享受する地位にある。また、保証会社は、賃借人への対応や代位弁済した不払賃料を回収できないリスクなどを負担するものの、賃料回収リスクを最小化するために賃借人に連帯保証人をつけてもらうことも多く、賃借人から保証委託料を受け取っている点で、一定の利益を享受している。以上に対し、賃借人は、保証会社に保証委託料を支払いつつも、賃料を滞納した際はその受任者である保証会社から賃貸借契約の解除や賃借物件の明渡請求等がなされる利益相反的な状況にあるばかりでなく、保証人をつけられない場合であるならいざしらず、保証会社が家賃保証をしているにもかかわらず、保証会社の求償債務を保証するために連帯保証人をつけることまでもが求められることがある。全体としてみると、賃借人は入居審査が通りやすくなるとのメリットが得られるものの、賃貸人は、これまで自身が負っていた賃料の取立てや管理業務等のコストを保証会社に転嫁させ、むしろ保証会社を介在させることで、通常の賃貸借契約において賃貸人がなしえなかったこと（無催告解除や法的手続を経ない明渡請求等）がなしうるような状況にあるとも評価できる。そのため、家賃債務保証契約は、賃貸人・保証会社が被る不利益を消費者側に転嫁させるための契約とみることもでき、こうした納得感の薄い契約に加入することを余儀なくされている状況にあることをも鑑みれば、契約の構造そのものが消費者である賃借人の利益を一方的に害していると解する余地があると思われる。

本判決は、このような家賃債務保証契約の特殊な構造を無視し、消費者の利益状況を十分に考慮せず、事業者側の都合を優先させたものと評価でき、妥当でない[7]。そのため、家賃債務保証契約においては、少なくとも、三当事者の利害がより衡平となるような契約モデル（「三方一両損」的な関係性）が模索されてしかるべきであろうし、新たな住宅セーフティネット制度を確立したことが無意味とならないよう、住宅確保要配慮者を念頭におくのであれば、連帯保証人を要求するか否かを含め、居住支援やセーフティネットとの連携なども視野にいれ賃借人に寄り添った新たな役割が保証会社には求められているように思われる。

（なかの・くにやす）

---

1) 以上につき、家賃債務保証の情報提供等に関する検討会「参考資料（平成28年12月）」（国土交通省）参照（https://www.mlit.go.jp/common/001154373.pdf〔2022年8月31日閲覧〕）。

2) 同趣旨の見解として、本件原審の評釈である、岡田愛「判批」WLJ判例コラム188号（2019年）4頁以下（2019WLJCC033）、岡本裕樹「判批」私法判例リマークス61号（2020年）29頁、谷本圭子「判批」判時2477号（判評747号）131頁のほか、増田尚「判批」賃金と社会保障1780号（2021年）39頁も参照。

3) 同趣旨の見解として、前掲注2）であげた評釈のほか、本件原審の評釈である、山里盛文「判批」日本不動産学会誌33巻3号（2019年）92頁と、原契約の解除権行使につきYに代理権を付与すれば十分と指摘する石田剛「判批」民事判例20号（2020年）56頁も参照。

4) この点に関連し、本判決は、「当該条項の内容が事業者の誤った運用を招来するおそれがありそれによって消費者が不利益を受けるおそれがあることを理由に当該条項を無効とすることは、同法の予定しないところである」とするが、消費者契約法には予防法的な機能もあり、法の悪用も許容するかのような解釈態度は妥当でなく、同法の趣旨・目的をはき違えているように思われる。

5) この点につき、岡田愛「判批」WLJ判例コラム237号（2021年）4頁以下（2021WLJCC016）、増田・前掲注2）40頁以下参照。なお、要件(i)は賃料等の支払を2か月以上怠った場合と規定しており、無催告解除に必要な3か月よりも短い期間が設定されているため、無催告解除するよりも早く賃貸借契約が終了させられる可能性すらある点も問題である。

6) 消費者契約法10条の解釈については、山本豊「消費者契約法10条の生成と展開―施行10年後の中間回顧」NBL959号（2011年）17頁以下、後藤巻則『消費者契約と民法改正』（弘文堂、2013年）132頁以下等参照。

7) なお、現在のYの契約書では、問題となった条項①には無催告解除の要件として賃借人の支払能力の欠如が明らかとなり信頼関係が破壊された場合との文言が加えられ、条項⑤からは占有権の消滅を推認する4要件とそれによる明け渡しみなし規定が削除されている。

担保

根抵当権の実行により開始された担保不動産競売における被担保債権の債務者に、
当該被担保債権にも効力が及ぶ免責許可決定がなされた場合において、債務者の
相続人に目的不動産の買受申出資格が認められた事例

最一決令3・6・21
令3(許) 7号、売却不許可決定に対する執行抗告棄却決定
に対する許可抗告事件
民集75巻7号3111頁：判時2512号5頁、判タ1492号78頁、
金法2178号88頁、金判1632号46頁（1637号18頁）
第一審：横浜地決令2・12・21金判1632号51頁
第二審：東京高決令3・2・9金判1632号50頁

大澤慎太郎　早稲田大学教授

現代民事判例研究会財産法部会担保パート

●——事実の概要[1]

平成25年12月27日、横浜地裁は、A所有の土地建物（以下「本件土地建物」という）につきAを債務者として設定された根抵当権（以下「本件根抵当権」という）の実行として競売の開始決定（以下「本件競売事件」という）をした。

平成26年6月18日、Aにつき破産手続開始決定がされ、同年9月18日、同手続廃止決定、免責許可決定（以下「本件免責許可決定」という）がそれぞれなされ、本件免責許可決定の効力が本件根抵当権の被担保債権（以下「本件被担保債権」という）にも及んだ。

平成27年2月、Aが死亡し、Aの子たるX（買受申出人・抗告人）等がAを相続した。

令和2年12月1日、執行官は本件競売事件の最高買受申出人としてXとして定めた。

第一審（横浜地決令2・12・21民集75巻7号3117頁）は、本件競売事件の債務者たるAの相続人Xは、本件土地建物を買い受ける資格を有せず（民執68条、同71条2号〔同188条による準用〕）、売却不許可事由があるとしてXに対する売却不許可決定をしたため、Xが執行抗告した。その理由の要旨は、本件被担保債権は本件免責許可決定の対象となっており、Xはその債務を承継しておらず「いわば物上保証人の立場にある」から、「Xが買受けの申出をしたとしても、残債務不履行による執行反復や、代金不納付等による手続進行阻害のおそれはないから、その買受申出資格を否定する理由はない」などとして、Xは買受の申出が禁止される債務者には当たらないというものである。

原審（東京高決令3・2・9民集75巻7号3119頁）は、次のように述べて、Xの抗告を棄却した。すなわち、破253条1項柱書本文および2項に照らすと、

担保不動産競売手続の債務者が受けた免責許可決定の効力が被担保債権に及ぶとしても、債権者が債務者に対し「履行を請求してその強制的実現を得ることができなくなるにとどまり、債権自体が消滅するものではないと解されるから、債務者の相続人が当該債務を承継しないとは解されず、Xは、本件競売手続における債務者の地位を承継するというべきである。なお、Xは、抵当不動産の第三取得者や物上保証人たる所有者は買受けの申出をすることができる旨指摘するが、これらは競売手続における債務者の地位を有する者ではないから、債務者の相続人としてその地位を承継する者と同視することはできない……仮に、本件において、残債務の不履行による執行手続の反復や、代金不納付による手続の阻害といったおそれがないとしても、そのような個別の事情によって、債務者の買受けの申出の禁止……が不適用となることはない」という。そこで、Xが許可抗告した。理由の要点は、免責許可決定の効力が及ぶ債務（債権）は消滅する（後述のいわゆる「債務消滅説」の立場による）から、その債務者の相続人はもはや「債務者」ではないこと、相続人たるXは債務者自身ではないこと、民執188条で準用される同法68条の趣旨（後述「研究」参照）に照らしても、相続人たるXが買受人となることはその制度趣旨に反しないこと、といったものである。

●——決定要旨

破棄自判（原々審に差戻し）

民執68条（同188条による準用）によれば、担保不動産競売において債務者は買受けの申出をすることができないとされているが、「これは、担保不動産競売において、債務者は、同競売の基礎となった担保権の被担保債権の全部について弁済をする責任を負っており、その弁済をすれば目的不動産の売却

を免れ得るのであるから、目的不動産の買受けよりも被担保債権の弁済を優先すべきであるし、債務者による買受けを認めたとしても売却代金の配当等により被担保債権の全部が消滅しないのであれば、当該不動産について同一の債権の債権者の申立てにより更に強制競売が行われ得るため、債務者に買受けの申出を認める必要性に乏しく、また、被担保債権の弁済を怠り、担保権を実行されるに至った債務者については、代金不納付により競売手続の進行を阻害するおそれが類型的に高いと考えられることによるものと解される。

　しかし、担保不動産競売の債務者が免責許可の決定を受け、同競売の基礎となった担保権の被担保債権が上記決定の効力を受ける場合には、当該債務者の相続人は被担保債権を弁済する責任を負わず、債権者がその強制的実現を図ることもできなくなるから、上記相続人に対して目的不動産の買受けよりも被担保債権の弁済を優先すべきであるとはいえないし、上記相続人に買受けを認めたとしても同一の債権の債権者の申立てにより更に強制競売が行われることはなく、上記相続人に買受けの申出を認める必要性に乏しいとはいえない。また、上記相続人については、代金不納付により競売手続の進行を阻害するおそれが類型的に高いとも考えられない。」（Xは、民執68条〔同188条準用による〕にいう「債務者」に当たらない）。

●—研究

1　本決定の意義

　民執68条は強制執行において「債務者」は買受人となることができない旨を規定するところ、本決定は、担保不動産競売において、"民執188条が準用する場面においての"同68条（以下「民執68条（同188条準用）」はこの意味で用いる）にいう「債務者」には、免責許可決定の効力が及んだ被担保債権（以下「免責債権」という）の債務者の相続人は含まれないとした最高裁としての初判断となる。単純に民執68条にいう債務者やその相続人の属性を問うものではなく、あくまで同188条が準用される場面であり、かつ、"免責債権"の債務者の相続人という限定がついていることに注意を要する。

　本決定は理由として、まず、民執68条（同188条準用）が債務者を買受人とすることを禁じることの制度趣旨につき、目的不動産の買受けよりも被担保債権の弁済を優先すべきであること（趣旨①）、仮に買受けを認めても配当により被担保債権が全部

消滅しないと、結局、再度当該不動産の強制競売がなされうること（趣旨②）、代金不納付による競売手続の進行を阻害するおそれが「類型的に高い」こと（趣旨③）を挙げた上で、免責許可決定が被担保債権に効力を及ぼす場合における債務者の相続人は、趣旨①につき、被担保債権を弁済する義務を負わず（債権者による強制的実現が不可能）、目的不動産の買受けより被担保債権の弁済を優先すべきとは言えないこと、趣旨②につき、再度の強制競売がなされることはないこと、および、趣旨③につき、競売手続の進行を阻害するおそれは「類型的に高くない」ことを、それぞれ指摘している。

2　民事執行法68条（同188条準用）の意義と「債務者」の具体像

(1)　民事執行法制定前

　民事執行法（民執68条）の制定前において、「債務者」は買受人となることができないというのが判例[2]および通説[3]の立場であったとされる[4]。その理由は、「形式的」なものと「実質的」なものとに大別しうる。

　「形式的理由[5]」は、債務者の法的性質（法的地位）に係るものと言って良く、①競売は私法上の売買であり、債務者は売主の地位にあるから買主になれない、②仮に、競売において売却権は国家にあるとしても、その効果は債務者に帰属するので、債務者は売主の地位にあるから買主になれない、といった具合である。

　「実質的理由[6]」としては、③代金不払いによる競売手続の円滑な進行が阻害されるおそれがあること、④競落価額が債務額より少ないと、仮に、代金納付がされても再競売の開始が申し立てられ、手続が複雑化するおそれがあること、および、⑤強制競売を誘発した債務者に、買受けの機会を与える積極的な理由がない[7]こと、などが挙げられている。

(2)　民事執行法制定以後

　民事執行法の制定に伴い、同制定前における上記の形式的および実質的理由をそれぞれ根拠として[8]、民執68条が設けられた。この際、担保不動産競売においても、民執188条により同68条が準用されることになる。その理由として、担保不動産競売においては、債務者は、目的不動産を買い受けることをせずとも、被担保債権よりも差押不動産の価格が大きければ、被担保債権を弁済すればその目的を達することができ、また、小さければ、一般先取特権などの場合には、残存する被担保債権に基づき再度

担保権を実行されるか、抵当権などの特別担保の場合には、担保権が消滅することより一般債権となって残存した被担保債権に基づき、改めて強制執行されるかだけであり、債務者に買受けの申出を認める意義のない旨が指摘[9]されている。

(3) 担保不動産競売における「債務者[10]」

民執68条（同188条準用）にいう「債務者」は、上記(2)で述べた理由付けから、被担保債権の実体法上の債務者であり、かつ、手続上の債務者（執行債務者）でもある者[11]などと説明される。したがって、債務者であれば「所有者」でなくともこれにあたり、他方、債務者でなければ「所有者」はこれにあたらない[12]。それゆえ、「物上保証人」や「第三取得者」はここにいう「債務者」とはならない。

債務者の「相続人」については、「強制執行」の場合につき、「限定承認をした相続人」は買受人となり得るとされている。その根拠は、限定承認した相続人は、相続財産の範囲内で限定責任を負うのみであるから、仮に、相続債権者の相続財産に対する強制執行手続において相続人が競売不動産を買い受けたとしても、再度、相続人のもとで強制執行されることはなく、相続財産を確保したいという相続人の希望にも適うから[13]、とされる。もっとも、限定承認しているか否かを、迅速に確認する方法があるのかという問題も指摘されている[14]。いずれにしても、「担保不動産競売」における（民執188条準用の場面において）、しかも、"免責債権"の債務者の相続人に係る目的不動産の買受申出資格について、明確に論じるものは見当たらないようである。

3 免責債権の法的性質

"自然人を債務者とした"免責債権（ここでは「被担保債権」を含む債権一般についていう）の法的性質をめぐる見解[15]を大別すると以下の3つになる。すなわち、訴求力と執行力とを欠くが、給付保持力はあるという意味での「自然債務」になるという見解（「自然債務説（責任消滅説）」）、債務そのものが消滅するという見解（「債務消滅説」）、および、「債務は存続するが……債務の主体との結合を解かれ、債務者人格の財産上の表現である一般財産による担保の裏付けを奪われ[16]」る結果、訴求力と執行力とを失うけれども、給付保持力は残るという見解（「主体消滅説」）である。債務消滅説および主体消滅説によれば、民執68条（同188条準用）において債務者を買受申出資格を有する者から除外する趣旨に

照らすと、そもそも免責債権の「債務者」自身がこれにあたらないことになりうるのは、本件抗告許可申立理由において指摘される通りであるが、従前の判例[17]および伝統的な通説は「自然債務説」に親和的となる。

4 評価

(1) 本決定の内容

本決定は、まず、免責債権の法的性質につき、従前の判例の通り「自然債務説」に親和する立場を採っている[18]（原決定はより明確にこの立場を示している[19]）。その上で、原決定とは異なり、相続人が被相続人たる債務者の地位を承継するという形式性を根拠とはせず、「2(2)」で述べた民執68条の意義をめぐる「実質的理由」に、この免責債権の法的性質を加味した理由付けをもとに、免責債権の債務者の相続人につき民執68条（同188条準用）にいう「債務者」の該当性を否定している。

(2) 判断根拠の力点—免責債権の法的性質の問題か？

本決定の判旨は「免責債権」の法的性質を多分に考慮しており、これが判断根拠の中核的要素（要素①）となっている。実際、仮に、被担保債権が免責債権となっていなければ、限定承認されていない以上、被担保債権の全額弁済がない場合には、相続人のもとで、再度、目的不動産の強制執行（強制競売）がなされる可能性などを排除することはできず、（民執188条で準用される以前に）同68条それ自体の「実質的理由（3つ）」のすべてを排除できない。しかし、このように、免責債権の法的性質を判断根拠として強調するのであれば、免責債権の「債務者」自身も買受人になりうる可能性がある。これを否定するのが「代金不納付により競売手続の進行を阻害するおそれが類型的に高くない」要素（要素②）となる。つまり、要素①も②も含め、本決定が挙げる「実質的理由」のすべてに抵触しない者だけが、買受人になることができるわけである。

(3) 「債務者」の具体像

以上を踏まえて本決定の射程を考えるに、さしあたり次の2名（「（限定承認をしていない）相続人」と「免責債権」の「債務者」）を挙げることにする。まず、債務者の「（限定承認をしていない）相続人」は、要素②を充足しうるが（この点を強調すれば買受人にもなれそうだが）、担保不動産競売において被担保

債権が免責債権となっていない場合（要素①の否定）には、実質的理由をめぐる各要素が障害となる可能性があるため（目的不動産の価格が被担保債権を下回る場合には強制競売が再度なされる可能性が残るため）、買受人の資格は否定されることになる。

これに対して、「免責債権」の「債務者」については、まさに「代金不納付により競売手続の進行を阻害するおそれが類型的に高くない」（要素②）か否かの評価次第では、買受人になることができる旨を、本決定は示唆するものとも評価できる[20]。しかし、本決定は、そもそも民執68条（同188条準用）の意義自体の評価として、債務者は執行手続を阻害するおそれが「類型的に高い」者としているのであるから、これが「免責債権」の「債務者」になったとして、そのおそれが消える（可能性がある）という趣旨を含むものではないように解される（要素②の一般的な否定）。

(4) 強制競売一般に拡張できるものか？

本件は「担保不動産競売において」の判断を示すものではあるが、そもそも、免責債権に基づく「強制執行」はできない（効力を失う）ため（破249条参照）、「強制競売」一般について本決定の前提となる事象自体が想定し難い[21]。

（おおさわ・しんたろう）

【付記】本稿は JSPS 科研費「基盤研究 (C)・課題番号：22K01241」の助成を受けた成果の一部である。

---

1) 岡田好弘「本件判批」新・判例解説 Watch 民事訴訟法 131 号（2022 年）2 頁以下（https://www.lawlibrary.jp/pdf/z18817009-00-061312119_tkc.pdf〔2022 年 8 月 31 日最終閲覧〕）が指摘するように、本事案は競売手続が長期にわたっている理由や相続関係などに不明確な点もあり、正確に事案（的関係）を評価できない可能性がある。

2) 大判大 2・12・20 刑録 19 輯 1498 頁（債務者が、第三者に託して自己のために名義上の競売人としたとしても、所有権は取得できないとする）。

3) 例えば、兼子一『新版 強制執行法・破産法』（弘文堂、1964 年）108 頁など。古い文献には、債務者を買受人として認める旨の見解も散見される。例えば、菊井維大＝加藤正治『民事訴訟法・強制執行法』（出版社、出版年不明※おそらく、末弘厳太郎編『現代法学全集』〔日本評論社、1928-1931 年〕の合本）180 頁〔加藤正治〕は、競買人について法律上特段の制限がないことを前提に、債務者であっても競買人になりうるが、資力の不足を理由として担保の提供が求められる旨を指摘している。

4) 伊藤眞＝園尾隆司編集代表『条解 民事執行法』（弘文堂、第 2 版、2022 年）711 頁〔菱田雄郷〕参照。

5) 主として、谷井辰藏『強制執行法論』（巌松堂書店、再版、1936 年）362-364 頁 による。また、理由の分類と概要とについては、伊藤＝園尾編・前掲注 4)710 頁以下〔菱田〕に負っている。

6) 主として、三ヶ月章『民事訴訟法研究第 2 巻』（有斐閣、1962 年）153-154 頁による。

7) 執行手続をめぐる統一的な解釈が形成されていない問題を中心に、全国の裁判所に対し、その対応のあり方をめぐるアンケートを実施した結果を詳細に分析した文献である、司法研修所（石丸俊彦）『執行法に関する諸問題─執行法に関する「アンケート」の結果報告─』（司法研修所、1961 年）は、ブローカーによる低廉な入札等を防ぐためにも（そのブローカーを通じて債務者が低廉で目的物を買い受けている場合もあるという実態をも考慮して）、債務者自身に適正な価格での買受を認める方が妥当な場合があることを指摘している（同書 321-322 頁参照）のは興味深い。

8) 伊藤＝園尾編・前掲注 4)711 頁〔菱田〕参照。なお、債務者にも経済上の拠点を維持する利益があるという観点から債務者も競落人となりうるとの見解、すなわち、民執 68 条にいう債務者を狭く解するべき旨を述べるもの（中野貞一郎＝下村正明『民事執行法』〔青林書院、改訂版、2021 年〕509 頁）もある。

9) 田中康久『新民事執行法の解説』（金融財政事情研究会、増補改訂版、1980 年）427-428 頁参照。

10) 一覧として、鈴木忠一＝三ヶ月章編『注解民事執行法 (2)』（第一法規、1984 年）487-488 頁〔大石忠生＝坂本倫城〕参照。

11) 香川保一監修『注釈民事執行法 (3)』（金融財政事情研究会、1984 年）494-495 頁〔大橋寛明〕参照。

12) 中野＝下村・前掲注 8)509 頁は、債務者兼所有者に限定する。

13) 鈴木＝三ヶ月・前掲注 10)485 頁〔大石＝坂本〕参照。

14) 伊藤＝園尾編・前掲注 4)713 頁〔菱田〕参照。

15) 参考文献を含め、大澤慎太郎「判批（東京高判平 29・6・22）」判時 2421 号（2019 年）155-156 頁参照。

16) 山野目章夫「倒産と債権の効力の実体的変動」野村豊弘ほか『倒産手続と民事実体法（別冊 NBL60 号）』（商事法務、2000 年）166-167 頁参照。

17) 最三判平 11・11・9 民集 53 巻 8 号 1403 頁など。

18) 船所寛生「本件判批」ジュリスト 1569 号（2022 年）108 頁参照。

19) もっとも、原決定が指摘する破 253 条 1 項および 2 項は必ずしも自然債務説の根拠とはならない（大澤・前掲注 15)155 頁参照）。

20) 高田賢治「本件判批」法学教室 496 号（2022 年）128 頁参照。

21) 船所・前掲注 18)107 頁、高田・前掲注 20)128 頁、倉部真由美「本件判批」ジュリスト 1570 号（令和 3 年度重判）（2022 年 4 月）118 頁など。また、強制執行と担保執行とにおける手続上の違いを意識した検討の必要性を解くものとして、河野正憲「本件判批」名法 294 号（2022 年 6 月）87 頁を参照。

不動産

特優賃マンションの賃貸人が通常損耗等修繕費を借上料から
差し引いた転貸人に不当利得返還請求等をすることが信義則
に反するとされた事例

大阪地判平30・12・5
平27(ワ)12856号、不当利得返還請求事件
請求棄却（控訴）
判タ1494号233頁、金判1624号36頁

松尾　　弘　慶應義塾大学教授

現代民事判例研究会財産法部会不動産パート

●──事実の概要

X会社（原告）は、Y（被告。大阪市住宅供給公社）が特定優良賃貸住宅の供給の促進に関する法律（平成5年法律52号。以下、特優賃法）[1] および特優賃法に基づく大阪市「民間すまいりんぐ供給事業制度実施要綱」（平成6年4月。以下、実施要綱）[2] に従って実施する「民間すまいりんぐ供給事業」（以下、供給事業）[3] を活用し、X所有地に特定優良賃貸住宅「民間すまいりんぐ」[4] を建設し、Yを通じて賃貸すべく、Yに相談した。XはYから提案書を受けて検討し、平成5年12月、大阪市に対し、Yと連名で、民間すまいりんぐ供給計画の認定を申請し、平成6年1月、大阪市長から承認を受けた。同月、XはYと民間すまいりんぐ建設・管理協定（以下、本協定）を締結した。本協定では、民間すまいりんぐ竣工後、XはYが定める管理開始日から20年間の賃貸借契約を別途締結する、Yは民間すまいりんぐの家賃額を定める際、近傍同種の住宅の家賃額と均衡を図り、不動産鑑定士に賃料の比準を求める等、適切な方法によって定める、「本協定に疑義が生じたとき、又は定めのない事項については、X及びYは、誠意をもって協議して決定する」（下線は引用者による。以下同じ）等が合意された。

Xは大阪市から補助金（1億5536万円）と利子補給、住宅金融公庫から融資（16億2250万円）を受け、平成8年2月、X所有の創業地に鉄骨鉄筋コンクリート造地上14階建、床面積8426.82平方メートル、戸数97戸のマンション（以下、本件建物）を建設した。

Xは平成8年3月26日、本協定に基づきYと賃貸借契約（以下、本件賃貸借契約）を締結し、本件建物を引き渡した。本件賃貸借契約では、本件建物の転貸を承諾する、期間は平成8年4月1日から20年間とする、Yは入居者の退去による修繕等の

管理業務を行う、管理業務の経費はX負担とし、満室時家賃総額の10％に消費税を加算した額とする、YがXに支払う借上料（月額）は、入居者の有無にかかわらず、満室時の家賃総額とし、Yは借上料から管理経費および公庫償還金を控除した額を毎月末日Xに支払う、家賃総額は月額1542万3900円とし、原則2年ごとにXY協議の上見直す[5]、「この契約に疑義が生じたとき又は定めのない事項については、XとYが協議して定める」等が合意された。

本件賃貸借契約と同日、XはYと本件建物の維持修繕等業務の委託契約を締結した（以下、本件維持修繕委託契約）。期間は平成8年4月1日から20年間、Yが維持修繕義務を実施したときは、Yが請負業者への支払額の5％に消費税を加算した受託事務費を本件賃貸借契約の借上料から差し引くことをXが承諾する、「この契約に定めのない事項及び疑義が生じたときは、借上契約又は関係法令の定めるところにより、XとYが誠意をもって協議の上決定する」等とされた。

Yが作成した「特定優良賃貸住宅修繕費負担区分表」（平成5年3月）における退去跡補修費等の負担基準（以下、本件負担区分表）では、自然損耗や通常使用による損耗等の修繕費（以下、通常損耗等修繕費）を入居者負担としており、Xもそれに同意していた。

一方、旧建設省は、平成10年3月、「原状回復をめぐるトラブルとガイドライン」（以下、ガイドライン）を公表し、賃借人が負担すべき原状回復を「賃借人の故意・過失、善管注意義務違反、その他通常の使用を超えるような使用による損耗・毀損を復旧すること」と定義し、通常損耗等修繕費は賃料に含まれるものとした。そこで、Yは、平成11年4月以降、本件建物を含む「民間すまいりんぐ」の入居者が退去時に行う原状回復につき、通常損耗等修繕費を入居者に負担させない扱いに変更した。Y

は、本件負担区分表もガイドラインに沿って改定すべく、平成15年11月以降、Xと協議を重ねたが、合意に至らず、平成17年7月1日、YはXに「修繕費負担区分の改定について」と題する書面を送付し、通常損耗等修繕費をXの負担とすることを求め、同年8月1日以降の退去住戸分につき、通常損耗等修繕費を本件賃貸借契約の借上料から差し引くことを通知した[6]。

これに対し、Xは、平成17年7月15日付けで、Yの通知を受諾できない旨回答し、その後も受諾の意思表示をしなかった。しかし、Yは、平成17年10月分から平成27年11月分までの借上料から、通常損耗等修繕費およびその5％の受託事務費を順次差し引いた（対当額で相殺）。その合計金額は3291万9315円であった。

本件賃貸借契約および本件維持修繕委託契約は、平成28年3月31日に終了した。Xは、その後本件建物を転貸目的で民間業者に賃貸し、その賃貸借契約では通常損耗等修繕費は最終的にXが負担する旨の合意がされている。

Xは、平成27年12月22日、Yに対し、主位的に、不当利得返還請求権に基づき、①不当利得金3291万9315円の一部として3277万8282円、②不当利得金全部に対する各賃料支払期日の翌日から平成27年11月30日までの間に生じた民法704条前段所定の利息708万9499円、および③不当利得金の一部である3277万7512円に対する平成27年12月1日以降の同利息の支払を請求した。また、予備的に、賃貸借契約に基づき、①主位的請求と同額の未払賃料ならびに②遅延損害金、および③未払賃料の一部である3277万7512円に対する予備的請求の追加（訴えの追加的変更）申立書送達の日の翌日である平成28年9月1日以降の遅延損害金の支払を請求した。

●──判旨

Xの請求棄却（X控訴）。

1　通常損耗等修繕費の負担者について

「ＸＹ間では、Xが本件各入居者に対して本件負担区分表に従って本件通常損耗等修繕費の負担を求めるという内容の合意は、本件賃貸借契約の全期間を通じてなお有効であって、Yが、当該合意に反し、本件各入居者に対して本件負担区分表に従って本件通常損耗等修繕費の負担を求めないのであれば、その帰結として、Yにおいて負担することとなる」。

2　Xの請求が信義則に違反するか

「Xは、特優賃制度の担い手である『認定事業者』

として、特優賃制度上の一定の制約を受ける以上、本件ガイドラインの趣旨を踏まえた取扱いをすべき立場にあり…、Yとの間で契約内容について疑義が生じたとき等には誠意をもって協議することを合意していたこと…をも考慮すれば、遅くとも平成17年8月1日には、Yからの本件ガイドラインに沿って本件通常損耗等修繕費をXの負担とする旨の変更協議に誠実に応じるべき信義則上の義務があったというべきであるにもかかわらず、これに応じていない…。そのようなXが、本件負担合意が変更されていないことを前提に、本件通常損耗等修繕費がY又は本件各入居者の負担ではなくXの負担であるとして同費用相当額をXに支払うべき借上料から差し引いたことについて、法律上の原因を欠く、あるいは、当該相殺は無効であるなどと主張して、本件請求として不当利得返還請求又は賃料請求をすることは、X及びYの本件賃貸借契約に係る収支状況…を踏まえても、信義則に反して許されない」。

●──研究

1　本判決の特色

本判決では、ＸＹ間における転貸目的の特定優良賃貸住宅の賃貸借契約および維持修繕等業務の委託契約の期間中に、通常損耗等修繕費の負担につき、裁判例等を通じて、賃貸人負担の原則[7]が一般化し、賃借人（転貸人Y）と転借人（入居者）の間では転貸人負担に転換した中で、入居者負担を前提とする建物の賃貸借契約および維持修繕等業務の委託契約の内容がどのような影響を受けるかが問題になった。本判決は、契約内容の変更を明確に否定する一方、契約に従った権利行使を信義則違反を理由に否定するという解釈を提示した点に特色がある。

2　建物賃貸借における通常損耗等修繕費の負担者

建物の賃貸人と賃借人の間では、特約がない限り、通常損耗等修繕費は賃貸人負担とする裁判例が現れていた[8]。これらは、通常損耗等修繕費を賃借人負担とする特約自体を否定するものではなかった。最高裁も、賃借人が負担する通常損耗等補修費の範囲が賃貸借契約書の条項自体に具体的に明記されているか、賃貸借契約書で明らかでない場合は、賃貸人が口頭により説明し、賃借人がその旨を明確に認識し、合意の内容としたものと認められるなど、その旨の特約が明確に合意されていることが必要であると解した[9]。

しかし、Yが自ら賃貸する特定優良賃貸住宅（以下、特優賃住宅）につき、入居者の退去時に、通常

損耗等修繕費の入居者負担特約に基づき、敷金から通常損耗等修繕費を控除したのに対し、入居者が返還請求した事案で、これを棄却した原判決を一部変更する判決が下された[10]。同判決は、通常損耗等修繕費を賃借人負担とする特約は、特優賃法施行規則13条が禁止する賃借人の「不当な負担」に当たると解し、本件賃貸借契約締結時はともかく、「遅くとも…平成14年6月ころには、特優賃貸法の規制を著しく逸脱し、社会通念上も容認し難い状態になっていた」と認め、「その限度で本件負担特約は公序良俗に違反し無効になる」と判示した[11]。問題は、この法理が、特優賃住宅の所有者（賃貸人）と転貸人との賃貸借契約に対し、どのような影響を与えるかである。Yは平成11年4月以降、「民間すまいりんぐ」の入居者に通常損耗等修繕費を負担させないという取扱いに変更したが、そうであるからといって、その負担をXに転嫁することはできないとXは主張した。

これに対し、Yは、実質的に2つの主張をしている。第1に、Yは、本件負担区分表を定めるに当たって「基礎となっていた事情」が失われたことにより、最早Yはそれに拘束されず、かつ特優賃法等の趣旨に基づき、Xが通常損耗等修繕費を負担するという内容に変更されたと主張した（契約の基礎となった事情の変更）[12]。もっとも、特優賃住宅の通常損耗等修繕費の入居者負担特約が公序良俗違反と解されるようになったことが、直ちにその負担が転貸人（賃借人）ではなく賃貸人に帰することを含意するかは、議論の余地がある。

第2に、Yは、本件賃貸借契約はサブリース契約ではなく、本件供給事業の一環として締結された契約であり、Yは本件供給事業の管理者であり、本件供給事業から賃貸人（転貸人）としての収益を上げることは想定していないことから、通常損耗等修繕費は入居者に対する実質的な賃貸人であるXが負担すべきものとなっていると主張した。これに対し、Xは、Yとの賃貸借契約はサブリース契約に当たり、サブリース契約では通常損耗等修繕費は転貸人が負担することが標準的であると反論した[13]。

本判決は、特優賃制度の下で賃料額等において制約を受けている本件賃貸借契約がサブリース契約に当たるかは疑問がある上、仮にサブリース契約と性質決定したとしても、そこから直ちに通常損耗等修繕費を賃借人（転貸人）が負担すべきとは解されないし、通常損耗等修繕費をYの負担とする合意があったともいえないとした。もっとも、本判決はそれ以上踏み込まず、通常損耗等修繕費の負担を入居

者に求める合意は有効であり、それに反して入居者に負担を求めないのであれば、「Yにおいて負担することになる」とした。

3 本判決における信義則の機能

しかし、本判決は結論的に、Xの請求を信義則違反を理由に否定した。その理由は、Xが特優賃制度の「認定事業者」として同制度上一定の制約を受け、ガイドラインの趣旨を踏まえた取扱いをすべき立場にあり、Yとの間で契約内容について疑義が生じたとき等は誠意をもって協議することを合意していたことも考慮すれば、遅くとも平成17年8月1日には、Yからの「変更協議に誠実に応じるべき信義則上の義務があった」というものである。もっとも、Xは平成15年11月以降、Yと協議を重ねており[14]、Yとの交渉自体を拒否していたものではない。また、Xは家賃減額にはその都度応じている。

本判決がXの信義則違反を認定する際に重視した事情は、つぎの2点である。第1に、Yが平成15年3月以降、民間すまいりんぐの認定事業者との間で通常損耗等修繕費負担区分をガイドラインに沿って変更する協議を順次行った結果、約9割の認定事業者が変更に合意した。Yは変更に応じた認定事業者との公平な取扱いのため、変更に応じなかったXを含む認定事業者（約8事業者）に対し、平成17年8月1日以降の退去住戸分につき、通常損耗等修繕費を借上料から差し引くことを通知した。これに対し、差し引いた通常損耗等修繕費について支払請求の訴えを提起したのはXのみであった。結果的に、X以外の全ての認定事業者が変更を承諾したという状況がある。

第2に、本件賃貸借契約に係るXとYの収支状況をみると、Yの収支状況（一般管理費、事務所経費、人件費等を含まない）は、平成8年から平成27年までの間、合計約1億8146万円の損失であるのに対し、Xの収支状況は、固定資産税、一般管理費、支払利息、借換手数料および減価償却費を控除しても、1億2839万9902円の利益であった。この状況を前提に、本判決は「Xが本件通常損耗等修繕費を負担することとなったとしても、Yとの関係で衡平を欠く結果となるものではない」としている。

本判決における信義則の機能は、第1の観点からは、変更合意に応じないXに対する強制調停的機能に、第2の観点からは、正義衡平的機能に見出される[15]。しかし、X以外の全認定事業者が負担者変更を承諾したこと、およびYに比してXの収支状況のよいことが、Xの請求の信義則違反性を根拠づける実質的理由として妥当かは、検討の余地がある[16]。

4　本判決の評価

本判決は、通常損耗等修繕費の入居者負担合意の有効性を認める一方で[17]、当該合意に基づくＸの賃料支払請求および不当利得返還請求を信義則違反を理由に否定した。しかし、長期に及ぶ特優賃住宅の賃貸借契約の間に生じた通常損耗等修繕費をめぐる取扱いの変化に鑑み、ＸＹ間の契約内容として、通常損耗等修繕費の負担合意の有効性自体の検討が避けて通れない問題であるように思われる。本件賃貸借契約終了後、Ｘは本件建物を転貸目的で民間業者に賃貸したが、その際には通常損耗等修繕費はＸが負担する旨合意している。にもかかわらず、Ｙに対してはＸが頑なに変更要求に応じなかった理由の一端は、Ｙとの契約期間中は当初の合意が守られるべきであると考えている点にあるように思われる。

この観点からは、Ｘの同意なしに契約内容が変更されうるか否かが、Ｘにとって譲れない関心事ないしこだわりであったと考えられる。Ｙにとって入居者に通常損耗等修繕費の負担を求めることは、その旨の特約が公序良俗に反するとされた判決（前掲注10）および該当本文参照）以降は実質的に困難に

なったという事情の変更が、ＸＹ間の契約における本件負担区分表の見直しという内容改訂をもたらす余地はないとはいえないと思われる[18]。とりわけ、本事案のように、改訂すべき内容（通常損耗等修繕費の負担者を入居者からＸにする）が具体的に明確な場合、契約改訂規範の内容、それに基づくＹによる主張を確認したうえで、裁判所による改訂の余地があるのではなかろうか[19]。信義則に依拠する前に、契約内容の問題として、契約法理に依拠して判断を提示することが求められる事案であると思われる。

5　本判決の射程

本判決の射程は、一般の賃貸借契約に直ちに及ぶものとはいえないと解される。理由は、本判決がＸの請求を信義則違反とする理由のうち、Ｘが特優賃制度の担い手である「認定事業者」として一定の制度的制約を受け、ガイドラインの趣旨を踏まえた取扱いをすべき立場にあることを重視しているからである[20]。

（まつお・ひろし）

---

1)　特優賃法に基づき、特定優良賃貸住宅の供給の促進に関する法律施行令（平成５年政令255号。以下、特優賃法施行令）、特定優良賃貸住宅の供給の促進に関する法律施行規則（平成５年建設省令16号。以下、特優賃法施行規則）が定められた。
2)　本件実施要綱に基づき、「民間すまいりんぐ供給事業制度実施要領」が制定された。
3)　民間の土地所有者等が新たに建設した賃貸住宅を、Ｙ等の「管理者」が一定期間借り上げ、または管理受託するとともに、大阪市および国が建設費および家賃について補助を行うことにより、中堅所得者層等の居住の用に供する居住環境が良好な賃貸住宅の供給の促進を図る事業。
4)　大阪市は「民間すまいりんぐ」の建設費のうち、共同住宅の共用部分および入居者の共同の福祉のため必要な施設に係る費用の一部を補助し、住宅金融公庫（現在の住宅金融支援機構）の建設資金借入金に対して利子補給を行うものとした。前者の費用の２分の１につき、国から地方公共団体への補助が行われる（特優賃法施行令１条２号）。
5)　本件建物の家賃総額は、近傍同種の住宅家賃に関する鑑定結果を踏まえたＸＹ間の協議により、平成13年２月分以降月額1489万4100円、平成16年２月分以降月額1420万8400円、平成20年４月分以降1393万6100円と順次変更された。
6)　なお、Ｙが入居者に通常損耗等修繕費の負担をさせることが公序良俗に反するとした高裁判決が、平成16年７月に下された（後掲注10)参照)。
7)　旧建設省ガイドライン、裁判例（後掲注10)）参照。なお、平成29年改正民法621条括弧書も参照。
8)　名古屋地判平２・10・19判時1375号117頁、大阪高判平６・12・13判時1540号52頁、大阪高判平12・８・22判タ1067号209頁、大阪高判平15・11・21判時1853号99頁、大阪高判平16・５・27判時1877号73頁（Ｙが貸主である特定優良賃貸住宅の明渡しに際し、借主に対する通常損耗等修繕費の負担特約の有効性を主張し、認められた事例）等。
9)　最二判平17・12・16集民218号1239頁（「本件契約において通常損耗補修特約の合意が成立しているということはできない」として、原判決を破棄、補修費用の額について審理すべく原審に差戻し）。
10)　大阪高判平16・７・30判時1877号81頁。同判決につき、千葉恵美子「判批」判評562号201頁、野口大作「判批」法律時報78巻8号128頁参照。
11)　同判決に対し、Ｙは上告したが、最高裁で上告不受理決定により確定した。
12)　Ｙはここで、最一判平15・６・12民集57巻6号595頁（借地借家法11条１項が「強行法規としての実質を持つ」と解し、賃料自動増額改定特約がその基礎となっていた事情が失われることにより、当事者を拘束しないことを認めた）を引用する。
13)　転貸に必要な修繕は賃貸人（転貸人）が行うものとする、国土交通省住宅局による標準賃貸借契約書を援用する。
14)　ＸはＹの担当者と、平成15年11月、平成16年12月、平成17年５月、６月、７月に面談し、協議を行っている。
15)　信義則の機能としての職務的機能、衡平的機能、社会的機能、権能授与的機能等につき、石川博康「信義誠実の原則」内田貴＝大村敦志編『民法の争点』（有斐閣、2007年）54-55頁参照。
16)　後述４末尾参照。
17)　この点で、本判決は、通常損耗等補修特約に関する、最二判平17・12・16集民218号1239頁（前掲注9）自体を否定するものではないと解される。
18)　吉政知広『事情変更法理と契約規範』（有斐閣、2014年）166頁は、契約改訂規範として、「当事者に対して、事情変動後に両当事者が全く新たな交渉を行ったならば合意されたであろう内容に契約を改訂する権限を付与するもの」とする。
19)　中田裕康『契約法〔第２版〕』（有斐閣、2021年）46頁は、事情変更の原則の効果として、裁判所による契約の改訂については、「理論上及び実務上、可能かという問題がある」とする。
20)　この射程の限定性は、本件の契約内容の改訂を検討する際にも妥当すると解される。

不法行為 1

交通事故による車両損傷を理由とする不法行為に基づく損害賠償請求権の短期消滅時効の起算点

最三判令3・11・2
令2(受)1252号 損害賠償請求事件
民集75巻9号3643頁、判時2521号75頁、判タ1496号89頁、金法2187号60頁、金判1642号9頁、金判1644号8頁
第一審：神戸地判令元・11・14民集75巻9号3649頁
第二審：大阪高判令2・6・4民集75巻9号3659頁

白石友行 千葉大学教授
現代民事判例研究会財産法部会不法行為パート

●——事実の概要

　平成27年2月26日、Xが所有し運転する大型自動二輪車（本件車両）とYが運転する普通乗用自動車が交差点において衝突する事故（本件事故）が発生した。Xは、本件事故により頸椎捻挫等の傷害を負い、通院による治療を受け、同年8月25日に症状固定の診断がされた。また、本件車両には、本件事故により損傷（本件車両損傷）が生じた。Xは、平成30年8月14日、Yに対し、不法行為等に基づき、本件事故によりXに生じた身体傷害及び本件車両損傷を理由とする各損害の賠償を求める訴訟を提起した。Xは、本件車両損傷を理由とする損害の額について、本件車両の時価相当額に弁護士費用相当額を加えた金額であると主張している。これに対し、Yは、本件訴訟の提起前に民法724条（平成29年改正前）前段所定の3年の時効が完成しているとして、これを援用した。なお、Xが遅くとも平成27年8月13日までに本件事故の相手方がYであることを知ったことについては、当事者間に争いがない。

　原審は、同一の交通事故により被害者に身体傷害及び車両損傷を理由とする各損害が生じた場合、被害者の加害者に対する不法行為に基づく損害賠償請求権の短期消滅時効は、被害者が加害者に加え当該交通事故による損害の全体を知った時から進行する等と判断して、Yの短期消滅時効の抗弁を排斥し、本件車両損傷を理由とする不法行為に基づく損害賠償請求を含めてXの請求を一部認容した。これに対して、Yが上告受理申立てをした。

●——判旨

　一部破棄自判、一部却下。

　「交通事故の被害者の加害者に対する車両損傷を理由とする不法行為に基づく損害賠償請求権の短期消滅時効は、同一の交通事故により同一の被害者に身体傷害を理由とする損害が生じた場合であっても、被害者が、加害者に加え、上記車両損傷を理由とする損害を知った時から進行するものと解するのが相当である」。「なぜなら、車両損傷を理由とする損害と身体傷害を理由とする損害とは、これらが同一の交通事故により同一の被害者に生じたものであっても、被侵害利益を異にするものであり、車両損傷を理由とする不法行為に基づく損害賠償請求権は、身体傷害を理由とする損害賠償請求権とは異なる請求権であると解されるのであって、そうである以上、上記各損害賠償請求権の短期消滅時効の起算点は、請求権ごとに各別に判断されるべきものであるからである」。「Xは、本件事故の日に少なくとも弁護士費用に係る損害を除く本件車両損傷を理由とする損害を知ったものと認められ、遅くとも平成27年8月13日までに本件事故の加害者を知ったものであるから、本件訴訟提起時には、XのYに対する不法行為に基づく上記損害の賠償請求権の短期消滅時効が完成していたことが明らかである。また、上記損害の賠償請求が認められない以上、そのための訴訟の提起・追行に要した弁護士費用に係る損害の賠償請求も認められない」。

●──研究

1 本判決の意義

本判決は、①同一の交通事故から生じた車両損傷を理由とする損害と身体傷害を理由とする損害とでは被侵害利益が異なるという前提から、②前者の賠償請求権と後者の賠償請求権とが別の請求権であるという理解を導き、③両賠償請求権の短期消滅時効の起算点は各別に判断されるべきであるという考え方を経由して、④前者の賠償請求権の短期消滅時効について被害者が加害者と車両損傷を理由とする損害を知った時から進行するという結論を導く。本判決は、④を初めて明らかにした点のみならず、その理由として①により基礎付けられた②を挙げた点に意義を持つ。原審は、前者の賠償請求権と後者の賠償請求権とを区別することなく、被害者が損害全体を知った時から損害賠償請求権の短期消滅時効は進行するとしていたが、この解決を導くに際して特段の理由を付していなかった。

2 損害賠償請求権の捉え方

不法行為に基づく損害賠償請求権については、個々の損害又は損害項目ごとに成立するという考え方から、原因行為と被害者が同一である限り一つであるという考え方まで、様々な理解の仕方が想定される。従前の判例によると、Ⓐ直接被害者及び間接被害者と加害者との間でされた調停の当時に直接被害者の死亡が全く予想されていなかったとすれば、身体侵害を理由とする慰謝料請求権と生命侵害を理由とする慰謝料請求権とは被侵害利益を異にし、間接被害者による両慰謝料請求権は同一性を持たないが[1]、Ⓑ同一の事故により生じた同一の身体傷害を理由とする財産上の損害の賠償請求と精神上の損害の賠償請求とでは原因事実と被侵害利益が共通しているため、その請求権は一つである[2]。また、Ⓒ同一の原因行為により生じた著作財産権の侵害を理由とする慰謝料請求と著作者人格権の侵害を理由とする慰謝料請求とは訴訟物を異にする別の請求である[3]。ⒶⒷⒸについては、被侵害利益ごとに損害賠償請求権の成立を認める考え方を基礎に据えたものとして捉えることができる。

この考え方による場合、被侵害利益として何を措定するかによって、損害賠償請求権の捉え方も変わる。例えば、間接被害者による損害賠償請求の場面

に関して、間接被害者について身分権や家族のメンバーとの関係に由来する人格権を措定する立場を前提にすると[4]、身体傷害を理由とする慰謝料請求権と生命侵害を理由とする慰謝料請求権とは被侵害利益を同じくすることになるため、Ⓐとは異なり、両者は同じ請求権として位置付けられる。また、直接被害者が死亡した場合における間接被害者の精神的損害の賠償請求と財産的損害の賠償請求とは別の請求権であるとした判例に関して[5]、Ⓑに反するものとして捉える向きもあるが、後者の法律構成によるという留保は付くものの、両者では異なる被侵害利益が措定されているため、それぞれが別の請求権として位置付けられたという形で把握し、ⒶⒷⒸと連続的に捉えることも可能である。

本件のように、同一の原因行為から直接被害者に車両損傷を理由とする損害と身体傷害を理由とする損害が生じた場面の損害賠償請求権の捉え方について、従前の判例は、判断を示していない。もっとも、上記の考え方によれば、前者に関しては財産権、後者に関しては生命又は身体という異なる被侵害利益が措定されるため、前者の賠償請求権と後者の賠償請求権とは別のものとして捉えられる。本判決は、①②でこの理解に沿った判断を示している。その意味で、①②は、従前の判例で提示されていた考え方を踏襲したものとして位置付けられる。もっとも、ⒶⒷⒸは、調停の効力や訴訟物との関連で示された判断であるのに対し、①②は、損害賠償請求権の短期消滅時効の起算点との関連において実体法上の請求権の捉え方として示された判断であり、この点において、本判決は、従前の判例にはない特徴を持つ。

本件では車両損傷を理由とする不法行為に基づく損害賠償請求権の短期消滅時効が問題となったため、①②は、これに即した説示となっている。しかし、①②については、車両損傷を理由とする損害という形で限定を付けることなく、同一の原因行為から生じた身体傷害を理由としない物的損害と身体傷害を理由とする損害とでは被侵害利益が異なるため（①′）、前者の賠償請求権と後者の賠償請求権とは別の請求権である（②′）ことを示す考え方として把握することができる。ただし、これは、①′から②′を導くという論理であるため、②′を①′から切り離し、被侵害利益の中身を問うことなくおよそ財産的損害の賠償請求権と非財産損害の賠償請求権とは異なる請求権であるという考え方[6]として定式化すること、又は、Ⓑの存在にもかかわらず、精

神的損害を対象とする 710 条の慰謝料請求権は生命や身体を保護法益とする治療費等の損害賠償とは異なる請求権として位置付けられる可能性があると指摘することは[7]、少なくとも本判決の読み方としては適切でない。

本判決は、同一の原因行為から身体傷害を理由としない複数の物的損害が生じた場合の損害賠償請求権の捉え方については判断を示しておらず、個々の物ごとに各別の財産権を措定しそれぞれについて損害賠償請求権の成立を認めるのか、全体としての財産権を措定し一つの損害賠償請求権の成立を認めるのかという問題には解答を与えるものではない。他方で、本判決は、身体傷害を理由とする個々の損害又は損害項目に係る賠償請求権の捉え方について何も判断を示していないが、②′ の前提として①′ が置かれ、被侵害利益を起点として損害賠償請求権の成立を認める考え方が基礎に据えられていることを強調すれば、これらの各損害又は損害項目に係る賠償請求は、同じ被侵害利益に基づく一つの損害賠償請求権の中に包摂される。

3　短期消滅時効の起算点の捉え方

民法 724 条にいう「被害者又はその法定代理人が損害…を知った時」とは（平成 29 年改正の前後で同じ）、被害者等が損害の程度や額を知った時ではなく、その損害の発生という事実を知った時であり[8]、加害者に対する賠償請求が事実上可能な状況の下に、その可能な程度にこれを知った時、すなわち、損害の発生を現実に認識した時をいうとされている[9]。また、被害者が損害の発生を現実に知った以上、その損害と牽連一体をなす損害であって当時においてその発生を予見することが可能であったものについては、全て被害者においてその認識があったものとして、上記の時点から短期消滅時効が起算される[10]。これらの理解と本判決における①②③を合わせれば、被害者が加害者を知っていることを前提にすると、被害者は事故の時点で車両損傷を理由とする損害を知っているため、この損害の賠償請求権については、事故の時点から短期消滅時効が進行を開始する一方、身体傷害を理由とする損害の賠償請求権については、遅くともその症状固定の診断を受けた時に被害者は当該損害を知ったものとされるため[11]、事故の時点又はそれよりも後の時点から短期消滅時効が進行を開始する。このように整理すると、本判決における④は、不法行為に基づく損害賠償請

求権の短期消滅時効の起算点に関する従前の判例の立場と①②③から導かれる一つの論理的な帰結として位置付けられる。

もっとも、④の結論それ自体は、①②③を前提としなければ導くことができない帰結ではない。①又は①′ と②又は②′ を否定し、被害者に生じた様々な損害又は各損害項目に係る賠償請求権を一つの請求権として構成する考え方を前提にしても、損害賠償請求権の短期消滅時効は、損害又は損害項目ごとに、更に理解の仕方によっては各損害の構成要素ごとに、被害者が加害者に加えて各損害又は損害項目やその各構成要素を知った時から各別に起算されるからである。③は、異なる損害賠償請求権の短期消滅時効の起算点が各別に判断されることを意味しているにすぎず、一つの損害賠償請求権の短期消滅時効の起算点がそこに含まれる全ての損害又は損害項目との関係で同一であるべきことを示していない。実際、従前の判例では、一つの損害賠償請求権において損害又は損害項目やその構成要素ごとに複数の短期消滅時効の起算点が想定されている。例えば、弁護士費用相当額の損害は、それ以外の損害項目と同一の不法行為による同一の利益の侵害に基づいて生じたものである場合には、一つの損害賠償債務の一部を構成するとされているが[12]、当該損害の賠償請求の短期消滅時効については、被害者が弁護士に訴訟の提起を委任し、成功報酬に関する契約を締結した場合には、この契約時に弁護士費用相当額の損害を知ったと解することは妨げられないとして[13]、それ以外の損害項目の賠償請求の短期消滅時効とは異なる起算点が設定されている[14]。また、受傷時から相当期間経過後に後遺症が現れ、受傷時には医学的にも通常予想しえなかったような治療方法が必要とされ、右治療のため費用を支出することを余儀なくされるに至った場合、この治療費相当額の損害の賠償請求権は、同じ身体傷害を理由とするその他の損害の賠償請求権と同一の請求権として位置付けられるが、この部分の賠償請求については、被害者がその治療を受けるようになるまでは短期消滅時効は進行しないとされている[15]。

ここから、以下の諸点が明らかになる。まず、本判決が①②を前提に③を介して④を導いているからといって、③を反対解釈することにより、本判決について、同一の不法行為から生じた各損害又は損害項目の賠償が一つの請求権に包摂される場合の損害賠償請求権の短期消滅時効の起算点は一つであると

いう理解を示した判例として位置付けることはできない。本判決は、この点について何も触れておらず、従前の判例を変更するものではない。次に、不法行為に基づく損害賠償請求権の短期消滅時効の起算点に関する従前の判例の立場による限り、XのYに対する不法行為に基づく損害賠償請求権の短期消滅時効についてXが本件事故による損害の全体を知った時から進行するという原審の判断は、①②を前提とするかどうかにかかわらず、受け入れられない。最後に、原審は上記の判断を示すに際して理由を付していないが、仮に原審が車両損傷を理由とする損害の賠償請求権と身体傷害を理由とする損害の賠償請求権とが同一の請求権であるという前提に立っていたとすれば、①②③は、それを退けるという点で重要な意味を持つ。しかし、そのような前提がなく、原審の上記部分を破棄し④の結論を示すだけであれば、①②③は、必ずしも決定的な意味を持たない。

4 生命又は身体の侵害とそれ以外の権利又は利益の侵害との区別

平成29年改正後の民法724条の2は、人の生命又は身体を害する不法行為による損害賠償請求権について、それ以外の不法行為による損害賠償請求権の場合とは異なり、被害者又はその法定代理人が損害及び加害者を知ったときから5年間行使しないときに、時効によって消滅すると規定している。同条にいう人の生命又は身体を害する不法行為という文言に関しては、⑦人の生命又は身体という権利を侵害する不法行為から生ずる損害の賠償請求権として捉える考え方と、④人の生命又は身体という権利の侵害から生ずる損害の賠償請求権として捉える考え方が想定される。⑦によれば、生命又は身体の侵害が生じている限り、それを理由とする損害の賠償請求と同一の原因事実から生じたそれを理由としない物的損害の賠償請求とはいずれも同条の消滅時効期間に服するのに対して、④によれば、生命又は身体の侵害を理由とする損害の賠償請求は同条の消滅時効期間に服する一方、同一の原因事実から生じたそれを理由としない損害の賠償請求は同724条の消滅時効期間に服する。

本件は、平成29年改正前の消滅時効に関するルールが適用される事案であり、本判決は、上記の区別を前提としていない。また、本判決は、不法行為に基づく損害賠償請求権の短期消滅時効の起算点について判断を示したものであり、時効期間を問題にするものではない。しかし、本判決における①②及びそこから導かれる①´②´は、生命又は身体の侵害を理由とする損害の賠償請求権と生命又は身体の侵害を理由としない損害の賠償請求権とが別の請求権であること、従って、人の生命又は身体及びこれらに対する侵害から生ずる損害を他の権利又は利益及びこれらに対する侵害から生ずる損害と区別して扱うことを含意している。その意味で、本判決の説示は、④に親和性を持つ[16]。そして、この点に本判決で①②が示された意味を読み取ることもできる。

（しらいし・ともゆき）

---

1) 最一判昭43・4・11民集22巻4号862頁。ただし、母の受傷を理由とする子の慰謝料請求について調停が成立した後に母が死亡した場合においてその死亡を理由とする子の慰謝料請求を排斥した原審を破棄するために、前者と後者とは同一性を有しないと判示した部分がどのような意味を持つのかという点も含めて、同判決の読み方には議論が存在する。
2) 最一判昭48・4・5民集27巻3号419頁。
3) 最二判昭61・5・30民集40巻4号725頁。
4) 文献の所在も含めて、拙稿『民事責任法と家族』（信山社、2022年）。
5) 大判大3・9・22民録20輯672頁。
6) ⑧が示される以前には、このような理解を示す裁判例もあった。福岡高判昭32・4・9下民集8巻4号734頁、名古屋高判昭46・7・15交民4巻4号1017頁等。
7) 金丸義衡「判批」Watch30号（2022年）92頁。
8) 大判大9・3・10民録26輯280頁。
9) 最三判平14・1・29民集56巻1号218頁。
10) 最三判昭42・7・18民集21巻6号1559頁、最一判昭43・6・27訴月14巻9号1003頁。また、大連判昭15・12・14民集19巻2325頁。
11) 最二判平16・12・24判時1887号52頁。
12) 最三判昭58・9・6民集37巻7号901頁。同判決は、最一判昭48・4・5・前掲注2)を引用する。
13) 最二判昭45・6・19民集24巻6号560頁。
14) 本判決が「Xは、本件事故の日に少なくとも弁護士費用に係る損害を除く本件車両損傷を理由とする損害を知ったものと認められ」るとして、弁護士費用に係る損害を除いた形で被害者による損害の認識を認定したのは、結論として車両損傷を理由とする損害賠償請求訴訟の提起・追行に要した弁護士費用相当額の賠償が否定されていることに加えて、本文の点を考慮したものと推察される。
15) 最三判昭42・7・18・前掲注10)。不法行為による受傷の後遺症に基づく損害賠償請求権の短期消滅時効が後遺症の顕在化時から進行するとしたものとして、最一判昭49・9・26交民7巻5号1233頁。
16) 金丸・前掲注7)93頁、栗田昌裕「判批」法学教室499号（2022年）101頁。

不法行為 2

旧優生保護法のもとで優生手術を受けた被害者の国に対する損害賠償請求権の改正前民法724条後段による制限
——大阪訴訟の展開

大阪地判令2・11・30
平30(ワ)8619号、平31(ワ)727号、損害賠償請求事件
判時2506=2507号69頁、判タ1495号167頁

村山淳子　筑波大学教授

現代民事判例研究会財産法部会不法行為パート

●——事実の概要

1　旧優生保護法訴訟の全体像

1948年に制定された旧優生保護法のもと、不良な子孫の出生を防止するという優生上の目的により、遺伝性疾患、ハンセン病患者、精神障害者など特定の障害や疾患を有する者らに対して、不妊手術が強制的に実施された。そして、1996年に旧優生保護法が改正され、優生思想に基づく規定が削除された後も、国による補償や救済はなされぬまま、20年余が経過したのである。

2018年、匿名の優生手術の対象者が提起した仙台訴訟[1]を契機に、優生手術の対象者ならびに配偶者らは、全国各地で国家賠償訴訟を提起した。

原告らの請求の根拠は、①旧優生保護法の違憲、②国会議員の立法行為の違法、③国会議員の立法不作為の違法、④厚生労働大臣等の施策不作為の違法などからなるものであった。そして、除斥期間に関しては、Ⓐ適用を制限すべきこと[2]、Ⓑ適用は憲法17条に違反し無効であることなどを主張したのである[3]。

2　大阪訴訟の原告とその主張

その中で、大阪訴訟は、以下のような具体的状況にあるX₁、X₂およびその夫であるX₃により、提起された。Xらの主張は上記を網羅する内容であるが[4]、以下、Ⓐに焦点をあて、事実を纏め、判旨を叙述しよう。

X₁は、知的障害を有し、不妊手術を受けたことを母親から知らされていたが、それが優生手術であることは知らされていなかった。2018年に親族が仙台訴訟の報道に接し、弁護士会に相談したことが契機となり、自身の受けた不妊手術が優生手術であったかもしれないと知るに至り、同年9月に本件

国家賠償訴訟を提起した。

X₂は、聴力・言語障害を有し、過去に不妊手術を施されたのではないかとの疑いをもっていた。2018年にヘルパーから兵庫訴訟のことを手話で教えてもらい、旧優生保護法の存在を知ったのを契機に、聴力障害者協会の助言を得て、夫であるX₃とともに弁護士に相談し、2019年1月に本訴訟の提起に至ったものである。

Xらは、Ⓐの主張にあたり、以下のような理由を述べている。すなわち、各々が抱える障害のために、自身の受けた手術の違法性や法的救済手段を理解・認識し、訴訟を提起することが不可能または著しく困難であったこと、その要因として、障害者に対する司法アクセスの制約が除去されなかったことや、旧優生保護法の制定による社会的差別偏見の強化・増幅があったこと、これらはいずれも国によって作出されたものであることなどを挙げ、本件に除斥期間を適用すれば、正義・公平に反する結果となることは明らかであると主張したのである。

●——判旨

請求棄却（控訴）。

旧優生保護法を違憲とし、国会議員の立法行為を違法と認めながら、Ⓐに関して以下のように判示して、Xらの主張を斥けた。

「除斥期間の規定は、不法行為をめぐる法律関係の速やかな確定を意図して、被害者側の認識のいかんを問わず、一定の時の経過によって法律関係を確定させるため、請求権の存続期間を画一的に定めたものと解される」（最一判平元・12・21民集43巻12号2209頁参照）。「このような除斥期間の制度目的・趣旨に鑑みれば、被害者側の<u>主観的事情</u>を考慮して除斥期間の規定の適用を制限するような例外を認めることは、基本的に相当ではない（下線部は筆者）」。

本件は、最二判平 10・6・12 民集 52 巻 4 号 1087 頁および最二判平 21・4・28 民集 63 巻 4 号 853 頁の各事案のように、「被害者や被害者の相続人による権利行使を客観的に不能又は著しく困難とする事由があり、民法 158 条ないし 161 条所定の時効の停止等といった、その法意に照らして除斥期間の適用を制限すべき根拠となる規定がある事案と評価することはできない」。

「知的障害や聴力障害等を有する X らには……司法アクセスに対する一定の制約があったことは否めないが、X らの有する障害そのものは、国の不法行為によって生じたものではない」。「X らが優生手術の実施を長く認識できなかった背景には、優生手術の被害者となった障害者に対する社会的な差別や偏見の影響があったことがうかがわれ、旧優生保護法の制定がそうした差別や偏見を助長したことも否定はできない。しかし、障害者一般に対する差別や偏見は、様々な歴史的・社会的要因等が複合的に影響して創出・助長されるものであると考えられ」「少なくとも、国が、X らにおいて優生手術に係る国家賠償請求訴訟の提起ができない状況を意図的・積極的に作出したとまでは認められない。」

● ——研究

1　除斥期間の適用制限をめぐる裁判例の流れ

旧優生保護法訴訟において、手術実施を否定した札幌地判令 3・2・4 判タ 1491 号 128 頁[5]を除き、すべての公表裁判例が、同法の違憲（もしくは同法による憲法上の権利の侵害[6]）を認めている。

請求認容の壁となり、かつ各訴訟の分水嶺になったのは、改正前民法 724 条後段の適用制限に関する解釈である。除斥期間に関する主張のうち、Ⓑについては一律否定[7]、地裁から高裁に進み判断が動いたのはⒶである。大阪高判令 4・2・22 裁判所 HP は、最高裁の準則を拡張解釈して[8]、適用制限を認めた。さらに、東京高判令 4・3・11 裁判所 HP は民法解釈を超え、憲法論を梯子に[9]、その救済幅を拡げたのである。

本研究は、民法の「法解釈」の想定域内において[10]、被害者救済を試み、画期的と評された大阪訴訟の展開に注目する。今期の対象範囲に含まれる大阪地裁判決から大阪高裁判決に向かう論理の進展を追おう。

2　大阪高判令 4・2・22 の判旨（下線部は筆者）

大阪高裁は、同一事案のⒶに関し、以下のように判示している。

除斥期間の規定は、「不法行為をめぐる法律関係の速やかな確定を意図して」「被害者側の認識のいかんを問わず」「一定の時の経過によって法律関係を確定させるため、請求権の存続期間を画一的に定めたものと解される」（判旨中で平成元年判決を参照）。「このような除斥期間の制度目的・趣旨に鑑みれば、被害者側の固有の事情を考慮して除斥期間の規定の適用を制限するような例外を認めることは、基本的に相当ではない」。

「もっとも、このような除斥期間の規定も例外を一切許容しないものではなく」、平成 10 年および平成 21 年最高裁判決など、「被害者や被害者の相続人による権利行使を客観的に不能又は著しく困難とする事由があり、しかも、その事由が、加害者の当該違法行為そのものに起因している場合のように、正義・公平の観点から、時効停止の規定の法意（民法 158 ～ 160 条）等に照らして除斥期間の適用が制限されることは、これが認められる場合が相当に例外的であったとしても、法解釈上想定されるところである」。

「旧優生保護法の本件各規定による人権侵害が強度である上、憲法の趣旨を踏まえた施策を推進していくべき地位にあった国が、上記立法・施策によって障害者等に対する差別・偏見を正当化・固定化、更に助長してきたとみられ、これに起因して、X らにおいて訴訟提起の前提となる情報や相談機会へのアクセスが著しく困難な環境にあったことに照らすと、X らについて、除斥期間の適用をそのまま認めることは、著しく正義・公平の理念に反するというべきで」ある。

「権利行使を不能又は著しく困難とする事由がある場合に、その事由が解消されてから 6 か月を経過するまでの間、時効の完成を延期する時効停止の規定（民法 158 ～ 160 条）の法意に照らし、訴訟提起の前提となる情報や相談機会へのアクセスが著しく困難な環境が解消されてから 6 か月を経過するまでの間、除斥期間の適用が制限される」。

3　最高裁の判断枠組の採用

大阪訴訟の両判決は、いずれも、改正前民法 724 条後段に関する 3 つの最高裁判決を参照し、その基本的立場と判断枠組みを採用している。

平成元年判決は、改正前民法 724 条後段の期間を、「不法行為をめぐる法律関係の速やかな確定を意図」

して、「被害者側の認識のいかんを問わず一定の時の経過によって法律関係を確定させるため請求権の存続期間を画一的に定めたもの」として、除斥期間であると明言した。そこで想定された内容は、権利濫用や信義則の主張をも失当とする[11]厳格なものである。

しかし、最高裁のこの態度は、揺らぎ[12]をみせることになる。すなわち、平成10年・21年判決は、除斥期間説を維持しつつ、同段の適用制限を例外的に認める準則を定立した。具体的には、加害者の不法行為を原因として、被害者が心神喪失常況にあるのに法定代理人を有さなかった場合（平成10年判決）、および殺害者が被害者の相続人をしてその死亡の事実を知りえない状況を殊更に作出したために、相続人が確定しなかった場合（平成21年判決）について、時効停止規定の法意に照らし、正義・公平に反するとして、同段の適用を制限したのである。しかし、この準則の射程をどう考えるか、議論のあるところであった[13]。

かかる法状況の中で、大阪訴訟は、この最高裁の例外準則の定型からの逸脱をめぐり、地裁と高裁で判断を分かつことになったのである。

4　加害者原因性要件の拡張

最高裁が同段の適用制限を認めた事案は、2判決とも、加害者の行為を原因として、被害者側の権利行使の不能ないし困難な状況が作出された事案である。

大阪地裁は、2つの最高裁判決の事案類型を固定的にとらえ、そこに加害者行為の直接的な原因性、あるいは積極的意図をも読み込んでいる。これが、Xらの主張にほとんど応接せず、Xらの障害そのものが国の不法行為によって生じたわけではないことや、Xらが訴訟提起できない状況を国が意図的・積極的に作出したわけではないことをもって、Xらの主張を斥ける解釈態度として表れている。

これに対し、大阪高裁は、最高裁の認容事案を、限定的ながら例外を認めるべき場合の一類型と捉え、他事案を排除していない。そこから拡げて、被害者の訴訟提起の困難が優生手術の対象者に対する差別によること、そしてその差別は国の立法・施策を原因としていること（差別と「軌を一に」し密接な関係にある）をもって、最高裁の原因性要件充足と同様の位置づけを与えるのである。高裁のこの立論は、国による差別の社会構造の形成をもって不作為不法行為を基礎づけるハンセン病家族訴訟判決と連続性のみとめられるものである[14]。

5　権利者の要保護性要件からのアプローチ

もとより、消滅時効や除斥期間は、一定の期間の経過を条件に、権利者が権利を失う制度である。その適用ないし適用制限の基礎的な論拠は、権利者の要保護性の如何に存在している。

そう考えると、大阪訴訟の論理の展開は、被害者の要保護性要件の解釈においてこそむしろ普遍的な意味を帯びよう。

大阪地裁は、平成元年の最高裁判決をそのまま引用して、除斥期間の解釈において「被害者側の主観的事情」を考慮するのは相当でないとし、平成10年・21年最高裁判決の2事案のような、被害者らによる権利行使の客観的な不能や困難を、本事案について否定する。

これに対し、大阪高裁は同様の文体で「固有の事情」と言い換えたうえ、本人や家族の意識・心理に頻回に言及し[15]、これを判断の前提として適用制限を認めている。判旨の言い回しはそれほど鮮明ではないが、被害者の要保護性の判定にさいし、当該事情の原因にまでさかのぼり、それが国により形成された社会構造に起因する脆弱性であることに着眼しているようにも思われる[16]。

6　期間制限回避の解釈技法の多次元性

大阪訴訟判決は、判例の除斥期間構成にしたがっている。しかし、他の訴訟類型[17]や平成29年民法改正に目を遣るならば、本件における期間制限回避の解釈技法の可能性は、ほかにも多次元的に開けている。

(1)　消滅時効説を採用した場合

改正前民法724条後段の期間は、立法者において消滅時効と解され、平成元年最高裁判決の除斥期間説の明言を経て、しかし学説ではむしろ時効説が多数を占めていた。平成29年民法改正は、この学説状況を反映したものである。

権利関係の速やかな確定という意図において時効と除斥期間は通底する[18]。しかし、方や、権利不行使の事実の継続とそれに対する当事者の意思の作用に意味を認め、方や、公益上の（ときに権力的な）必要に応じようとする両制度は、決して同じものではない。

本件の事案の特性やXらの主張にかんがみると、とくに現行法のもとでは、信義則違反・権利濫用を根拠とする援用権の制限構成がむしろ適合的であるといえよう（そうした場合、(2)ルートも含め、被害者救済にゆきつく民法上の解釈努力は縮減されることが考えられる）。

(2) 起算点の延期構成

多くの訴訟類型でそうであったように、旧優生保護法訴訟でも、例外論に論理的には先行するはずの、起算点延期の試みがみられる。しかし、本件は、優生手術の実施から40年、法改正から起算しても20年が経過して提起された事案であり、かつ、遅発性の損害を認定できるような事案ではない。本来起算点延期構成にはなじまない。明確に憲法論に依拠した東京高裁ではじめて、起算点延期構成による被害者救済は実現している[19]。大阪高裁の努力[20]も含め、本件における起算点延期努力は、憲法論に移行している[21]。

(3) 憲法論による救済の道すじ[22]

大阪高裁でも憲法的解釈の兆しがみられる[23]。そして、東京高裁は、さらに明確に、それまでの憲法学説を受容した[24]。すなわち、憲法違反の法律によって生じた被害の救済に、憲法より下位規範である民法規定を適用するにあっての特別な考慮を説いている。そのうえで導かれた東京高裁の救済の幅は、大阪高裁のそれをはるかに凌ぐものである。いまだ被害者の多数が訴訟提起に至らぬことを考えると、この問題自体は、最終的に憲法学にゆだねられることになろう[25]。

【付記】本件はJSPS科研費JP20K01439の助成を受けた研究成果である。

（むらやま・じゅんこ）

---

1) 仙台地判令元・5・28判タ1461号153頁。
2) ただし、前出仙台地判令元・5・28ではこの点の主張はなされなかった。
3) 各訴訟の原告らの主張や請求は一律でないが共通点が多い。判時2506=2507号69頁、判タ1495号167頁の匿名記事にて論点の対照表が記されている。
4) Xらは、①を前提に②③④を主張し、そして除斥期間に関してはⒶⒷともに主張した。これに対して裁判所は、①②を認めたが、③④およびⒶⒷを否定し、結果的に請求を棄却した。
5) 優生手術は実施されていないとして、同法の違憲性や立法不作為の判断に至らなかった。
6) 東京地判令2・6・30裁判所HPは、県の審査会が同法の定める審査を誤った事案であり、同法の違憲性を判断するまでもなかった。
7) 過去の最高裁判決を参照し、除斥期間の規定の目的は正当であり、その達成手段も合理性及び必要性があるとした。
8) この捉え方について堀口悟郎「判批」新・判例解説Watch憲法No.202（2022年）3頁参照。
9) 前論文3頁の表現参照。
10) 後出大阪高裁の判旨参照。
11) 当事者の援用を必要としないことを理由に、信義則違反や権利濫用の主張も認められないとしている（民集43巻12号2213頁）。このことは、後の最高裁の例外準則について、依拠しうる時効停止規定を必要とする調査官解説と結びついている。この立場に対する学説の批判は強く、後に注13)の時効停止規定への依拠の不要論とも結びついて展開された（吉村良一「判批」民商法雑誌141巻4・5号（2010年）480頁参照）。
12) 潮見佳男他編『詳解改正民法』（商事法務、2018年）90頁以下〔窪田充見〕の表現参照。
13) とくに、加害者原因性要件と、時効停止規定の要否について、見解は分かれる。狭くとらえる見解として、春日通良「判解」最判解民事篇平成10年度576頁以下、中村心「判解」最判解民事篇平成21年度400頁以下。広く（拡げるべきと）捉えるものとして、吉村・前掲注11)477頁以下等。
14) しかし、大阪高裁は、原判決と同様、これを理由に救済立法や施策の不作為を違法行為とはみとめていない。
15) X₁は不妊手術を受けたことを母親から第三者に口外せぬよう言われ、X₁X₂いずれも母親から真実を知らされなかった。その母親の心理はXらが優生手術を受けた者に対する社会的差別に晒されることを危惧したためであろうなど。
16) 渡邊知行「旧優生保護法訴訟における改正前民法724条後段の効果の制限」成蹊法学94号96頁（「自らが関与できない社会的制度的要因によって」）も参照。
17) 集団予防接種禍、公害、第二次大戦中の強制労働、じん肺訴訟など広範多彩にわたる。
18) 消滅時効と除斥期間の違いは、援用の要否、中断の有無、起算点、遡及効の有無、期間経過による利益の放棄可能性などが指摘されてきた（永田眞三郎「権利行使の期間制限」民商法雑誌93巻臨時増刊号(1) 61頁等参照）。その中で、適用制限に関し、除斥期間の緩みとともに制度間の差は縮まり、発想や考慮要素の近似が指摘される。
19) 起算点を2019年の一時金支給法の施行日とし、さらに猶予期間も同法を参考に5年とする。
20) 旧優生保護法の下「個人の尊厳が著しく損なわれたこと」も権利侵害の一部を構成するとする。そして、夫X₃に対する権利侵害については、妻X₂に対する権利侵害と「不可分一体の関係にある」とした。
21) 小山剛「人としての尊厳」判時2413=2414号（2019年）17頁以下参照。
22) 旧優生保護法訴訟はハンセン病訴訟との類似性が指摘される（小山剛「人としての尊厳」判時2413=2414号17頁）。また、評釈の多くが憲法学者の手になるものである。
23) 起算点について憲法学説類似の解釈を行ったほか、適用制限についても、憲法上の人権侵害が強度であることに加えて、憲法の趣旨を踏まえた施策を推進してゆくべき地位にあった国の関与を考慮している（巻美矢紀「判批」法学教室501号125頁は、国にこのような地位を認めたことに注目する）。
24) 仙台地裁判決に対し、小山前掲注21)17頁以下参照（自由な私人の対等な関係を規律する民法を、権力を法的に独占する国と私人との関係に適用するには慎重を要するとする）等参照。なお、同判決に対しては、「憲法13条に違反するが、『救済』されないのは仕方ない」（青井未帆「判批」法学セミナー775号（2019年）55頁）との裁判所の姿勢に、憲法学説ならびに実務から大きな批判があった。
25) なお、仙台訴訟が契機となり、2019年に一時金支給法が制定された。

家族 1　　負担付き「相続させる」旨の遺言の解釈

大阪地判令3・9・29
令2(ワ)4976 号、代償金請求事件
金判 1639 号 18 頁、判タ 1499 号 195 頁（控訴）

神野礼斉　広島大学教授
現代民事判例研究会家族法部会

●——事実の概要

　A（被相続人、遺言者）は、夫B（昭和 63 年死亡）との間に、X_1、X_2、X_3 の女子、C、D、X_7、Y の男子、合計 7 名の子をもうけた。C は平成 20 年、D は平成 19 年にそれぞれ死亡しているが、C には訴外の 2 名の子があり、D には X_4、X_5、X_6 の 3 名の子がある。

　A は、もともとB が所有していた土地（本件土地）について、B の相続により 3 分の 1 の持分（本件持分）を所有していた（残りの 3 分の 2 は、Y が相続）。本件土地は、Y が代表取締役を務める E 会社に賃貸されているが、E 会社の株式については、Y が 160 株、Y の配偶者が 20 株を保有しており、残りの 20 株は A 名義である。

　A は、平成 9 年 11 月に公正証書遺言を作成していた。その内容は、①本件持分を Y に相続させる、②Y は、①の負担（代償金）として、X_1 〜 X_3 に各 500 万円、C、D、X_7 に各 1000 万円、合計 4500 万円を支払わなければならないとするものであった。しかし、その後に C、D が相次いで死亡したことから、A は、前記公正証書遺言における C および D への支払部分を変更し、C の子ら 2 名に各 500 万円、D の子ら 3 名（X_4 〜 X_6）に各 333 万円余を支払わなければならないとした（本件遺言。なお、変更の時期は不詳）。

　A は、令和元年 5 月に死亡した。同年 11 月、Y は、相続を原因として、本件土地の A 名義の持分 3 分の 1（本件持分）について持分全部移転登記をした。しかし、Y は本件遺言における負担を履行しなかったので、X らは、上記の代償金の支払を Y に求めて訴えを起こした。

　これに対して、Y は、本件土地には借地権の負担があることから、本件持分の価額は 931 万円であり、

本件遺言に民法 1002 条 1 項が準用または類推適用される結果、Y がこれを超えて X らに支払う理由はないなどとして争った。

●——判旨

　請求一部認容
　1　本件遺言の性質
　「特定の遺産を特定の相続人に『相続させる』趣旨の遺言は、遺言書の記載から、その趣旨が遺贈であることが明らかであるか又は遺贈と解すべき特段の事情のない限り、当該相続人に単独で当該遺産を相続させるとする遺産分割の方法が指定されたものと解すべきであって、これによって、何らの行為を要せずして、当該遺産は、被相続人の死亡の時に直ちに相続により承継されることにな」る。そして、「遺産分割でも代償金の支払によって特定の遺産を特定の相続人が取得することが可能である……から、負担付きで特定の遺産を特定の相続人に『相続させる』趣旨の遺言も、遺産分割の方法の指定であることに変わりはない」。

　2　本件遺言に民法 1002 条が準用または類推適用されるか
　「本件公正証書遺言については、その遺産のうち特定の財産である本件持分に限定したものであり、遺言者である亡 A が、本件負担について、本件持分を取得させる代わりに Y に負わせる意図、すなわち、相続人間の公平を図る趣旨に基づくものであったと解され、これを超えて、本件持分の価額にかかわらず、遺言による相続分の指定によって相続分を変更させる意図まで有していたことはうかがわれない。よって、本件公正証書遺言については、民法 1002 条 1 項が類推適用される」。

　3　本件持分の価額
　「A において、E 社は Y の会社と認識し、その借

地権に係る利益も最終的にはYに帰属すると考えて、本件負担を検討する際にE社の借地権の負担を考慮の対象外としていたと解することには合理的な理由があったというべきである。したがって、本件公正証書遺言に民法1002条1項を類推適用する際に前提となる『目的の価額』は、借地権の負担を控除しない本件持分の価額であるとするのが、E社とYの関係を踏まえて相続人間の公平が実質的に図られるように本件負担を定めたAの合理的意思に沿うものといえる」。そうすると、「9526万5700円……が本件土地の価額であり、本件持分は3175万5233円となる」。したがって、Xらの請求は、それぞれの請求額に4500万分の3175万5233を乗じた額の限度で認められる。

●──研究

1 「相続させる」旨の遺言の解釈

最二判平3・4・19民集45巻4号477頁（以下、「平成3年判決」という）は、「被相続人の遺産の承継関係に関する遺言については、……遺言者の意思を尊重して合理的にその趣旨を解釈すべきものである」ところ、特定の遺産を特定の相続人に「相続させる」旨の遺言は、相続人に対し、特定の財産を単独で相続させようとする趣旨に解するのが合理的な意思解釈であって、特段の事情がない限り、遺贈と解すべきではなく、特定の遺産を特定の相続人に単独で相続により承継させる「遺産の分割の方法を定めた遺言」（民法908条）であるとする。

また、「特段の事情のない限り、何らの行為を要せずして、被相続人の死亡の時（遺言の効力の生じた時）に直ちに当該遺産が当該相続人に相続により承継される」。なぜならば、「遺産の分割の方法を定めた遺言」がある限り、「他の共同相続人も右の遺言に拘束され、これと異なる遺産分割の協議、さらには審判もなし得ないので」、一部分割がすでになされたと評価すべきだからである。

従前は、遺産分割の方法を定める遺言があっても、遺産分割は不要とはならず、いったん遺産共有状態となり、遺産分割手続を経てはじめて単独所有になると解されていた（東京高判昭45・3・30判時595号58頁）。しかし、平成3年判決以降は、遺産分割方法の指定には、現物分割か換価分割かなどを定める遺産分割方法の指定と、「遺産に属する特定の財産を共同相続人の一人又は数人に承継させる」遺産分割方法の指定の2つの遺産分割方法の指定があることになった。そして、後者の「相続させる」旨の

遺言は、平成30年の民法改正（以下、「平成30年改正」という）によって、「特定財産承継遺言」という名称が与えられた（民法1014条2項参照）。

2 負担付き遺贈

(1) 負担とは

負担付き遺贈とは、受遺者となる者に、いわゆる受益者のために、一定の債務ないし法律上の義務を負担させる趣旨の遺贈である。負担は、相続人あるいは第三者に金銭を贈与することや扶養することを求めるものが多い。負担は、遺贈の条件ではなく、単なる付款であるので、負担を実行しなくても、遺贈は遺言者の死亡によって効力を生ずる。ただ、受遺者が負担を実行しない場合、相続人は、相当の期間を定めて履行を請求し、なお履行をしないとき、家庭裁判所に取消しを請求できる（民法1027条）。その遺贈が、負担付き遺贈か条件付き遺贈かは遺言の解釈による。区別の基準は、受遺者に債務を負わせる趣旨であるか否かである[1]。

負担はまた、遺贈の反対給付ないし対価ではないから、負担の履行と遺贈の履行が同時履行の関係に立つこともない[2]。負担付き贈与の場合は、双務契約の規定が準用されるが（民法553条）、単独行為である負担付き遺贈については、その準用の余地はないと解されている。なお、負担はあくまで遺贈に関する付款なので、遺贈とは独立して債務を負担させる条項があっても、ただちに負担付き遺贈と解することにはならないであろう（東京地判平27・6・17 LEX/DB25530669）。

(2) 負担の履行請求権者

受遺者が負担を履行しないとき、相続人またはその代理人である遺言執行者が履行を請求できることについて異論はない（民法1027条参照）。他方、受益者にも履行請求権があるかどうかについては学説上争いがある。東京地判平30・1・18判タ1463号201頁はこれを肯定するが、その理由として、「受遺者が任意に負担を実現しない限り、受益者は何ら利益を受けることができず、遺言者が意図した目的を達成できぬまま終わることになる」こと、民法1002条1項は、「負担付遺贈の受遺者は遺贈の目的の価額を超えない限度においてのみ負担した義務を負う責任を有するにすぎないとしていることから、受益者の受遺者に対する負担の履行請求権を認めても、受遺者に不当な不利益が生じないこと」などを挙げる。同判決は、第三者のためにする契約に関する民法537条が類推適用されるとする。

(3) 負担の履行の限度

民法1002条1項は、「負担付遺贈を受けた者は、遺贈の目的の価額を超えない限度においてのみ、負担した義務を履行する責任を負う」と定める。近代法では遺言者は受遺者にその受けるべき利益より重い負担を課すことができないとするのが原則だとされる[3]。もとより、この原則からすれば、負担が遺贈の目的の価額を超過するとき、遺贈全体を無効とすることも考えられる。しかし、遺言者が負担の履行を条件としたのでなければ、むしろこれを有効として、単にその超過額について受遺者の負担を免れさせる方が、遺言者の意思に副うものと考えられた[4]。

遺贈の目的の価額の評価基準時については、①遺言が効力を発生した時、②受遺者が遺贈を承認した時、③負担を履行する時などが考えられる[5]。本判決は、「相続させる」旨の遺言については、被相続人の死亡の時にただちに当該遺産は受益相続人に承継され、単独で相続登記をすることもできるので、負担の履行も即時に可能であり、したがって、評価の基準時は、「遺言者である被相続人の相続開始時であって、その後の価額の下落のリスクは当該遺産を取得する相続人が負うべきもの」としつつ、「負担の履行が相当長期間にわたることが予定され、その間当該遺産の処分が制限されるなどの特段の事情がある場合には、当該相続人に不測の不利益が生じないよう別途の考慮をする必要がある」とも述べている。

3 負担付き「相続させる」旨の遺言の解釈

(1) 本件遺言における遺言者の真意

遺言は相手方のない単独行為であり、かつ、表意者の最終意思でもあるので、表示の意味だけでなく、内心の意思も探求されなければならないとされる（最二判昭58・3・18家月36巻3号143頁参照）。

そこで、本件遺言におけるAの意思を探求してみるに、本件土地の現在価格は約1億円であるが、最初に本件遺言がされた平成9年当時は、いわゆるバブル経済が崩壊して間がなく、まだ地価が高い状態であった。そこで、本判決は、「仮に平成9年頃の価格がその2倍の2億円であったとして」、4500万円という負担額は、「相続人間の公平を図る趣旨で」、「平成9年当時の本件持分の評価額よりも控え目な額を前提にして、……設定したことが推認され」るとする。本判決が、以上の推認に基づいて、Aの負担額を4500万円から3175万円余に縮減したことは、Aの意思に副う解釈であったように思われる。もっとも、この結論を導き出すために、民法1002条1項を類推適用することは可能であろうか。

(2) 「相続させる」旨の遺言と遺贈との違い

本判決は、「相続させる」旨の遺言の受益相続人は、「登記なくしてその権利を第三者に対抗することができるし……、単独で相続登記をすることもできる」ところ、遺言者Aがこのようなメリットを放棄して遺贈を望んでいたと解する「特段の事情」はないとする。

もっとも、前者に関しては、平成30年改正によって、「相続させる」旨の遺言についても、遺贈と同様、対抗要件主義が採用された（民法899条の2）。また、後者に関しても、現行法上は不動産登記法63条2項によって受益相続人は単独で登記を申請することができる一方、遺贈の場合は受遺者と遺言執行者または相続人全員での共同申請を要するので、この点は「相続させる」旨の遺言のメリットだとされるが[6]、令和3年の民法・不動産登記法の改正によって、受遺者が相続人でもある場合には、受遺者の単独申請が可能となった（不動産登記法新63条3項）。

他方で、「相続させる」旨の遺言で指定された財産が債権である場合、債務者対抗要件を備えなければならないところ、遺贈だと、債務者への通知は、遺言執行者がいないとき、共同相続人全員による通知が必要となる（民法467条）。しかし、「相続させる」旨の遺言については、平成30年改正によって、債権を承継した相続人が「遺言の内容を明らかにして債務者にその承継を通知したときは、共同相続人の全員が債務者に通知したものとみな」されるので（民法899条の2第2項）、なお遺産分割方法の指定と解することにメリットは残る[7]。このようなメリットを享受するのであれば、「相続させる」旨の遺言を遺贈と解することはできず、個別に遺贈の規定の類推適用の可否を検討する必要がある。

(3) 負担付き遺贈に関する規定の類推適用の可否

最三判平23・2・22民集65巻2号699頁は、「相続させる」旨の遺言の受益相続人が遺言者よりも先に死亡した場合、特段の事情がない限り、その遺言は効力を生じないとする。ただ、これは遺贈の規定（民法994条1項）が類推適用されるためではなく、あくまで、遺言の解釈の問題であるとされる。最高裁は、「相続させる」旨の遺言への遺贈の規定の適用には慎重な態度であるようにも思われる[8]。

(a) 負担付き遺贈の取消し

負担付き遺贈は、負担の不履行があれば家庭裁判

所に取消しを請求することができる（民法1027条）。遺贈は契約ではなく、単独行為であるが、この取消請求権は負担付き贈与における解除に相当するものだとされる。仙台高決令2・6・11判タ1492号106頁は、「本件遺言は、負担付きの『相続させる』旨の遺言であり、遺産分割方法の指定をしたもので遺贈とは異なるものの、その権利移転の効果は遺贈に類似するものであるし、遺言者の意思からすれば」民法1027条の類推適用を認めるべきであるとする。また、東京家立川支審平30・1・19家判23号115頁も、負担付き「相続させる」旨の遺言について民法1027条に基づく取消請求が認められることを前提としている（ただし、事案の解決としては、いずれの裁判例も取消しの申立てを却下している）。

　もっとも、他方で、負担付き遺産分割協議は解除することはできないとされる（最一判平元・2・9民集43巻2号1頁）。その理由は、「遺産分割はその性質上協議の成立とともに終了し、その後は右協議において右債務を負担した相続人とその債権を取得した相続人間の債権債務関係が残るだけ」だからである。そうだとすれば、同じく遺産分割の性質を有する「相続させる」旨の遺言も、取消しはできないと解する余地もある[9]。

　（b）　負担付き遺贈の放棄

　負担付き遺贈は放棄することができ（民法986条）、その場合、受益者が受遺者となるとされるが（1002条2項）、負担付き「相続させる」旨の遺言も同様に放棄することはできるだろうか。もとより、平成3年判決が、「当該特定の相続人はなお相続の放棄の自由を有するのであるから、その者が所定の相続の放棄をしたときは、さかのぼって当該遺産がその者に相続されなかったことになる」と述べており、相続それ自体を放棄できることに異論はない。しかし、負担の履行を望まないために相続放棄をすると、法定相続分まで失ってしまう。「相続させる」旨の遺言において指定された財産のみを放棄することは

できるのか。

　東京高決平21・12・18判タ1330号203頁は、特定の財産を特定の相続人に「相続させる」旨の遺言によって、受益相続人は「被相続人の相続開始時に本件不動産の所有権を何らの行為を要しないで相続により確定的に取得したものであり」、「相続させる」旨の遺言による利益を放棄する陳述をしても、「本件不動産が被相続人の遺産として遺産分割の対象となる性質のものになるとは解されない」として、遺言の利益のみを放棄することはできないとする。「相続による承継」であるとすれば、当然の帰結ともいえる。

4　結びに代えて

　ところで、平成30年改正では配偶者居住権が創設された。配偶者居住権は、遺産分割だけでなく、被相続人が遺言によって取得させることもできる。しかし、遺言によって取得させる場合は、遺贈によらなければならず、「相続させる」旨の遺言によって配偶者居住権を取得させることはできない。その理由として、立案担当者は、①配偶者が配偶者居住権の取得を希望しない場合、「相続させる」旨の遺言だと配偶者は配偶者居住権の取得のみを拒絶することができず、相続放棄によって他の財産も含めてすべて放棄するほかなく、かえって配偶者の利益を害するおそれがあること、また、②配偶者居住権の取得には一定の義務の負担を伴うことになるが、一般に、遺産分割方法の指定に負担を付すことはできないと解されていることを挙げる[10]。

　以上の点も考慮すると、負担付き「相続させる」旨の遺言を負担付き遺贈と同列に考えてよいかについては、なお慎重な検討を要するようにも思われる。特定の遺産を特定の相続人に「相続させる」旨の遺言は、端的に特定遺贈と解すべきではなかろうか。

（じんの・れいせい）

1)　内田貴『民法Ⅳ〔補訂版〕親族・相続』（東京大学出版会、2004年）491頁。
2)　中川善之助＝泉久雄『相続法〔第4版〕』（有斐閣、2000年）605頁。
3)　中川善之助＝加藤永一編『新版 注釈民法(28)〔補訂版〕』（有斐閣、2002年）282頁〔上野雅和〕。
4)　梅謙次郎『民法要義 巻之五 相続編〔復刻版〕』（有斐閣、1984年）370頁。
5)　中川＝加藤・前掲注3)283頁〔上野〕。
6)　本山敦「本件判批」月報司法書士605号95頁（2022年）は、登記のメリットを享受しつつ、遺贈の規定の適用を主張することを問題視する。
7)　なお、潮見佳男『詳解 相続法〔第2版〕』（弘文堂、2022年）623頁は、遺贈にも民法899条の2が類推適用されるべきとする。
8)　ちなみに、平成30年改正では、婚姻期間が20年以上の夫婦間でなされた居住用不動産の贈与や遺贈について、持戻し免除の意思表示を推定する規定（民法903条4項）が設けられたが、居住用不動産について「相続させる」旨の遺言がされた場合、この規定は直接適用できないとされる（堂園幹一郎＝神吉康二『概説 改正相続法【第2版】』（きんざい、2021年）47頁）。ただし、「相続させる」旨の遺言の場合は相続分指定がされたと扱われる場合が多いので、結果的には、この規定を適用したのと同様の結果になる場合が多いとも指摘されている。
9)　内田恒久『判例による相続・遺言の諸問題』（新日本法規出版、2002年）193頁以下参照。
10)　堂園＝神吉・前掲注8)13頁以下。

家族 2

後に特別代理人に選任される未成年者の親族が親権者の肩書で行った遺産分割協議の効力及び特別代理人の注意義務

東京地判令2・12・25
平30（ワ）40409号、遺産確認等請求事件
判時2513号42頁

水野貴浩　松山大学准教授

現代民事判例研究会家族法部会

●──事実の概要

AとYは、昭和59年に婚姻し、長女X（昭和60年生）及び長男B（平成元年生）をもうけた。Aは、実母Cが経営全般を取り仕切るE社に勤務していたが、平成6年6月、交通事故（以下「本件事故」という）に遭って死亡した。Aの相続人は、Y、X及びBの3人である。

Aが死亡した当時、YはAの財産関係をほとんど把握しておらず、CがE社の税務に携わっていた税理士に指示して本件遺産分割協議書を作成させた。Yは、平成6年10月23日頃、Cから指示されるままに、本件遺産分割協議書末尾の記名押印欄に印字された「相続人　Y」の右に押印した。同じ頃、C（Xの祖母にあたる）は、当時9歳であったXの「親権者」という肩書の下に印字された「C」の右に、また、D（Aの実兄であり、Bの父方の伯父にあたる）は、当時4歳であったBの「親権者」という肩書の下に印字された「D」の右に、それぞれ押印した。

本件遺産分割協議書には、Aの相続財産が記載され（ただし、本件事故に係る損害賠償金に関する記載はない）、X及びBがそれぞれE社及び関連会社の株式を取得し、その余の相続財産は全てYが取得するものとされている。また、負債ないし相続人が支出すべき費用は、いずれもYが取得する旨が記載されている。

平成6年11月21日、札幌家庭裁判所は、「被相続人亡Aの遺産を別紙遺産分割協議書（案）のとおり分割協議するにつき、未成年者らの特別代理人として次の者を選任する」として、CをXの特別代理人に、DをBの特別代理人にそれぞれ選任する旨の審判をした（以下、判決の引用部分を含めて「本件審判」と略記する）。この家事審判は、Yの申立てによるものであったが、裁判所提出書面の作成等の事務はAの実家が主導して行い、Yは、Cなどから指示さ

れるまま、必要な署名押印等をしたものと推認されている。また、別紙の協議書（案）は、本件遺産分割協議書と同一の内容であった。

平成6年12月3日、Yは、Aの遺族代表として、本件事故の加害者との間で、同人が損害賠償金1億1200万円を支払うなどの内容の示談をし、同月16日までにこの損害賠償金を受領した。

平成30年12月29日、Xは、本件遺産分割協議書に係る遺産分割協議（以下「本件遺産分割協議」という）の不成立又は無効を主張した上で、Xが取得すべき法定相続分相当のAの相続財産をYが横領したとして、Yに対して、不法行為に基づく損害賠償又は不当利得の返還を求める本件訴えを提起した。

●──判決要旨

本判決は、次のとおり判示して、Xの請求を棄却した。

1　本件遺産分割協議の成否について

平成6年10月23日頃、「Y、Xの代理人としてのC及びBの代理人としてのDの合意により、本件遺産分割協議書の内容のとおり本件遺産分割協議が成立したものというべきである」。

「Xは、CがXの特別代理人としてたとえ相続税を課されてもXの法定相続分相当の相続財産を確保すべきであるから、同確保をせずに相続財産の大半をYに取得させる合意をすることは、一種の背任行為に当たることを根拠に、本件遺産分割協議書が税務対策のために作成されたものにすぎないのであれば、Xを含む相続人間における相続財産の帰属についての合意はいまだ成立しておらず、本件遺産分割協議は不成立である旨主張する。

しかし、親権者とその親権に服する未成年の子を当事者とする遺産分割協議において、どのような分割方法が子の利益に資するかは、相続財産の内容、

その時点における子の年齢や生活状況、今後見込まれる親権者による子の養育監護の状況など個別具体的な種々の事情により異なる。子にその法定相続分相当以上の相続財産を取得させることが、常に子の利益に資するということはできない。したがって、上記遺産分割協議において、未成年の子の特別代理人に、常に当該子にその法定相続分相当以上の相続財産を取得させるよう協議する義務はない。また、遺産分割協議の内容が専ら相続税減免等の税務対策を目的として決められたものであったとしても、それが当該遺産分割協議に参加した法定相続人ないしその代理人の意思に基づくものである以上、当該遺産分割協議の成立を否定する理由はない」。

2　代理権の欠缺について

本件遺産分割協議の当時、CはXの代理権を、DはBの代理権をそれぞれ有していなかったが、「本件審判は、C、DがそれぞれX、Bの特別代理人としてYと本件遺産分割協議書記載のとおりの協議をすることが未成年の子であるX及びBの利益に反するものではないと判断したものということができる。証拠上、本件遺産分割協議が行われた同年10月23日頃から本件特別代理人審判があった同月11月21日までの約1か月の間に、特別代理人選任の当否に関する事情の変更があったことはうかがわれない。

また、本件審判は、C及びDに告知されたものと推認されるところ、証拠上、両名において「遺産分割協議書（案）」の内容も含め本件審判につき反対の意思を表明したことはうかがわれない。本件遺産分割協議書に基づく実際の遺産分割が専らCを主とするAの実家が主導したことも併せ考えると……、C及びDは、上記告知を受けた頃に本件遺産分割協議について黙示の追認をしたものと評価することができる。

以上に鑑みれば、本件遺産分割協議の当時におけるC及びDの上記代理権の欠缺は、本件審判によって治ゆされたものと解すべきである」。

3　本件遺産分割協議の効力について

Xは、「本件遺産分割協議は、相続財産の大半をYが取得し、Xには遺留分相当さえ保障されないという内容であるから、本来の遺産分割協議の法的性質及び遺留分制度の意義に明らかに反し、無効である、……Xの特別代理人Cが上記内容の本件遺産分割協議に同意したことは、子の利益を図るための意思表示をするという特別代理人の法的趣旨に反して無権代理に該当し、Xとの関係において効力を生じない旨主張する」。

しかし、「遺産分割協議において各相続人の遺留分を確保することが必須とはいえず、一部の相続人の遺留分が確保されていないことをもって、当該遺産分割協議の効力を否定することはできない。また、親権者とその親権に服する未成年の子を当事者とする遺産分割協議においては、前記……のとおり、子にその法定相続分相当以上の相続財産を取得させることが、常に子の利益に資するということはできず、子の遺留分についても同様に考えられる。したがって、上記遺産分割協議において、未成年の子の特別代理人には、常に当該子にその法定相続分相当以上の相続財産を取得させるよう協議する義務も、常に当該子の遺留分相当の相続財産を確保する義務もないというべきである。

そうすると、本件遺産分割協議につき、Yが相続財産の大半を取得し、Xが取得する相続財産はその遺留分相当額にも達しないという内容であることのみをもって、直ちに無効と解することはできず、CがXの特別代理人として上記内容に同意したことが、特別代理人の法的趣旨に反して無権代理に該当するということはできない」。

●──研究

1　利益相反行為と特別代理人の選任

(1)　民法826条の意義

民法826条は、子の利益を保護するために、親権者の権限（代理権及び同意権）を制限する規定である。すなわち、①親権者とその親権に服する子との利益が相反する行為、及び②同一の親権に服する子らの間で利益が相反する行為については、親権者による公正な権限行使が期待できないことから、親権者の権限行使を認めず、家庭裁判所で選任される特別代理人に親権者の権限を行使させることにしている。

(2)　利益相反行為の判断基準

利益相反行為に該当するかどうかの判断基準につき、判例は形式的判断説を採用しているといわれる。これは、行為の外形から客観的に判断し、親権者の動機や意図を考慮しないとの考え方である。

遺産分割協議は、相続人全員が互いに利害の対立する当事者として関与し、話合いをし、駆引きをするものであって、その結果のいかんにかかわらず、協議という行為そのものに各相続人相互間の利害の対立性、相反性が内在している[1]。それゆえ、親権者とその親権に服する未成年の子を当事者とする遺産分割協議が利益相反行為に該当することに異論は見られない。

(3) 特別代理人選任の実情

特別代理人の選任は、家事事件手続法の別表第一に掲げられた審判事項であるが、家庭裁判所が審理すべき重要な点は、①当該行為が利益相反行為に該当するか否かということと、②利益相反性が認められる場合には、子の利益を保護するために誰が特別代理人として適任かという２点であるといわれる[2]。②の点については、制度の理想としては、未成年者の財産状況、家庭環境、当該行為の必要性等の事情に通じ、もっぱら子の利益を守って良心的に親権を代行できる意思と能力を有する者が選任されるべきであるとされる[3]。しかし、家庭裁判所が職権でこのような適任者を探索し、選任することは困難であるため、申立人の提案する候補者をそのまま特別代理人に選任せざるを得ないようである。そのため、特別代理人は「親権者の影武者に過ぎない」[4]とか、「親権者の意のままになる〝ロボット〟的存在に堕する」可能性が大きい[5]と指摘されている。このような指摘を踏まえて、家庭裁判所においては、利益相反行為の細部にわたって審査し、選任を可とする判断に至れば遺産分割協議書案や契約書案を審判書に別紙として付けて審判をするといった運用が行われている[6]。しかし、このような許可制的な運用に対しては、現行の特別代理人制度の趣旨からいって疑問が存するとの指摘や、融通性・弾力性に欠けるとの指摘も見られる[7]。未成年者の利益の保護を実質的なものとするためには、利益相反行為につき事前に家庭裁判所の許可を受けるように改正する等の立法的な手当てが必要であるといわれている。

(4) 特別代理人の注意義務

特別代理人の義務について一般的に定める規定は存在していないが、特別代理人は、委任契約の受任者（民法644条）と同じく、善良な管理者の注意をもって事務処理を行う義務（善管注意義務）を負うと解されている[8]。

岡山地判平22・1・22判時2146号59頁及びその控訴審判決である広島高岡山支判平23・8・25判時2146号53頁は、未成年被後見人Xの特別代理人として選任された弁護士YがXの未成年後見人らと審判主文に掲げられた協議書案のとおり遺産分割協議を成立させたが、Yが相続財産の調査を怠ったことによりXに損害を生じさせたとして、XがYに対し損害賠償を請求した事案において、「特別代理人は、家事審判法16条、民法644条により、その権限を行使するにつき善管注意義務を負う以上、被相続人の遺産を調査するなどして当該遺産分割協議案が未成年者保護の観点から相当であるか否かを

判断すべき注意義務を負うと解すべきである」と判示している。この控訴審判決の評釈において、「特別代理人選任の審判主文に遺産分割協議案が掲げられていない場合、法定相続分（または具体的相続分）を極力確保した形で遺産分割協議を成立させること、掲げられている場合は、その遺産分割協議を成立させるかいなかを判断することが、善管注意義務に沿った職務の遂行ということになる」との見解[9]が示されている。

2 本判決の検討
(1) 本件の特徴

1で確認したように、これまでは、特別代理人が親権者の「影武者」あるいは「ロボット」にすぎないことが問題視され、子の利益を守るために運用面や立法面での提言がなされてきた。これに対し、本件では、協議内容の決定も家庭裁判所への申立ても、後に特別代理人に選任される親族（祖母）が中心となって進めており、これまでの議論で想定されていた事例とは事案の前提が異なっている。もっとも、本件遺産分割協議書の作成やその後の特別代理人選任の申立ては、相続人らにとって有利な内容で相続税を申告する手筈を整えるために行われたものに過ぎなかったようであり、C及びDがそれぞれX及びBの利益を保護する立場から、善良な管理者の注意をもって分割内容を決定したといえるのかはかなり疑わしい。その意味では、「子の利益を守るには十分でない」という特別代理人制度の問題点が形を変えて現れた事件であるとも言える。

(2) Cらが特別代理人に選任される前に未成年者の親権者の肩書で行った遺産分割協議の効力

Xは、本件遺産分割協議書が税務対策のために作成されたものにすぎず、「相続人間における相続財産の帰属についての合意はいまだ成立して」いないと主張したが、本件遺産分割協議書にはX、C及びDそれぞれの押印があることから、裁判所としては、本件遺産分割協議が成立したものと認定せざるを得ないであろう。しかし、本件遺産分割協議は、本件審判がなされる前に成立したものであるから、C及びDの無権代理行為に当たることは疑いがない。この点につき、本判決は、判決要旨の2で記したように、「本件遺産分割協議の当時におけるC及びDの上記代理権の欠缺は、本件審判によって治ゆされたものと解すべきである」とする。本判決は、代理権の欠缺という瑕疵が「遡及的に」治癒されると解しているが、その理論的な根拠は示されていないに等しい。たしかに、「C及びDは、上記告知を受けた頃に本件遺産分割協議について黙示の追認をしたも

のと評価することができる」と判示してはいるが、C及びDが本件審判によって与えられたのは、「被相続人亡Aの遺産を別紙遺産分割協議書（案）のとおり分割協議する」権限にすぎない。後見人のような包括的な権限が与えられたわけではないし[10]、すでに行われた無権代理行為を追認する権限が与えられたわけでもない[11]。それゆえ、無権代理行為の追認があったという理由付けは採用することができない。だからこそ、審判による瑕疵の治癒という構成が採用されたのだと思われるが、本件審判の内容を踏まえれば、同審判がC及びDに告知された時以降に遺産分割協議が成立したことを認定するのが本筋であろう。本件では、相続税の申告手続のために、同審判の告知日以降の日付を入れた遺産分割協議書が作成されているに違いない。それゆえ、裁判長は、Yに対して、本件遺産分割協議書の内容どおりの分割協議がY、C及びDの間で本件審判の告知日以降に改めて成立したことを立証するよう促すこともできたのではないだろうか。[12]。

(3) Cらに善管注意義務違反は認められるか？

Xは、さらに、「本件遺産分割協議は、相続財産の大半をYが取得し、Xには遺留分相当さえ保障されないという内容であるから、本来の遺産分割協議の法的性質及び遺留分制度の意義に明らかに反し、無効である」、そのような「内容の本件遺産分割協議に同意したことは、子の利益を図るための意思表示をするという特別代理人の法的趣旨に反して無権代理に該当」するとも主張したが、法律論としては無理があるように思われる。

この主張は、C（及びD）が特別代理人としてX（及びB）の利益を守らなかったことを咎めるものであるから、Cに対して、特別代理人としての善管注意義務に違反したことを理由に損害賠償を請求するべきであったように思われる。もっとも、本判決は、(a)「本件審判は、C、DがそれぞれX、Bの特別代理人としてYと本件遺産分割協議書記載のとおりの協議をすることが未成年の子であるX及びBの利益に反するものではないと判断したものということができる」ことや、(b)「本件遺産分割協議の内容が、不当にYを利してXに不利益をもたらすものと評価することはできない」ことを指摘しており、Cの善管注意義務違反が認められない可能性が高いであろう。

ただし、いくら特別代理人の選任手続において利益相反行為についての許可制的な運用が行われているとはいえ、(a)のように断言してしまうことには躊躇を覚える。1(4)に挙げた裁判例が判示するように、特別代理人は、遺産分割協議案が示されている場合であっても、当該協議案が「未成年者保護の観点から相当であるか否かを判断すべき注意義務を負う」と解するのが、特別代理人制度の本来の趣旨に沿った解釈である。そして、家庭裁判所の判断は、特別代理人の候補者がこのような注意義務を果たす適性を有しているのか否かに重点が置かれるべきである。C及びDを特別代理人に選任する手続において、両者がこのような適性を有していることがきちんと吟味されたのかどうか疑問に思う[13]。

（みずの・たかひろ）

1) 仁平正夫「利益相反行為についての特別代理人選任に関する審判の実情と若干の問題点」判時 1172 号（昭和 61 年）6 頁。
2) 仁平・前掲注 1) 4 頁。
3) 糟谷忠男「民法第 826 条について」司法研修所編『創立十周年記念論文集上（民事編）』（司法研修所、昭和 33 年）372 頁、仁平・前掲注 1) 5 頁。
4) 中川善之助『新訂親族法』（青林書院、昭和 40 年）526 頁。
5) 糟谷・前掲 3) 373 頁。
6) 坂野征四郎「親権者と未成年者・後見人と被後見人の利益相反」若林昌子＝床谷文雄編集『新家族法実務大系第 2 巻 親族Ⅱ 親子・後見』（新日本法規出版、平成 20 年）427 頁。
7) 於保不二雄＝中川淳編『新版注釈民法 (25) 親族 (5)』（有斐閣、改訂版、平成 26 年）151 頁〔中川淳〕参照。
8) その根拠としては、民法 644 条の規定を「家庭裁判所が選任した財産の管理をする者」について準用していた家事審判法 16 条の類推が説かれていた（坂野・前掲注 6) 426 頁）。家事審判法 16 条に相当する規定は、家事事件手続法には引き継がれなかったが、そのことをもって「善管注意義務が免除されたとか、軽減されたとかいう解釈は採るべきでないと解される」と指摘されている（本山敦「判批」月報司法書士 494 号（平成 25 年）77 頁）。
9) 川並美砂「判批」法学新報 120 巻 7＝8 号（平成 26 年）311 頁。
10) 最二昭判 47・2・18 民集 26 巻 1 号 46 頁参照。
11) 本判決の掲載誌における匿名解説は、最一判昭 57・11・18 民集 36 巻 11 号 2274 頁を参照して、「特別代理人も無権代理行為の追認をし得るのは明らかであろう」と述べている。しかし、同判決は、「特別代理人と未成年者との間に利益相反の関係がある場合には、特別代理人は選任の審判によって付与された権限を行使することができず、これを行使しても無権代理行為として新たに選任された特別代理人又は成年に達した本人の追認がない限り無効である」と判示しており、審判によって新たに選任される特別代理人に無権代理行為を追認する権限が与えられた場合を前提とする判示であると理解すべきである。
12) なお、Yは、実際に本件遺産分割協議書が取り交わされたのは平成 6 年 11 月 23 日の可能性があるとの主張も行っている。
13) 坂野・前掲注 6)429 頁は、「遺産分割を例にとれば、合理的な理由がないにもかかわらず、親権者・後見人等の取得分が法定相続分より多く、本人のそれが少ない遺産分割案に賛成している候補者は適性性が疑われる」と指摘する。

環境　予防原則に基づく条例の規制と憲法22条1項
——健全な水循環の保全を目的とした条例に基づく規制対象事業認定処分取消請求事件

最三判令4・1・25
令3(行ツ)64号・65号、行政処分取消等請求事件
判例自治485号49頁
第一審：山形地判令元・12・3判例自治485号52頁
原審：仙台高判令2・12・15判例自治485号69頁

及川敬貴　横浜国立大学教授

環境判例研究会

●——事実の概要

　山形県遊佐町は、平成25年6月、「遊佐町の健全な水循環を保全するための条例」(以下、本件条例)を制定した。この条例に基づき、同町内では、地下水脈の水質を悪化させたり、これを損傷させたりするおそれがある事業は「規制対象事業」として認定され、指定地域内で行うことができない。原告は、遊佐町内で採石業等を営む株式会社であり、その所有地(本件条例に基づく指定地域)内で採石事業を行うべく、その旨の届出をしたところ、当該事業が「規制対象事業」に該当するとの認定(以下、本件処分)がなされた。そこで、その取消しと損失補償を求めて出訴したものである。本件では、法令違反(採石法・自然環境保全法と条例との抵触)、憲法違反(憲法22条1項、同29条1項及び3項、同31条に対する違反)、損失補償の要否が争点となったところ、一審は、本件処分の取消しについては請求を棄却する一方、損失補償については請求を一部認容した。この判断内容は、原審でも基本的に維持された(ただし、補償額を増額)ため、原告が上告し、被告も附帯上告に及んだものである。

●——判旨

　上告及び附帯上告棄却

　原告の上告理由について、本件「条例は、土砂又は砂利を採取する事業を規制している点において憲法22条1項に違反するというが、同条例が憲法22条1項に違反するものでないことは、最高裁昭和45年(あ)第23号同47年11月22日大法廷判決・刑集26巻9号586頁の趣旨に徴して明らかである」。その余の上告理由については、事実誤認若しくは単なる法令違反をいうもの又はその前提を欠くものであり、また、附帯上告理由についても、事実誤認をいうものであって、民訴法312条1項及び2項に規定する事由のいずれにも該当しない。

●——研究

　「予防原則」(本件条例2条2項。後述)に基づく事業規制は、憲法22条1項の「公共の福祉」の内容として是認されるものであるか。本稿では、この点に的を絞り、若干の検討を行う。まずは、本件条例と一審・原審判決の中身を確認したい。

1　本件条例の構造・特徴と一審・原審の判断

　本件条例は、「健全な水循環」(3条2号)を保全する(1条)ために、一定の事業を「規制対象事業」(16条)として認定し(17条)、指定地域(8条で水源保護地域を、9条で水源涵養保全地域をそれぞれ指定できる)内での実施を禁じた(18条)。そして、仮に当該事業に着手すれば、原状回復命令などが出され(19条)、それに従わなかった場合の措置として、氏名や住所の公表(36条)や5万円以下の過料(37条)を定めている。

　本件条例の特徴は、その2条2項において、「地下水脈は、現代の科学においてその全容を解明することは困難であり、一旦損傷した場合の復旧が不可能又は極めて困難であることに鑑み、その保全を図る施策は、予防原則に基づくものでなければならない」と定めた点にある[1]。この「予防原則」とは、「健全な水循環に、長期にわたり極めて深刻な影響又は回復困難な影響をもたらすおそれがある場合においては、科学的証拠が欠如していることをもって対策を遅らせる理由とはせず、その原因となる行為や将来の影響について、科学的知見の充実に努めながら、必要に応じて予防的な対策を講ずる原則」をいう(3条4号)[2]。

　かかる規制により、採石ができなくなった原告は、「採石業によって、遊佐町の健全な水循環に悪影響が出ているとの立法事実は存在しない」とか「実際に……採石業が地下水脈の保全等に悪影響を及ぼす

か否かについて不明なまま規制する」などとして、本件条例が憲法22条1項に反すると主張した。しかし、一審も原審もその主張には与せず、遊佐町においては上水道の水源がすべて湧水と地下水であり水資源を保全する必要があること、地下水脈がどのように流れているのかを詳細に調査してその全容を解明することは技術的・財政的に困難であること、一度損傷を受けた地下水脈を修復するのは不可能ないし著しく困難であることから、予防原則に基づく本件条例の規制は合理的であるとの判断を下したものである。

具体的には、職業の自由に対する規制措置の合憲性について、一審は、これまでの最高裁判決（最大判昭47・11・22（前掲）や最大判昭50・4・30（後掲）など）を引用し、「具体的な規制の目的、対象、方法等の性質と内容に照らして、これを決すべきものといわなければならない」とした。その上で、本件条例による規制は、「営業の自由に一定程度の制約を及ぼすこととなるものの、予防原則の観点から相応の規制が許容されるべきである」し、「具体的な事業に規制を及ぼすかどうかの判断過程には、当事者との事前協議の機会が設けられ、水循環の保護と営業の自由に基づく事業遂行の確保との調和が図られている」といえるから、「本条例はこれを制定した遊佐町町議会の裁量の範囲を逸脱し著しく不合理であるとは認められず、憲法22条1項に反するものとはいえない」としたものである（原審判決も大筋で同旨）。

2 本判決における合憲性判断枠組み

本判決は、本件条例が憲法22条1項に違反するものでないことは、いわゆる小売市場事件判決の「趣旨に徴して明らかであ［る］」とした。小売市場事件判決は、「①法令の合憲性判断基準は規制が「目的達成のために必要かつ合理的な範囲にとどまる」かであり、②必要性・合理性を基礎づける立法事実の認定の際には、「立法府の……裁量」が前提とされ、③規制が「著しく不合理であることの明白である場合に限って」法令違憲となる」とした判例である[3]。

この①②については、「個人の自由な経済活動に対する法的規制」一般に妥当する基本的な判断枠組みが示されたものと解する向きが多い。すなわち、小売市場事件判決は、「消極目的規制と積極目的規制を憲法上正当なものと認め、これら公共の福祉に適合する目的達成のために手段が必要かつ合理的である限り許容されるという基底的判断枠組みを示していた」と解するのである[4]。

すると、小売市場事件判決で採用されたのは、問題となった規制の目的が消極・積極のどちらであっても「公共の福祉」に適合する目的達成のために手段が必要かつ合理的である限り許容されるという「基底的判断枠組み」であり、本判決は、この「一般的な判断枠組み」[5]の下で（＝に徴して）、本件条例の（憲法22条1項上の）合憲性が明らか、と述べたものとなりそうである。

なお、本判決は、薬事法距離制限事件判決（最大判昭50・4・30民集29巻4号572頁）を引用していない（一審判決は同最判を引用した）が、それはなぜなのか。本件条例が「社会政策……上の積極的な目的」[6]を有するものなので、小売市場事件判決のみが引用された、という説明があり得るかもしれない[7]。あるいは、もっと単純に、本件条例では、許可制のような「強力な制限」[8]が採用されていないことが理由なのだろうか。ここでは、こうした説明があり得るということのみを記しておきたい。

3 予防原則と比例原則

ところで、小売市場事件判決の「基底的判断枠組み」はいわゆる比例原則を体現したものといえよう。比例原則とは、「一定の目的を達成するためにとられる手段がその目的との関係で過剰であってはならない」という原則であり[9]、それは、①適合性（手段がその目的の達成に適合すること）、②必要性（手段が目的を達成するために必要な措置であること）、③比例性（手段と目的たる利益とが均衡を失していないこと）という要素からなるとされている（③を狭義の比例原則という）[10]。そして、この原則は、予防原則とは対抗的な関係にあるといわれてきた。例えば、「予防原則は、規制を必要最小限度にとどめるべきという比例原則の適用を排除する効果をもつため、人権制限の根拠として用いるのは慎重でなければならない」[11]といったようにである。ならば、比例原則を体現した（小売市場事件判決の基底的）判断枠組みの下で、予防原則に基づく本件条例の規制を合憲であるとした本判決については、その趣旨をどう理解すればよいか[12]。

本判決については、次のように解すれば、従前の「予防原則と比例原則の対抗」論とも矛盾なく理解ができるかもしれない。すなわち、予防原則は、とかく必要以上の過剰な規制を導くことになりがちだけれども、本件条例による規制は、比例原則に照らした立法裁量審査の下でも過剰な規制とは評価されない。だから、合理的裁量の範囲内にある、と解するのである。そのように解するための材料を三点挙げよう。

一つは、問題となっている人権の中身である。採

石を行う権利は、職業の自由の一環として「公共の福祉の範囲内」で認められるものにすぎない。その一方で、本件条例が守ろうとしているのは、地域の人々の健康という、憲法上、「最大の尊重を必要とする」権利である（13条）。比例原則が、規制対象となっている権利と規制により保護される権利との関係の上に展開される法理であれば、「営業の自由に一定程度の制約」が及ぶ一方で、「予防原則の観点から相応の規制が許容される」とした一審判決の理屈を否定するのは難しい。

もう一つは、本件条例に基づく規制の程度・態様である。遊佐町において、採石は全面禁止されたわけではない。地表から2メートルまでの、または、面積が1万平方メートルに満たない採石は今後も認められる（要綱4条1項）[13]。また、本件条例には、予防原則の適用を正当化するための工夫がなされていた。すなわち、措置内容の類型化や細分化、規則におけるその内容の具体化、それに、聴聞や理由付記などの手続規定が整えられている。

最後に、本件条例を「単なる観念上の想定」の産物とはみなしにくいことである[14]。本件事案では、「リスク×想定される環境被害が高［い］」[15]ことが平成23年の調査で示されており、別な調査でも「本件採石場の下には地下水脈が流れている蓋然性もある」とされていた[16]。遊佐町という地域はその飲料水のほとんどを地下水に頼っており、それが汚染されてしまうとまさに、「深刻な又は不可逆な」環境損害が起こりかねない。つまり、本件事案では、事業による潜在的な影響の大きさという観点から、予防原則に基づく条例を制定するための立法事実の存在を認めやすかったものといえる。薬事法距離制限事件判決の調査官解説もかつて「健全な常識からすれば合理的根拠をもつとは思われないような立法事実の主張に対しては、その主張にそう特段の根拠資料が見いだされない限り、そのような主張事実の存在を肯定して当該立法の合理性を肯定することはできない」と述べていた[17]。本件事案においても、最高裁は「健全な常識」を働かせたといえるのではないだろうか。

このように、本件条例（で採用された予防原則に基づく規制）は、古典的な比例原則の内容に照らしても合憲性を認められるものであったといえよう。すなわち、本件条例（で採用された予防原則に基づく規制）は、（小売市場事件判決の基底的判断枠組みの実質としての）比例原則に照らしても憲法22条1項に反しないことを示唆したのが、本判決であったといえそうである。今のところ、同様の規制内容

を擁する条例はないようなので、本判決の実務的な意味が大きいとはいえない。しかし、法理論的には、予防原則が「立法や行政の指針」のみならず、「裁判所に特定の解決を支持する理由を与える」ものでもあることが、最高裁判決によって認められたという意味で、その意義は小さくないように思われる[18]。

なお、本判決が、予防原則から導出される規制一般に対してお墨付きを与えたというわけではないだろう。例えば、本件条例16条の「おそれ」解釈やその該当性判断については、憲法22条1項との関係で、一種の適用違憲のような状況が生じる可能性もあるのではないか[19]。本件条例の規定ぶりを借用することについては、訴訟リスクがないわけではない。立法政策論的な文脈では、そのように評すべきことになりそうである。

4　その他

最後に、一審・原審判決を読んで、気がついた（気になる）点を二つだけ挙げたい。

(1)　裁判規範として予防原則が機能する条件

一審判決は、予防原則をそのまま適用するだけで、発生するおそれのある損害の中身を具体的に説明していない。すなわち、同判決は、「地下水脈がどのように流れているのかなどを詳細に調査してその全容を解明することは、技術的にも財政的にも困難であるのに対して、一度損傷を受けた地下水脈を修復するのは不可能又は極めて困難であることに照らすと、予防原則の観点から、相応の規制を設けることも許容されるべきである」と述べただけであった。これでは、「健全な水循環」に対して発生するおそれのある損害がどのようなものであり、また、それがいかなる意味で「不可逆」なのか、つまり、「長期にわたり極めて深刻な影響又は回復困難な影響をもたらすおそれがある」（3条3号）とはどういうことなのかが分からない。おそらく、こうした形で（安易に）予防原則が適用されることを、一部の論者は懸念してきたものであろう。

これに対して、原審判決は、次のようにして、一審判決を補正した。すなわち、「鳥海山における地下水脈の全容を解明することは、技術的にも財政的にも困難である一方、地下水脈は一度損傷すると、これを修復することは困難である。この点、控訴人は、仮に地下水脈を損傷したとしても、当該箇所を埋め戻すことにより、水は低地に流れ、生活用水を含む水資源の確保を図ることができるから、回復不可能な事態（実害）は生じない旨主張するが、地下水脈の損傷により影響を受ける機能は低地への水の

流れにとどまるものではなく、地下水を涵養する機能、土壌が水を浄化する機能等（本条例3条2号参照）もこれに含まれるから、上記主張は採用することができない。したがって、地下水脈等の損傷を予防するという観点から、相応の規制を設けることは許容されるというべきであ[る]」（下線は筆者による）としたのである。

このようにして、原審が一審判決の脆弱性をカバーできたのはなぜか。それは、本件条例が、「予防原則」を明文化していただけではなく、3条2号において、水循環の「機能」（＝生態系サービス）を具体的に書き込んでいたからである。予防原則だけを法に書き込んでも、裁判規範としての役割は期待できない[20]。保全の対象となる環境や資源のいかなる「機能」が回復困難であり、不可逆な状態となるのかを具体的に主張し得るような手掛かりを法文としてきちんと書き込んでおくこと。これが、予防原則を裁判規範として活用できるかどうかのポイントとなろう[21]。

(2) 予防原則と損失補償

一審・原審ともに、原告が被った損失は「特別な犠牲」であるとした（一審は「原告の犠牲のもとに、遊佐町の住民の利益が保護されているといえる」とまでいう）。本件条例が制定されて採石業の継続が困難となることは予想できなかったというのである。

しかし、そうしたリスクは、遊佐町のような地域の土地に内在する制約なのではないか。そうしたリスクについては、「健全な常識」を働かせるまでもなく、原告のような「特定の人」には、容易に認識できたものではないだろうか。

「不確実性があるにもかかわらず公的介入がなされる場合に生じる不利益をいかなる者に負担させるべきか」[22]。予防原則と損失補償における「特別の犠牲」論をめぐっては、もう少し議論を深める余地があると思う[23]。

（おいかわ・ひろき）

---

1) 全国条例データベースで検索したところ、「予防原則」という文言を法文として書き込んでいるのは、遊佐町条例のみであった。
2) 予防原則について、最も頻繁に引用される定義としての、リオ宣言第15原則では、「深刻な又は不可逆な被害のおそれがある場合には、十分な科学的確実性がないことをもって、環境悪化を防止するための費用対効果の大きな対策を延期する理由として用いてはならない」とされている。わが国の環境基本法がこの原則を採用しているといえるかは必ずしも明らかではないが、環境基本計画では明確に取り込まれており、近年では、生物多様性基本法3条3項が、この分野での予防原則の採用を明らかにした。大塚直『環境法BASIC〔第3版〕』（有斐閣、2021年）31頁以下参照。
3) 村山健太郎「判批」別冊ジュリスト245号（2019年）201頁参照。
4) 新井貴大「判解」新・判例解説Watch29号27-30頁（29頁）参照。
5) 小売市場事件判決がこうした「一般的な判断枠組み」の先例であるとの理解を示す、またはそうした理解に賛同するものとして、上田健介「判批」民商153巻5号（2017年）773頁や松本哲治「判批」平成29年重解（2018年）22頁など。
6) 薬事法距離制限事件判決参照。
7) ただし、一審判決・原審判決のいずれにおいても、目的二分論的な考え方を採用していると考えられる箇所は見当たらない。
8) 薬事法距離制限事件判決参照。
9) 桑原勇進「環境法における比例原則」髙橋信隆＝亘理格＝北村喜宣編著『環境保全の法と理論』（北海道大学出版会、2014年）89-102頁（89頁）。
10) 大塚直『環境法〔第4版〕』（有斐閣、2020年）110頁。
11) この部分は、木下智史「薬局開設距離制限事件判決の基準の使い方をめぐる事例分析［判例解説編］——要指導医薬品対面販売規制事件」法学セミナー793号66頁以下（71頁）からの引用である。環境法における予防原則を念頭において書かれたものではないが、二つの原則間の対抗関係をイメージする手助けとなってくれよう。
12) 比例原則と予防原則の関係については、前掲の桑原論文や藤ண典夫『環境リスク管理の法原則——予防原則と比例原則を中心に』（早稲田大学出版部、2015年）の他、大塚直「環境法における予防原則」城山英明＝西川洋一編『法の再構築Ⅲ——科学技術の発展と法』（東京大学出版会、2007年）115頁以下や北村喜宣『環境法〔第5版〕』（弘文堂、2020年）83頁以下などが詳しい。
13) 遊佐町の健全な水循環を保全するための条例に規定する規制対象事業の街灯基準等を定める要綱。
14) 薬事法距離制限事件判決は、競争激化→経営の不安定→法規違反→不良医薬品の供給という因果関係は、「単なる観念上の想定」にすぎないことを、理由の一つとして、薬事法上の薬局距離制限規定を違憲としていた。
15) 大塚・前掲注10)59頁参照。
16) 一審判決の認定事実(4)参照。
17) 富澤達「判解」最高裁判所判例解説民事篇昭和50年度199頁（213頁）参照。
18) 法における「原則」とは何か。これについては、「裁判所に特定の解決を支持する理由を与えるにすぎ［ず］、厳密な意味での法的拘束力はない」などと「立法や行政の指針ともなる」などと説明されることが多いという。大塚・前掲注2)31頁参照。
19) 同条の「規制対象事業」とは、地下水等の水質悪化をもたらすおそれや地下水脈を損傷するおそれがある事業などとされている。
20) 例えば、宮崎地延岡支判平24・10・17 LEX/DB25483234は、その傍論において、予防原則は環境基本法で採用されているものの、裁判規範としては確立されていないとする。
21) 予防原則が裁判規範としても用いられると、次の指摘が益々重要になってこよう。「国民の生命健康に関わる問題や生態系について、将来世代との関係も含めた基準設定を、基準の緩和を含めて面積の狭い自治体に委ねるべきか」。大塚・前掲注2)29頁参照。
22) 島村健「予防的介入と補償」石田眞＝大塚直編著『労働と環境——企業社会の変容と法創造』（日本評論社、2008年）215-239頁（215頁）。
23) 前掲の島村論文などがその足掛かりとなってくれよう。

医事　医療契約に消費者契約法 10 条が適用された事例

津地四日市支判令 2・8・31
令元 (ワ) 283 号、不当利得返還請求事件
判時 2477 号 76 頁 (一部認容、一部棄却)

高嶌英弘　京都産業大学教授

医事判例研究会

●——事実の概要

　平成 29 年 8 月 6 日、亡 A は、受診していた医療法人 Y (被告) との間でインプラントの施術を内容とする歯科治療契約を締結し、同 9 日に当該代金として 264 万 6000 円を支払った。その後、亡 A は、平成 29 年 11 月 15 日まで Y に通院したが、その後は通院せず、平成 30 年 9 月 15 日に死亡したため、インプラントは実施されなかった。

　A の相続人 X_1〜X_3 (原告) は、A の死亡によりインプラントが実施されないまま上記契約が終了したため、Y の代金受領は法律上の原因がなく、かつ、Y は A にインプラント施術の適応がないことを認識しており、上記代金受領が法律上の原因を欠くものであることを知っていたとして、Y に対し、X らがそれぞれ A から相続した不当利得返還請求権に基づき、上記代金額の各法定相続分及びこれらに対する年 5 分の割合による利息の支払を求めた。

　これに対し Y は、亡 A が当該契約の締結に際し、「自費治療費承諾書」(以下「本件承諾書」という) と題する書面に署名、指印しており、本件承諾書には、「※患者さんの都合により治療を中断された場合、原則として治療費の返還はいたしかねます。」との条項 (以下「本件不返還条項」という) があるとして、当該条項に基づいて代金の返還を拒絶したため、X らが提訴した。

　本件訴訟において、X らは、次のように主張して、本件不返還条項が消費者契約法 10 条により無効であるとした。

　「本件不返還条項は、患者の死亡等、患者側の責によらない原因によって、診療契約が途中で終了したとしても、納入済みの一切の治療費を返還しないとするものであり、民法 656 条、同法 653 条第 1 号、同法 648 条第 3 項に比して消費者の権利を制限し又は消費者の義務を加重する消費者契約の条項であ

る。…これらのことからすれば、本件不返還条項は消費者契約法 10 条前段の『法令中の公の秩序に関しない規定の適用による場合に比して消費者の権利を制限し又は消費者の義務を加重する消費者契約の条項』であって、同条後段の『民法第 1 条第 2 項に規定する基本原則に反して消費者の利益を一方的に害するもの』として無効である…。

　…また、本件契約は、身体的侵襲の極めて高い外科手技を用いるインプラント術に関する契約であるにもかかわらず、本件不返還条項によって、被告における治療方針や治療内容に不満や不審な点があったとしても、患者が他院へ転院する機会を制限したり、被告における望まない治療を受け続けることを強要することにもなりかねない。…亡 A は、…平成 29 年 8 月 6 日、被告を受診したところ、被告代表者からインプラントの施術を勧められ、その日のうちに本件承諾書に署名、指印をさせられており、インプラント術を受けるか否か熟慮する機会や親族等と相談する機会も奪われた。インプラント術の適応についての判断やインプラント術のリスクについての詳細な説明なども行われていない。…歯科インプラント術を専門と標榜する歯科医院を経営する Y と、来院したばかりの当時 84 歳の亡 A 及び同行した当時 87 歳の原告 X_1 との間に存する情報の質及び量並びに交渉力の格差は圧倒的…」。

　これに対し Y は、以下のように主張して、本件不返還条項は有効であると反論した。

　「本件不返還条項がないことによって生じる Y の負担は、〔1〕最新で、価値が高く、希少な技術であるために、契約条件の良い患者にだけ施術をしたいという顧客の選別ができなくなることと、〔2〕労力・時間・費用などの初期投資を行って開発し完成した技術について投下費用の回収を行おうとする初期段階において治療費の返還を認めていたのでは、全体としてみた場合に、新技術の開発及び施術が極めて

困難になってしまうことである。…Yの代表者は、本件契約に基づく施術内容や金額について丁寧に説明し、本件承諾書の内容についても、亡A及び原告X₁に説明し、同人らに十分納得してもらった上で署名押印を受けている。…本件不返還条項の内容は、非常に簡潔な内容であり、その意味内容において難解な点もなく、記載の態様としても大きな文字で記載されるなど記載内容の認識に困難を生じさせるものではなかったのだから、本件条項の意味内容を理解するという点において、亡AとYとの間に情報の質及び量の格差があったとは到底いえない。また、…インプラント治療を受けられる歯科医院は、亡Aの居住する地域内に多数存在し、亡Aが被告以外の歯科医院を選択して治療を受ける事は可能かつ容易であったのだから、亡AとYとの間に交渉力の格差があったということも到底できない。…これらのことからすれば、本件不返還条項が信義則に違反して消費者の利益を一方的に害するものとはいえず、消費者契約法10条により無効とはならない」。

●──判旨

「本件不返還条項は、本件承諾書に不動文字で記載されており、被告における自費治療契約の際作成される承諾書に定型的に記載されているものである。…(1) 被告は、診療所を経営し、科学的でかつ適正な医療を普及することを目的とする医療法人である…から消費者契約法2条2項の事業者であり、個人である亡Aは同法2条1項の消費者であるといえるから、本件契約は消費者契約といえる（同法2条3項）。(2) 本件不返還条項は、本件契約の履行の中途で終了したとしても、治療費の全額を返還しないとするものであり、履行の割合に応じて報酬を請求することができるとする民法656条、同法648条第3項に比して消費者の権利を制限し又は消費者の義務を加重する消費者契約の条項であるといえるから、消費者契約法10条前段の要件を満たす…。(3) そして、本件不返還条項が、民法1条2項に規定する基本原則に反して消費者の利益を一方的に害するものであるか（消費者契約法10条後段）は、消費者契約法の趣旨、目的に照らし、当該条項の性質、契約が成立するに至った経緯、消費者と事業者との間に存する情報の質及び量並びに交渉力の格差その他諸般の事情を総合考慮して判断されるべき…。

本件不返還条項は…インプラント埋入手術等が行われることなく終了しても、治療費全額の返還をしないというものであり、治療費が本来治療に対する対価であることを踏まえると、治療費の対価性を損

なう規定となっている。また、本件契約は、身体的侵襲を伴うインプラント術に関する契約であり、その治療は患者の意思に基づくものでなければならないところ、本件不返還条項によって、患者が治療を中断したり、転院する機会を制限しうるものである。これに加え、本件不返還条項は、本件承諾書に不動文字で記載され、被告における自費治療の契約の際の承諾書に定型的に記載されているもので…、亡Aと被告との間で個別に交渉され合意されたものとはいえないこと、亡Aが約3か月ぶりに被告を受診し、被告代表者が亡Aをはじめて担当してインプラント治療が検討されたその日のうちに本件契約に至り、亡Aが指印により本件承諾書を作成していること…、当時、亡A及び同行した原告X₁はいずれも80歳を超える高齢であったことなども併せ考慮すると、被告代表者が、本件契約に基づく施術内容や金額について丁寧に説明し、本件承諾書の内容についても、亡A及び原告X₁に説明し、同人らに十分納得してもらった上で署名指印してもらった旨供述していることを踏まえても、本件不返還条項は、民法1条2項の規定する基本原則に反して消費者の利益を一方的に害するものであるといえ、消費者契約法10条後段の要件を満たす…履行していない施術の対価まで受け取らなければ技術開発が困難になるとする主張に合理性があるものとは考え難い…。したがって、本件不返還条項は、消費者契約法10条により無効というべき…被告が亡Aから受領した264万6000円の内、既にした履行の対価分を超える分については、法律上の原因のない利得といえる（民法656条、648条3項）」。

●──研究

1 医療契約への消費者契約法の適用

消費者契約法2条1項において、消費者とは、事業と無関係に契約の当事者になる個人であると定義されている。したがって、患者は同法にいう消費者概念に含まれる。また、同法1条によれば、事業者と消費者の間には、「情報の質及び量並びに交渉力の格差」のあることが指摘されており、医療機関と患者の間にも、一般にこのような格差が存在している。したがって、この点においても、患者は同法が念頭に置く消費者に位置づけられる。実際に、消費者契約法制定時の議論においても、患者が消費者であることは当然の前提とされていた[1]。

ところが、従来の消費者法においては、患者を医療サービスを受ける消費者として保護するという視点はあまり明確ではなかった。現在でも、消費者法

の教科書や論文で、医療サービスと消費者の関係を扱うものは多くない[2]。その理由は、医療サービスの特性にあると考えられる。通常の消費者取引における消費者の典型的な保護法益は財産的利益であるため、契約の効力否定という形で消費者の保護が図られやすいのに対し、医療サービスの場合、その救命的性格（患者の身体、生命、健康の維持に不可欠であるとの特質）に照らせば、契約の効力否定という形での従来の消費者法の枠組みは患者の保護に適合しない場合が多いからである。

しかし、近年の医療サービスの多様化と質的変化により、美容医療や各種の生殖補助医療ないし不妊手術のように、患者の生命や健康の維持・回復を直接の目的としない医療サービスが増加している。そして、このような医療サービスが増加してきた結果、これを対象とする競争市場もまた発生しつつある。従来は、医療水準による内容コントロールと国民皆保険制度が結びついて機能してきた結果、どこで治療を受けても内容と価格が同じなのが原則であったが、上記のような医療サービスが自由診療で提供される範囲では市場競争が発生し、そこでは「安かろう悪かろう」というサービス内容になる危険性がある。実際に、近時の若年層における消費者トラブルの代表例が美容関連取引であるという状況は、このことをよく表している[3]。

したがって、今後、このような状況に対応するには、消費者契約法等の消費者特別法を活用することが必要であるところ、従来、医療契約との関係で消費者契約法が適用された裁判例は、東京地判平21・6・19（判時2058号69頁、消費者法ニュース83号220頁）だけであった。同裁判例は、医学的には必ずしも必要ではない包茎手術の事例であり、手術方法が医学的に一般に承認されたものでないことが、同法4条2項の「当該消費者の不利益となる事実」に該当するかどうかが争われ、同判決は、診療報酬の立替払契約を対象としてこれを肯定し、同法に基づく取り消しを認めた。今回の判決は、これに続き、医療契約との関係で消費者契約法が適用された2番目の事例としての先例的価値を有している。

なお、特定商取引法については、一部の美容医療サービスが同法41条2項の特定継続的役務に位置づけられているが、2022年10月現在、同法の適用が争われた裁判例は、東京地裁平30(ワ)35326 令2・2・7判決（LEX-DB25585373〔紙媒体判例集未登載〕）があるに過ぎない[4]。このような状況に照らせば、医療契約における消費者被害の深刻さに比較し、消費者特別法がこの分野ではなお充分に活用されて

いない状況が現在でも継続していると評価できる。

2　医療契約における不当条項規制

本判決は、歯科医療契約において用いられた治療費の不返還条項を消費者契約法10条違反で無効と評価しており、下級審判決ながら、同法10条による医療契約の内容コントロールを正面から認めた事例としても先例的意義を有する。本件の背景には、インプラント施術は一般に自由診療で行われるため治療費が高額になるという状況があり、この点で先述の東京地判平21・6・19とも共通している。

一般に、消費者契約法10条の要件は前段要件と後段要件に分けられ、前段は「法令中の公の秩序に関しない規定の適用による場合に比して消費者の権利を制限し又は消費者の義務を加重する消費者契約の条項」であること、後段は「民法第一条第二項に規定する基本原則に反して消費者の利益を一方的に害する」こととされている。後段要件については、最二判平23・7・15（民集65巻5号2269頁）により、「消費者契約法の趣旨、目的に照らし、当該条項の性質、契約が成立するに至った経緯、消費者と事業者との間に存する情報の質及び量並びに交渉力の格差その他諸般の事情」の総合考量によって要件充足の有無が判断されるとの枠組みが示されている。

本判決は、医療契約を民法656条の準委任契約に位置づけたうえ、本件不返還条項は2017年改正前の民法648条3項（履行の割合に応じた報酬請求）に比べて消費者の権利を制限しており前段要件を満たすとしたうえ、後段要件についても、①対価性を損なう規定であること、②身体的侵襲を伴う契約であり患者の意思に基づくものでなければならないところ、本件条項によって患者が治療を中断したり転院する機会が制限されうること、③定型文であり個別に交渉され合意された条項でないこと、④即日契約であること、⑤患者らが高齢であること、等を総合判断してこれを満たすとしている。

後段要件の充足に関するこれらの考慮要素のうち、②については、身体的侵襲を伴う契約であることを挙げている点で、従来の裁判例には必ずしも表れていない要素である。先述のように、本件が医療契約に消費者契約法10条を適用した最初の裁判例であることからすれば、②は、身体、生命、健康という最重要法益とする医療契約の特質が10条の後段要件に反映されたものと評価することができよう。

ただし、判決文における②の記述からすれば、ここでは、身体的侵襲の危険が単独で考慮要素とされているのではない点に注意が必要である。すなわち、

判決文においては、侵襲を伴うため患者の意思が重視されなければならないところ、本条項によって患者による中途解約が制限される点に信義則違反の要素が見いだされているからである。言い換えれば、治療費が返還されなければ患者は不本意な医療契約に事実上拘束され続けることになるが、このような状況は医療の大原則である患者の自己決定の確保に反する、との評価が示されていると言えよう。

一般に、委任契約においては民法651条1項により無理由の解約権が双方の当事者に認められており、その根拠は委任契約の基礎である信頼が失われた場合にまで契約を存続させるのは委任の性質に適合しないという点が挙げられている[5]。本判決は、委任一般に認められる当事者の信頼関係の重視という点に加え、身体的侵襲に対する患者の自己決定確保という点を挙げることにより、医療契約においては、長期にわたる契約の拘束力からの離脱が特に重要であることを示している。この点からすれば、特定商取引法および同法施行令と施行規則において、一部の美容医療契約だけが特定継続的役務提供契約に位置づけられ、これについてだけ中途解約権が付与されていることには問題がある。

3　治療費の不返還条項

次に、治療費の不返還条項が、医療契約においてどの程度用いられているかをみておこう。わが国の実務は医療契約を準委任契約に位置づけており、準委任契約は民法656条により準用される同法651条1項により広く無理由解約が認められているので、同条項の効力の有無は医療実務において特に重要な意義を有することになるからである。

治療費の不返還特約については、本件だけではなく、美容医療契約に特定商取引法規定の適用を否定

した先述の東京地裁平30(ワ)35326号令2・2・7判決でも扱われている。同事案は、顔面のニキビ痕を改善するための外科治療を対象とする美容医療契約であるが、医療機関の説明に際し、「治療費の返金は原則行わない。」旨が記載された用紙等が用いられた旨、事実認定されている。適格消費者団体による差止請求においても、治療費の不返還特約が対象になった事例が2件報告されている[6]。これらの公表事例に照らせば、自由診療の医療契約において、この種の特約がかなり広く用いられていることが窺われる。

次に、特約の効力を否定する法律構成についてである。治療費の不返還特約は、契約の効力が失われた場合にも対価の全部あるいは一部を返還しないという特約の一種であり、この種の特約は、対価保持条項（原状回復義務免除特約）として理解することができる[7]。そして、対価保持条項については、消費者契約法10条と並び、これを損害賠償の予定又は違約金の定めとしての性質を有するものとして、同法9条1号により無効と評価する方法もある。このような構成をとる裁判例としては、最二判平18・11・27（民集60巻9号3437頁）をはじめとする一連の学納金返還請求事件があり、この構成に従う下級審判決もみられる[8]。対価保持条項に同法9条1号を適用する構成については、消費者が平均的損害の立証責任を負わなければならないこと等を理由として、むしろ同法10条を適用すべきだとする見解が主張さているが[9]、10条による場合には多くの評価根拠事実を主張立証する必要がある。したがって、個々の事案の性質に従い、両方の構成を用いる余地を残しておくのが適切であろう。

（たかしま・ひでひろ）

---

1)　経済企画庁国民生活局消費者行政第一課編『逐条解説　消費者契約法』（2000年）16頁、18頁参照。

2)　この点を指摘する論稿として、手嶋豊「医療をめぐる法制度の概要と患者・消費者概念の交錯」現代消費者法26号（2015年）4頁、高嶌英弘「医療契約の特質および構造と消費者保護」現代消費者法26号（2015年）12頁。

3)　高嶌英弘「美容医療およびエステサービスの特性と若年層の消費者被害」現代消費者法52号（2021年）27頁参照。

4)　この事案では、診療契約に基づく原告のニキビ痕の治療として正常組織を移植する方法が採られていたところ、本判決では、当該治療法は同法施行規則31条の4に規定された「光若しくは音波の照射、薬剤の使用又は機器を用いた刺激による方法」に当たらないとして、「特定継続的役務」に該当しないと判断され、同法の適用が否定されている。

5)　松岡久和・中田邦博編『新・コンメンタール民法（財産法）〔第2版〕』（2020年）1102頁～1103頁（森山浩江執筆）。

6)　歯科医療契約において、歯科医療機関が契約を締結する際に使用する同意書に、「本契約が途中で解約された場合、貴院に対し私はその理由の如何を問わず、それまでにお支払いした治療費の返還を求めません。」との条項がおかれていた事案につき、消費者機構日本が同条項の使用差し止めを請求したところ、事業者が改定に応じることで2012年2月29日に解決している（https://www.caa.go.jp/policies/policy/consumer_system/collective_litigation_system/about_system/case_examples_of_injunction/pdf/consumer_system_cms204_190903_07.pdf　2022年10月11日閲覧）。また、治療費全額前払いのがん治療契約締結に際して用いられた同意書に、成分採血後は前払いした治療費は一切返還されない旨を定める条項がおかれていた事例において、消費者ネット岡山により差止訴訟が提起され、2017年8月29日に事業者の認諾によって終結している（https://okayama-con.net/newsletter/news41.pdf　2022年10月11日閲覧）。

7)　後藤巻則・齋藤雅弘・池本誠司『条解　消費者三法〔第2版〕』（2021年）145頁以下。

8)　英語で記載された入学金と授業料の返金不可の文言が、損害賠償の予定又は違約金の定めとしての性質を有するとして消費者契約法9条1号に基づき無効であるとする近時の裁判例として、東京地裁令3・12・23（LEX-DB25603199〔紙媒体判例集未登載〕）がある。

9)　前掲注7)145頁、146頁。

労働

合意の成立の見込みのない状況下での誠実交渉命令が労働委員会の裁量権の範囲を逸脱しないとされた例

最二判令4・3・18
令3(行ヒ)171号、山形大学不当労働行為救済命令取消請求事件
労判1264号20頁、労経速2479号3頁
第一審：山形地判令2・5・26労判1241号11頁、労経速2479号8頁
控訴審：仙台高判令3・3・23労判1241号5頁、労経速479号6頁

沢崎敦一　弁護士

労働判例研究会

●——事実の概要

1　事案の概要

平成25年頃、第一審原告の山形大学は、補助参加人の山形大学職員組合に対し、平成24年度の人事院勧告に倣って平成26年1月1日から教職員のうち55歳を超える者の昇給を抑制することにつき、団体交渉の申入れをした。

平成26年頃、山形大学は、山形大学職員組合に対し、平成26年度の人事院勧告に倣って平成27年4月1日から教職員の給与制度の見直し（賃金の引下げ）をすることにつき、団体交渉の申入れをした。

平成25年11月以降、山形大学は、山形大学職員組合との間で、上記各事項（以下、「本件各交渉事項」という）につき複数回の団体交渉をしたが、その同意を得られないまま、同27年1月1日から上記昇給の抑制を実施し、同年4月1日から上記見直し後の給与制度を実施した。

平成27年6月22日、山形大学職員組合は、処分行政庁たる山形県労働委員会に対し、本件各交渉事項に係る団体交渉における山形大学の対応が不誠実で労働組合法7条2号の不当労働行為に該当するとして、山形大学に対し、本件各交渉事項につき誠実に団体交渉に応ずべき旨及び上記団体交渉につき不当労働行為であると認定されたこと等を記載した文書の掲示等をすべき旨を命ずる内容の救済を請求する旨の申立て（以下、「本件申立て」という）をした。

山形県労働委員会は、平成31年1月15日付けで、本件各交渉事項に係る団体交渉における山形大学の対応につき、昇給の抑制や賃金の引下げを人事院勧告と同程度にすべき根拠についての説明や資料の提示を十分にせず、法律に関する誤った理解を前提とする主張を繰り返すなどかたくななものであったと

して、労働組合法7条2号の不当労働行為に該当するとした上、山形大学に対し、本件各交渉事項につき、適切な財務情報等を提示するなどして自らの主張に固執することなく誠実に団体交渉に応ずべき旨を命じ、その余の申立てを棄却する旨の命令（以下、「本件命令」という）を発した。

これに対し、山形大学が、第一審被告の山形県を相手に、本件命令のうち上記の認容部分（以下、「本件認容部分」という）の取消しを求めて提訴した。

2　第一審の判断

第一審は、団体交渉の意義について、労働者の待遇又は労使関係上のルールについて合意を達成することを主たる目的として交渉を行うことであると述べたうえで、本件各交渉事項に係る規定の改正はいずれも既に施行されており、これについて改めて合意を達成するなどということはあり得ないから、本件各交渉事項について団体交渉に応ずるよう山形大学に命ずることは、山形大学に不可能を強いるものというほかない、そうすると、山形県労働委員会による本件救済命令は、その命令の内容において、山形県労働委員会の裁量権の範囲を超えるとの理由から、山形大学の請求を認容し、本件救済命令を取消した。

3　控訴審の判断

山形県は第一審判決に対し控訴した。これに対し、控訴審は、山形大学が当時置かれた諸事情に鑑みると、予算の裏付けを取ることは困難であり、山形大学と山形大学職員組合とが改めて団体交渉をしても、山形大学職員組合にとって有意な合意を成立させることは事実上不可能であったとの理由から、山形県労働委員会が、山形大学に対し、本件各交渉事項について、山形大学職員組合と更なる団体交渉をするように命じたことは、労働委員会規則33条1項6号の趣旨にも照らし、裁量権の範囲を逸脱した

ものといわざるを得ないとの判断を示し、第一審の結論を支持し、控訴を棄却した。

　なお、第一審は、本件各交渉事項について合意を達成することが不可能と認定した理由として、前述のとおり、本件各交渉事項に係る規定の改正がいずれも既に施行されていることを挙げていたが、控訴審は、本件各交渉事項に係る昇給抑制及び賃金引下げが既に実施済みであったとしても、本件各交渉事項について更に団体交渉を進め、そこで成立した合意に従って、改めて規程改正をすれば足りるから、本件各交渉事項について改めて団体交渉をして一定の合意を成立させることが不可能になるものではないとの判断を示している。

●──判旨

破棄差し戻し

　1　労働委員会は、救済命令を発するに当たり、不当労働行為によって発生した侵害状態を除去、是正し、正常な集団的労使関係秩序の迅速な回復、確保を図るという救済命令制度の本来の趣旨、目的に由来する限界を逸脱することは許されないが、その内容の決定について広い裁量権を有するのであり、救済命令の内容の適法性が争われる場合、裁判所は、労働委員会の上記裁量権を尊重し、その行使が上記の趣旨、目的に照らして是認される範囲を超え、又は著しく不合理であって濫用にわたると認められるものでない限り、当該命令を違法とすべきではない（最高裁昭和45年（行ツ）第60号、第61号同52年2月23日大法廷判決・民集31巻1号93頁参照）。

　2　労働組合法7条2号は、使用者がその雇用する労働者の代表者と団体交渉をすることを正当な理由なく拒むことを不当労働行為として禁止するところ、使用者は、必要に応じてその主張の論拠を説明し、その裏付けとなる資料を提示するなどして、誠実に団体交渉に応ずべき義務（以下「誠実交渉義務」という）を負い、この義務に違反することは、同号の不当労働行為に該当するものと解される。そして、使用者が誠実交渉義務に違反した場合、労働者は、当該団体交渉に関し、使用者から十分な説明や資料の提示を受けることができず、誠実な交渉を通じた労働条件等の獲得の機会を失い、正常な集団的労使関係秩序が害されることとなるが、その後使用者が誠実に団体交渉に応ずるに至れば、このような侵害状態が除去、是正され得るものといえる。そうすると、使用者が誠実交渉義務に違反している場合

に、これに対して誠実に団体交渉に応ずべき旨を命ずることを内容とする救済命令（以下「誠実交渉命令」という）を発することは、一般に、労働委員会の裁量権の行使として、救済命令制度の趣旨、目的に照らして是認される範囲を超え、又は著しく不合理であって濫用にわたるものではないというべきである。

　3　ところで、団体交渉に係る事項に関して合意の成立する見込みがないと認められる場合には、誠実交渉命令を発しても、労働組合が労働条件等の獲得の機会を現実に回復することは期待できないものともいえる。しかしながら、このような場合であっても、使用者が労働組合に対する誠実交渉義務を尽くしていないときは、その後誠実に団体交渉に応ずるに至れば、労働組合は当該団体交渉に関して使用者から十分な説明や資料の提示を受けることができるようになるとともに、組合活動一般についても労働組合の交渉力の回復や労使間のコミュニケーションの正常化が図られるから、誠実交渉命令を発することは、不当労働行為によって発生した侵害状態を除去、是正し、正常な集団的労使関係秩序の迅速な回復、確保を図ることに資するものというべきである。そうすると、合意の成立する見込みがないことをもって、誠実交渉命令を発することが直ちに救済命令制度の本来の趣旨、目的に由来する限界を逸脱するということはできない。

　4　また、上記のような場合であっても、使用者が誠実に団体交渉に応ずること自体は可能であることが明らかであるから、誠実交渉命令が事実上又は法律上実現可能性のない事項を命ずるものであるとはいえないし、上記のような侵害状態がある以上、救済の必要性がないということもできない。

　5　以上によれば、使用者が誠実交渉義務に違反する不当労働行為をした場合には、当該団体交渉に係る事項に関して合意の成立する見込みがないときであっても、労働委員会は、誠実交渉命令を発することができると解するのが相当である。

●──研究[1]

1　労働委員会の裁量の範囲と司法審査の関係について

　まず、労働委員会の裁量の範囲と司法審査の関係については、第二鳩タクシー事件・最大判昭52・2・23労判269号14頁が「法が、右のように、労働委員会に広い裁量権を与えた趣旨に徴すると、訴訟に

おいて労働委員会の救済命令の内容の適法性が争われる場合においても、裁判所は、労働委員会の右裁量権を尊重し、その行使が右の趣旨、目的に照らして是認される範囲を超え、又は著しく不合理であって濫用にわたると認められるものでない限り、当該命令を違法とすべきではない」との判断枠組みを示していた。本判決は、上記枠組みを踏襲しており、この点について何か目新しいものはみられない。

2 使用者の誠実交渉義務の意義について

使用者の誠実交渉義務の意義について最高裁自らが判断を示した事例はこれまでには存在しなかったが、先例とされている下級審裁判例では、「使用者は、自己の主張を相手方が理解し、納得することを目指して、誠意をもって団体交渉に当たらなければならず、労働組合の要求や主張に対する回答や自己の主張の根拠を具体的に説明したり、必要な資料を提示するなどし、また、結局において労働組合の要求に対し譲歩することができないとしても、その論拠を示して反論するなどの努力をすべき義務があるのであって、合意を求める労働組合の努力に対しては、右のような誠実な対応を通じて合意達成の可能性を模索する義務がある」などと判示されてきた（カール・ツァイス事件・東京地判平元・9・22労判548号64頁、同旨・医療法人南労会事件・東京高判平23・9・30中労委命令・裁判例データベース）。

従来の学説もほぼ同じ理解であり、例えば、「使用者はたんに組合の要求や主張を聴くだけでなく、それら要求や主張に対しその具体性や追及の程度に応じた回答や主張をなし、必要によっては、それらにつき論拠を示したり、必要な資料を提示したりする義務がある。使用者には、合意を求める組合の努力に対しては、そのような誠実な対応を通じて合意達成の可能性を模索する義務があるのである。」などと説明されてきた（菅野・労働法〔第12版〕（弘文堂、2019年）906頁）。「労働組合の主張に対し誠実に対応することを通じて、合意達成の可能性を模索する義務」と定式化する学説もあった（西谷・労働組合法〔第3版〕（有斐閣、2012年）307頁）。

上記のとおり、使用者の誠実交渉義務の意義についての下級審裁判例での判示や学説の説明では「合意達成の可能性を模索する義務」がその内容に含まれており、労働組合からの主張に対し誠実に対応しなければならない義務と合意達成の可能性を模索する義務との関係が必ずしも明確ではなかった。そのため、合意達成の可能性がおよそない場合には誠実

交渉義務違反が成立しないかのように読みうる余地があった。本件の第一審も、控訴審も、団体交渉の対象事項に関して労使間で合意の成立する見込みがおよそない場合には、労働委員会は誠実交渉命令を発することができないとの判断を示したが、その背景には、労働組合からの主張に対し誠実に対応しなければならない義務と合意達成の可能性を模索する義務のうち、後者に重きを置き、誠実交渉義務は「合意達成の可能性を模索する義務」に収斂するとの理解があったからではないかと推察される。

しかし、本判決で、最高裁は、誠実交渉義務を「使用者は、必要に応じてその主張の論拠を説明し、その裏付けとなる資料を提示するなどして、誠実に団体交渉に応ずべき義務」と定義し、「合意達成の可能性を模索する義務」をその定義には含めなかった。このことにより、労働組合からの主張に対し誠実に対応しなければならない義務と合意達成の可能性を模索する義務とが切り離され、労使間での合意達成の可能性の有無にかかわらず、使用者は労働組合からの主張に対し誠実に対応しなければならないことが明確にされた。

他方で、本判決が誠実交渉義務の内容について従来の裁判例や学説と全く違うことを言ったとまでは言えないように思われる。例えば、使用者が団体交渉に係る事項に関して合意をするつもりが全くない場合、当該事項について合意が成立する見込みがないと言いうるが、従来から、合意達成の意思がないことを最初から明確にした交渉態度は、誠実交渉義務違反の典型例と理解されて来た。また、交渉行き詰まりによる交渉の打ち切りは誠実交渉義務の違反とならない典型例とされているが、労使双方が交渉打ち切りの対象となった議題についてそれぞれの自己の主張・提案・説明を出し尽くし、これ以上交渉を重ねても進展する見込みがない段階に至ったことが前提とされていた（菅野・労働法907頁から908頁）。このように、従来からも、合意達成の可能性がないからといって使用者に誠実交渉義務がないとは解されてこなかった。従来の裁判例や学説の誠実交渉義務の定義では「合意達成の可能性を模索する義務」が含まれていたのは確かだが、従来の裁判例や学説でも、組合の主張に対し誠実に対応したかどうかという使用者の行為態様に重きを置いており、合意達成の可能性がなければ、使用者は組合に対して誠実に対応する義務はないとは考えてこなかったと理解するのが適切である。その意味で、本判決の誠実交渉義務の定義は、従来の裁判例及び学説の誠実義務

に関する理解を基本的に踏襲しつつ、「合意達成の可能性を模索する義務」をその定義には含めなかったことにより、誠実義務の内容をより純化させたものだと評価できるだろう。この点で、本判決には大きな意義があると考える。他方で、本判決における誠実交渉義務の定義は従来の誠実義務の理解と大きく変わらないため、本判決で誠実交渉義務が定義されたことによる実務への実際の影響はないか、極めて限定的と思われる。

3 使用者の誠実交渉義務違反に対する誠実交渉命令の意義について

一般的に、団体交渉の意義として、労働条件に関する労働者の交渉力強化、労働条件の統一的形成や労使平和の達成、労使間の意思疎通の手段が挙げられる（菅野・前掲書879頁から880頁）。本判決において、最高裁は団体交渉の意義について明確に述べていないが、本判決中の「使用者が誠実交渉義務に違反した場合、労働者は、当該団体交渉に関し、使用者から十分な説明や資料の提示を受けることができず、誠実な交渉を通じた労働条件等の獲得の機会を失い、正常な集団的労使関係秩序が害されることとなる」との判示部分からすれば、本判決において、団体交渉の意義についての一般的な理解とほぼ同じ理解が前提とされていると解される。

労働委員会の救済命令制度の意義については、「正常な集団的労使関係秩序の迅速な回復、確保を図る」ことにあるというのが、第二鳩タクシー事件・最大判昭52・2・23労判269号14頁以来の最高裁の理解である（菅野・前掲書1002頁）。本判決中で、最高裁は、誠実交渉命令（すなわち、誠実に団体交渉に応ずべき旨を命ずることを内容とする救済命令）を発することは、一般論として、労働委員会の裁量権の範囲内であるという判示をしているが、その理由として、「使用者が誠実交渉義務に違反した場合、労働者は、当該団体交渉に関し、使用者から十分な説明や資料の提示を受けることができず、誠実な交渉を通じた労働条件等の獲得の機会を失い、正常な集団的労使関係秩序が害されることとなるが、その後使用者が誠実に団体交渉に応ずるに至れば、このような侵害状態が除去、是正され得る」ことを挙げているのは、労働委員会の救済命令制度の意義についてのこれまでの最高裁の理解を踏襲したものと評価できよう。

最高裁は、さらに、団体交渉に係る事項に関して合意の成立する見込みがないと認められる場合であっても、使用者が労働組合に対する誠実交渉義務を尽くしていない態度を改め、誠実に団体交渉に応ずるに至れば、労働組合は当該団体交渉に関して使用者から十分な説明や資料の提示を受けることができるようになること、組合活動一般についても労働組合の交渉力の回復や労使間のコミュニケーションの正常化が図られることを理由に、誠実交渉命令を発することは、不当労働行為によって発生した侵害状態を除去、是正し、正常な集団的労使関係秩序の迅速な回復、確保を図ることに資するとし、山形県労働委員会が、山形大学に対し、本件各交渉事項について、山形大学職員組合と更なる団体交渉をするように命じたことは、山形県労働委員会の裁量権の範囲内と結論づけた。使用者の誠実交渉義務の意義を本判決のように理解すれば、これが論理的な帰結であり、妥当な判断と思われる。

（さわさき・のぶひと）

---

1) 本研究の執筆にあたって、下記の参考文献を参照した。
・菅野和夫・労働法〔第12版〕（弘文堂、2019年）
・西谷敏・労働組合法〔第3版〕（有斐閣、2012年）
・竹内（奥野）寿・ジュリスト1571号4頁
・浜村彰・労働法律旬報2010号40頁
・水町勇一郎・ジュリスト1561号4頁
・河合塁・労働判例1265号96頁

知財　商標の剥離抹消行為と商標権侵害・不法行為の成否

大阪高判令 4・5・13
令 3 (ネ)2608 号、商標権侵害差止等請求控訴事件
裁判所 HP
原審：大阪地判令 3・11・9、令 2 (ワ)3646 号

木村耕太郎 弁護士・弁理士

知財判例研究会

●──事実の概要

1　当事者等

控訴人（一審原告）Ｘは「Ｐ」の屋号で健康維持を目的とした運動器具、福祉用具等を開発・商品化し、自ら消費者に販売するとともに、第三者に卸売りもする個人である。Ｘは「ローラーステッカー」の標章(以下「Ｘ標章」という)を付した車輪付き杖(以下「本件商品」という)の販売元である。

被控訴人（一審被告）Ｙ1 は介護用品の開発・販売等を目的とする株式会社であり、被控訴人（一審被告）Ｙ2 は健康器具等の卸売りを目的とする株式会社である（以下 Ｙ1 と Ｙ2 を合わせて「Ｙら」という）。Ｙらは、本件商品をＸより直接または間接的に仕入れ、「ハンドレールステッキ」の商品名（以下「Ｙら標章」という）により本件商品の卸売りまたは小売りを行った。なお本判決はＹらを「卸売業者又は小売業者」と認定しているが、Ｙ1 はメーカーであると思われ、この点は〈研究〉において述べる。

ＸからＹ1 に納入された本件商品本体には、軸体（杖本体）部正面に「Roller Sticker」との金色の英文字（本判決の認定によれば「称呼及び観念においてＸ標章と同一の標章」）が印字されている。Ｘが本件商品を販売する際には、通常、段ボール箱（以下「梱包箱」という）に本件商品本体と「ローラーステッカー使用説明書」（以下「Ｘ説明書」という）を入れて梱包しており、梱包箱外側にはＸ標章は表示されていなかった。

2　Ｘ・Ｙ1 間の取引およびＹ1・Ｙ2 間の取引

平成 27 年 2 月 23 日、ＸおよびＹ1 は取引基本契約（以下「本件基本契約」という）を締結した。

Ｙ1 は、平成 27 年 2 月末以降、Ｘから納入された本件商品について、梱包箱側面のＸの屋号「Ｐ」が記載された箇所の上に、「ハンドレールステッキ

発売元 Ｙ1」と印字されたシール（以下「Ｙらシール①」という）を貼り付け、Ｘが商品本体と同梱したＸ説明書を、Ｙ1 が作成した「ハンドレールステッキ取扱説明書」（以下「Ｙら説明書」という）に差し替えて販売した。ただし一審判決の認定によれば、Ｙ1 は、本件基本契約を締結する前の平成 26 年 11 月、本件商品について、Ｙら標章とＸ標章を並列した質問状をＸに送付し、Ｙ1 としては、本件商品をＹら標章により呼ぶ予定である旨を示していた。

Ｙ2 は、遅くとも平成 29 年以降、Ｙ1 より前記の仕様の本件商品を仕入れ、これを株式会社Ｄ（以下「Ｄ」という）に卸売りし、Ｄは主として通信販売の方法によりこれを販売した。

3　Ｘ・Ｙ2 間の取引

令和元年 8 月以降、ＸがＹ1 に出荷停止・取引停止を通告したので、Ｙ2 はＸに直接の取引を申し入れ、以後、Ｘから本件商品の納入を受けるようになった。Ｙ2 は、Ｘから納入された本件商品の梱包箱の外側に、Ｙら標章を商品名として印字したシール（以下「Ｙらシール②」という）を貼り付けてこれをＤに納品し、ＤはこれをＹら標章の商品名で販売した。その際、Ｙらシール②で梱包箱のＸの屋号「Ｐ」が記載された箇所が隠れることはなかった。

4　Ｘによる商標登録

平成 31 年 2 月 21 日にＸは、指定商品を第 18 類「つえ」として、Ｘ標章「ローラーステッカー（標準文字）」（以下「本件商標」という）について商標登録の出願を行った。令和元年 12 月 6 日、本件商標に係る商標権（以下「本件商標権」という）の設定登録がなされ、令和 2 年 1 月 7 日、本件商標権について公報が発行された。

5　Ｘの請求

(1)　差止請求

Ｘは、本件商品を「ハンドレールステッキ」（Ｙ

ら標章）との名称で販売した行為が本件商標権の侵害に該当するとして、Yらに対し本件商品に対するYら標章の使用の差止めを求めた。

(2) 損害賠償請求

Xは、令和元年8月以降の、Y1に取引の停止を通告し、Y2に対し直接の販売を開始した以降の被告らの販売行為を問題として、その期間を本件商標権の登録に係る公報が発行された令和2年1月7日により区分している（以下、「前半期間」（令和元年8月から令和2年1月6日まで）および「後半期間」（令和2年1月7日から令和2年3月31日まで）という）。

そして、Y1が在庫品をY2に販売した行為およびY2がこれをDに卸売した行為（以下「Yら行為①」という）、Y1が在庫品を自社のオンラインショップで販売した行為（以下「Yら行為②」という）、Y2が本件商品をXから仕入れてDに卸売した行為（以下「Yら行為③」という）を問題とし（前半期間の行為としてはYら行為①、②、③が、後半期間の行為としてはYら行為②、③が問題とされている）、前半期間のYらの上記行為が、X標章に化体する信用及び出所表示機能を毀損する共同不法行為に該当し、また、後半期間のYらの行為は、本件商標権侵害の共同不法行為に該当するとして、損害賠償を求めた。

原審がXの請求をいずれも棄却したので、Xが控訴した。

●──判旨

控訴棄却。

1 前半期間におけるYらの共同不法行為の成否について

「しかしながら、前半期間においては、X標章は商標登録がされていないから、およそ商標法の問題とはなり得ず、またXから、前半期間におけるYらの行為が不正競争防止法の規律に抵触するとの主張もされていない。そうすると、卸売業者又は小売業者が製造者から商品名を付した商品の譲渡を受けた場合、卸売業者あるいは小売業者としては、当初の商品名により販売すべき旨の合意や製造者が譲渡する際に付した条件、あるいは商品の性質上当然そのようにすべき特段の事情や公的規制のない限り、当初の商品名のまま販売することでその顧客吸引力等を生かすこともできれば、より需要者に訴えることのできる商品名に変更したり、あるいはより商品の内容を適切に説明し得る商品名に変更して販売することも許されると解される。」

「本件基本契約において、Y1側がX標章を使用すべきこととはされておらず、Y1は、Yら標章によ

り本件商品を販売する予定である旨を、本件基本契約締結以前より示し、Xとの取引開始後もこれを明らかにし、特にこの点を秘匿しようとしたとは認められない。…以上を総合すると、XがY1に本件商品を納入した平成27年2月から令和元年7月までの間において、XとY1との間において、本件商品をX標章により発売することの合意が成立した、あるいは、X標章により販売することを、Xが本件商品をY1に納入する条件としたとの事実を認めることはできない。」

「XがY1との取引を停止した主たる理由は、Y1の卸売先の廉価販売であり、前記…で述べたところによっても、Y2との取引開始の時点で、Y2が商品名の変更に制約がある旨を認識していたとは認められず、Xの主張は採用できない。」

2 後半期間におけるYらによる商標権侵害の成否について

「商標権者が指定商品に付した登録商標を、商標権者から譲渡を受けた卸売業者等が流通過程で剥離抹消し、さらには異なる自己の標章を付して流通させる行為は、登録商標の付された商品に接した取引者や需要者がその商品の出所を誤認混同するおそれを生ぜしめるものではなく、上記行為を抑止することは商標法の予定する保護の態様とは異なるといわざるを得ない。したがって、上記のような登録商標の剥離抹消行為等が、それ自体で商標権侵害を構成するとは認められないというべきである。」

「また、その点を措くとしても、後半期間におけるYらの行為（Yらの行為②及び③に関する。）は、以下のとおり、X標章の剥離抹消行為と評価し得る行為には当たらないと解される。」

「XがYらに納入した本件商品の梱包箱の外側にはそもそもX標章は表示されていないから、Yらが仕入れ後に貼付したYらシールによってX標章が覆い隠されたという事実はない。XがYらシール①によって覆い隠されたのを問題としているのは、Xの屋号であって、X標章ではない。また、Yらの行為によって、本件商品本体に英文字で印字された『Roller Sticker』という標章（称呼及び観念においてX標章と同一のもの）に何らかの変更が加えられたという事実もない（本件商品の品質にも変更はない。）。」

「そうすると、X標章の剥離抹消行為として問題となり得る行為は、Y1が、Xから本件商品を仕入れた際に梱包箱に同梱されていたX説明書をY説明書に差し替えた行為のみ（Yら行為②に関する。）であるが、X説明書は、…本件商品に標章を付した（商

標法2条3項1号）とはいえず、X説明書が取引書類（同項8号）に当たると認めるに足りる事情も窺われない。したがって、X説明書に『ローラーステッカー使用説明書』との記載があるのは、X標章を商標として使用したものとは認められず、X説明書を差し替えたことがX標章の剥離抹消行為と評価すべきものとは認められない。」

●──研究

1　商標の剥離抹消行為に関する判例・学説

（1）　商標の剥離抹消行為の意義

本稿で問題とする商標の「剥離抹消」行為とは、商品本体または商品の包装等に製造業者等が付した商標を、当該商品を直接または間接に譲り受けた者（卸売業者または小売業者等）が、当該商品を販売するに際して、当該商標を物理的に削り取り、塗りつぶし、覆い隠し等する行為である[1]。剥離抹消後は、自己の商標を付して販売する場合と、何ら商標を付さずいわゆるノーブランド品として販売する場合とが考えられ、学説の中には両者を区別して検討するものもある。

少なくとも現行法のもとにおいて、商標の剥離抹消行為の適法性（商標権侵害または不法行為等が成立するか）を正面から論じた裁判例は見当たらない。この論点に関してマグアンプK事件[2]が引用されることがあるが、同事件は商品の小分け販売に関する事案であり、登録商標「MAGAMP」に類似する標章「マグアンプK」を被告が小分け商品に付して販売した事案に関するものであるから、判決文中で「商標権者が適法に指定商品と結合された状態で転々流通に置いた登録商標を、その流通の中途で当該指定商品から故なく剥奪抹消することにほかならず」との表現があるからと言って、商標の剥離抹消行為を商標権侵害と判断した先例と理解するのは早計である。

（2）　学説の状況

商標の剥離抹消行為の適法性については、（不法行為等については検討せず）商標権侵害の成否のみを論じたものが多く、商標権侵害の成否については肯定説と否定説とがある。肯定説は商標の機能が害されることを問題視し、否定説は条文の文言を重視する。また剥離抹消後に自己の商標を付して販売する行為とセットで評価する見解もあれば、剥離抹消行為を単独で検討する見解もある。したがって学説をきれいに分類するのは難しいため、以下の肯定説・否定説の分類は便宜上のものであることをお断りしておく。

（3）　商標権侵害肯定説

網野誠氏は、商品に付された商標を商品の流通過程において剥奪抹消し、これに代えて自己の商標を使用して流通させる行為も商標権侵害であるとする[3]。

小野昌延氏は、優れた新製品の他人商標を取り去って自己の商標を付し、他人の商品を自己が製造した商品と見せかけ、他人の商標の信用を無断で利用する行為（逆パッシングオフ）が商標権侵害になりうることを示唆、問題提起する[4]。

（4）　商標権侵害否定説

田村善之氏は、商標権者が指定商品に付した登録商標を、流通過程で抹消したり、さらには自己の商標を使用して流通させる行為は、解釈論として商標権侵害と構成することには無理があるとしつつ、競争法上、違法と目すべきであり、立法論として、商標が登録されているか否かに拘わらず禁止すべきであるとする。また、商品に付された商標を抹消し、自己の商標等、他の商標を付する行為は製造元・販売元を偽る行為として不正競争防止法2条1項12号（現行法20号）に該当し、単に抹消するだけでノーブランド品として販売した場合でも民法709条の不法行為には該当するとしている[5]。

弁理士の眞島宏明氏は、剥奪抹消行為は商標法上の「使用」にも37条2号以下のいずれの行為にもあたらず、商標権侵害とすることは商標法の規定の解釈として無理があることのほか、罪刑法定主義との関係を看過することはできないとして、結論としては否定説が妥当であるとする[6]。また眞島説は、剥奪抹消行為は不正競争防止法上も規制されないが、不法行為の成立を認めることはできるとし、さらに田村説と同様、立法的な解決が望まれるとする。

（5）　その他の見解

紋谷暢男氏は、流通過程を経る以前の商品に付された表示商標の抹消行為は、商標を付する行為たる「使用」の侵奪であり、商標権侵害にあたるが、流通過程を経た以降の商品に付された表示商標の抹消行為は一般的には不問とされるとする[7]。

（6）　検討

肯定説は商標の機能が害されることを問題視するが、「商標の機能が害される」というのは「商標権侵害が成立する」というのとほぼ同義であり、商標の機能が害されるから商標権侵害が成立するという議論は循環論法である。また、商標権侵害が成立する場合に商標の機能が害されるとは言えるが、商標の機能が害されるか否かを侵害成立のメルクマールとする考え方は、罪刑法定主義との関係で大変危険

である。

さらに肯定説は他人の商標の剥離抹消行為、ひいては剥離抹消した商標に代えて自己の商標を付して販売することが、他人の商標の「使用」にあたらないこと自体は争っておらず、商標権侵害が成立するということは条文の解釈としてあまりにも無理がある。

少なくとも不法行為が成立するという考え方については、北朝鮮著作物事件最判[8]の趣旨からして、知的財産法で規律されている（許される行為・許されない行為の線引きがなされている）領域に関しては、成文法上、適法と認められる行為について不法行為の成立を認めることは原則として許されない（少なくとも極めて慎重であるべき）ことを指摘したい。前掲の田村説、眞島説はいずれも北朝鮮著作物事件最判以前の学説であり、現在では、同最判との関係を避けて通ることはできない。

以上より、前半期間に関する「当初の商品名により販売すべき旨の合意や製造者が譲渡する際に付した条件、あるいは商品の性質上当然そのようにすべき特段の事情や公的規制のない限り」、元の商標を剥離抹消し自己の商標を付して販売することは自由との本判決の判旨は妥当であり、またこの判旨は後半期間（商標権成立後[9]）にも妥当すると考える。

これを補強する一つの論拠として、本件では議論されていないが、メーカー同士の契約では、当初から買主のブランドで販売することを前提に売主が自己の製品を供給する契約（OEM供給契約）も普通に行われているということがある。そして、本判決はYらを「卸売業者又は小売業者」と認定しているが、実際にはY₁はメーカーと思われるのである。OEM供給契約のような取引も普通に存在する以上、買主がどのような商標を付して（どのような商品名で）売主の製品を販売するかは、まさに当事者間の合意の問題であり、ここに商標法が強制的に介入して、原則として売主の商標のまま販売するべきというような規範を押し付けるべきではない。

なお本件の原審判決は、前半期間のYらの行為についての判示中で「製造者における自他識別や顧客

吸引の問題は、製造者から卸売業者あるいは小売業者へ商品が譲渡された段階で一旦目的を達すると考えられるから」と述べ、商標権の消尽を論拠にしていたが、これは紋谷説に影響を受けている可能性がある。いずれにしても、商標の剥離抹消行為は他人の商標の「使用」ではない以上、商標権の消尽を引き合いに出すまでもないと考える。

2 本件の事案の特殊性について

本稿の標題にもかかわらず、本件は、商標の剥離抹消行為は存在しないと認定された事案であった。したがって事案としてはやや特殊であるが、商標の剥離抹消行為について一般論を判示しており、先例としての価値を有するので紹介した次第である。

判決文の事実認定からは必ずしも明確でないが、本件商品が店舗販売されたことがあるという事情が伺われないため、本件商品の消費者への販売態様は、X、Yら（X、Yらから仕入れて消費者へ販売する者も含む）いずれについても通信販売（より具体的にはネット販売）が中心であったようである。また本件商品本体に印字された「Roller Sticker」の金文字が識別できるような写真がいずれかの販売サイトに掲載されていた様子はなく、おそらく消費者は、本件商品を購入して初めて「Roller Sticker」の表示を見る機会があったと思われる。また本件商品の梱包箱の表示も、本件商品を購入して初めて見る機会があったものである。そうであれば、需要者から見れば販売サイトにおける商品購入に際して着目するのは、あくまで販売サイト上の「ローラーステッカー」または「ハンドレールステッキ」の表示、および「P」またはそれぞれの販売者の屋号の表示であって、YらがYらシール①またはYらシール②を梱包箱に貼り付けたという事実は、梱包箱のXの屋号「P」の表示を隠したか否かにかかわらず、出所表示との関係で重要でなかったと言わざるを得ない。Y₁がX説明書をYら説明書に差し替えた事実についても同様である。いずれにしても、本判決の結論は妥当である。

（きむら・こうたろう）

---

1) 「剥奪抹消」という論者もいるので、裁判例や文献を紹介する際は、本稿では原文の表記を尊重した。
2) 大阪地判平6・2・24判時1522号139頁。
3) 網野誠「商標〔第6版〕」（有斐閣、2002年）846頁。
4) 小野昌延・三山峻司「新・商標法概説」（青林書院、2009年）300-301頁。
5) 田村善之「商標法概説〔第2版〕」（弘文堂、2000年）150-151頁。
6) 眞島宏明「商標の剥奪抹消と商標権侵害の成否について——商標の冒用以外の行為にも商標権侵害は成立するか」パテント61巻4号（2008年）120頁。
7) 紋谷暢男編「商標法50講〔改訂版〕」（有斐閣、1979年）163-164頁（紋谷暢男）。
8) 最一判平23・12・8民集65巻9号3275頁。
9) 本判決では商標公報の発行日の前後で区分しているが、少なくとも差止請求権との関係では設定登録日の前後で区分するべきであろう。

今期の裁判例索引

凡例
- 索引は第1部「最新民事裁判例の動向」と第2部「最新専門領域裁判例の動向」の中で番号を付して紹介した裁判例と、第3部「注目裁判例研究」で取り上げた裁判例を対象とする。
- 「担10」とは、第1部中の「担保裁判例の動向」の[10]判決をさす。
- 「取研究1」とは、第3部中の「注目裁判例研究—取引1」の判決をさす。
- 取・担・動・法・家・環・医・労・知はそれぞれ、取引・担保・不動産・不法行為・家族・環境・医事・労働・知財の略である。

最高裁判所

最一判令3・1・18 金法 2179-65……………………家 24

最一判令3・3・25 判時 2503-77, 金法 2182-70
………………………………………………家 14

最二判令3・4・16 判時 2499-8………………………家 32

最二判令3・4・26 民集 75-4-1157, 判時 2504-82
………………………………………………法 39

最一判令3・5・17 判時 2500-49…………………………法 1

最一判令3・5・17 民集 75-5-1359, 判時 2502-16
………………………………………………法 47

最一判令3・5・17 労判 1259-33…………………………労 32

最一決令3・6・21 民集 75-7-3111, 判時 2512-5,
　判タ 1492-78, 金法 2178-88, 金判 1632-46,
　金判 1637-18………………担 1、動 18、担研究

最大決令3・6・23 金法 2184-57, 判時 2501-3……家 4

最三判令3・6・29 民集 75-7-3340, 判時 2515-5,
　判タ 1493-17, 金法 2185-26, 金判 1632-2,
　金判 1639-8……………取 7、動 9、取研究 1

最一決令3・10・28 民集 75-8-3583, 判時 2520-14,

判タ 1495-84, 金法 2186-64, 金判 1637-8, 金判 1643-2
………………………………………………家 13

最三判令3・11・2 民集 75-9-3643, 判時 2521-75,
　判タ 1496-89, 金法 2187-60, 金判 1642-9,
　金判 1644-8……………………法 40、法研究 1

最三決令3・11・30 判タ 1495-79…………………………家 35

最三判令4・1・18 金法 2188-68…………………………法 5

最三判令4・1・25 判例自治 485-49……環 1、環研究

最二判令4・3・18 労判 1264-20, 労経速 2479-3
………………………………………労 71、労研究

最二判令4・6・3 裁判所 HP………………………………環 8

最二判令4・6・17 裁判所 HP……………………………環 12

高等裁判所

東京高決令元・6・28 判タ 1492-113……………家 21

東京高決令元・11・21 家判 37-74………………家 17

東京高決令元・12・10 判タ 1494-82……………家 15

東京高判令2・1・15 判時 2511-67………………法 38

東京高判令2・1・23 判タ 1490-109………………法 11

東京高決令2・5・15 家判 36-105………………家 36

名古屋高決令2・6・9 家判 37-50………………家 16

仙台高決令2・6・11 判時 2503-13, 判タ 1492-106
………………………………………………家 28

大阪高判令2・6・23 判タ 1495-127………………法 12

福岡高宮崎支判令2・7・8 判時 2511-78………取 38

東京高判令2・7・22 判タ 1493-64……取 20、医 22

東京高判令2・7・22 判タ 1495-111………………法 13

東京高判令2・8・20 労判 1262-37………………労 72

福岡高判令2・8・27 判時 2505-56………………取 37

東京高決令2・9・3家判36-88⋯⋯⋯⋯⋯⋯家37　　　札幌高判令3・9・17労判1262-5⋯⋯⋯⋯⋯⋯労24

大阪高判令2・9・10判時2504-88⋯⋯⋯動1、法14　　名古屋高判令3・10・12労判1258-46⋯⋯⋯⋯⋯労68

広島高判令2・9・16判タ1491-97⋯⋯⋯法54、家3　　東京高判令3・10・27判時2516-51⋯⋯⋯取19、法32

名古屋高金沢支判令2・9・30判時2500-61　　　　　東京高判令3・11・4金判1638-13⋯⋯⋯⋯取31、動5

⋯⋯⋯⋯⋯⋯⋯⋯⋯⋯⋯⋯⋯⋯取30、動4　　　大阪高判令3・11・4労判1253-60, 労経速2470-3

東京高決令2・10・2家判37-41⋯⋯⋯⋯⋯⋯⋯家5　　⋯⋯⋯⋯⋯⋯⋯⋯⋯⋯⋯⋯⋯⋯⋯⋯⋯労67

仙台高決令2・11・17判時2500-66⋯⋯⋯⋯⋯⋯取29　　札幌高判令3・11・17労経速2475-3⋯⋯⋯⋯⋯労59

福岡高判令2・12・8判タ1491-81⋯⋯⋯⋯⋯⋯法48　　大阪高判令3・11・18労経速2481-3⋯⋯⋯⋯⋯労75

福岡高判令2・12・9判時2515-42⋯⋯⋯取24、法22　　東京高判令3・12・22労判1261-37⋯⋯⋯⋯⋯労41

名古屋高金沢支判令2・12・16判時2504-95⋯⋯医16　　知財高判令4・1・12（令3（行ケ）10067）⋯⋯知17

高松高判令2・12・24判時2509-63⋯⋯⋯⋯⋯⋯労8　　知財高判令4・1・25（令3（行ケ）10113）⋯⋯知20

大阪高決令3・1・13家判38-64⋯⋯⋯⋯⋯⋯⋯家11　　知財高判令4・1・27（令3（行ケ）10092）⋯⋯知21

仙台高判令3・1・13判タ1491-57⋯⋯⋯⋯⋯⋯家26　　知財高判令4・2・2（令2（行ケ）10071）⋯⋯⋯知6

仙台高判令3・1・27判タ1492-89⋯⋯⋯取4、家23　　知財高判令4・2・9（令2（ネ）10059）⋯⋯⋯知10

東京高判令3・1・29判時2508-10⋯⋯⋯取11、法42　　知財高判令4・2・9（令3（行ケ）10076）⋯⋯知23

札幌高判令3・2・2判時2509-31⋯⋯⋯⋯⋯⋯法49　　大阪高判令4・2・10LEX/DB 25591967⋯⋯⋯環15

大阪高判令3・2・4判時2508-31⋯⋯⋯⋯⋯⋯法59　　知財高判令4・2・10（令2（行ケ）10114）⋯⋯知24

東京高判令3・2・10判時2503-19⋯⋯⋯⋯⋯⋯法50　　名古屋高判令4・2・18労経速2479-13⋯⋯⋯⋯労53

仙台高判令3・2・10判タ1494-70⋯⋯⋯⋯⋯⋯法56　　知財高判令4・3・7（令2（行ケ）10135）⋯⋯⋯知8

大阪高判令3・2・16判時2512-17⋯⋯⋯⋯⋯⋯取1　　知財高判令4・3・14（平30（ネ）10034）⋯⋯知11

東京高判令3・2・24判時2512-8⋯⋯⋯⋯⋯⋯取34　　札幌高判令4・3・16LEX/DB 25592235⋯⋯⋯医27

東京高判令3・3・4判時2516-111⋯⋯⋯⋯⋯労12　　福岡高判令4・3・24裁判所HP⋯⋯⋯⋯⋯⋯⋯環7

大阪高判令3・3・5判時2514-17　　　　　　　　　　福岡高判令4・3・25裁判所HP⋯⋯⋯⋯⋯⋯⋯環20

⋯⋯⋯⋯⋯取41、担2、動3、取研究2　　知財高判令4・3・29（令2（ネ）10057）⋯⋯⋯知16

札幌高判令3・3・10判時2511-89⋯⋯⋯⋯⋯⋯家1　　知財高判令4・4・20（令3（ネ）10091）⋯⋯⋯知12

東京高判令3・3・22判時2513-12⋯⋯⋯取12、法43　　福岡高判令4・4・21LEX/DB 25592655⋯⋯⋯医5

東京高判令3・4・21判タ1491-20⋯⋯⋯⋯⋯⋯取36　　大阪高判令4・4・26裁判所HP⋯⋯⋯⋯⋯⋯⋯環3

東京高決令3・4・21判時2515-9⋯⋯⋯⋯⋯⋯家7　　大阪高判令4・5・13（令3（ネ）2608）⋯⋯⋯知22

仙台高判令3・4・27判時2510-14⋯⋯⋯動15、法20　　大阪高判令4・5・13裁判所HP⋯⋯⋯⋯⋯⋯知研究

札幌高判令3・4・28労判1254-28⋯⋯⋯⋯⋯⋯労42　　知財高判令4・5・25（平31（ネ）10027）⋯⋯⋯知3

仙台高判令3・5・27判時2516-26⋯⋯⋯⋯⋯⋯法7　　高松高判令4・6・2LEX/DB 25592690⋯⋯⋯⋯医21

東京高判令3・6・16労判1260-5⋯⋯⋯⋯⋯⋯労5　　知財高判令4・6・28（令3（行ケ）10158）⋯⋯知18

大阪高判令3・6・29労判1263-46⋯⋯⋯⋯⋯⋯労39

大阪高決令3・8・2家判38-55⋯⋯⋯⋯⋯⋯⋯家19

大阪高判令3・8・27家判36-69⋯⋯⋯⋯⋯⋯⋯家12

札幌高判令3・9・7労経速2469-17⋯⋯⋯⋯⋯労26

名古屋高金沢支判令3・9・8判時2510-6⋯⋯⋯法57

広島高判令3・9・10判時2516-58⋯⋯⋯⋯⋯⋯法51

東京高判令3・9・15金判1633-8⋯⋯⋯⋯⋯⋯法15

地方裁判所

大阪地判平30・12・5判タ1494-233, 金判1624-36

⋯⋯⋯⋯⋯⋯⋯⋯⋯⋯⋯⋯⋯動6、動研究

東京地判平31・2・27労判1257-60⋯⋯⋯⋯⋯労37

東京地判令元・9・4判タ1493-236⋯⋯⋯⋯⋯法62

東京地立川支判令元・11・14 判タ 1494-189

　　　　　　　　　　　　　　　　　　法 55、家 2

東京地判令元・12・26 判タ 1493-176・・・・・・・・・・労 58

東京地判令 2・1・27 判タ 1492-237・・・・・・・取 10、動 2

東京地判令 2・1・29 判時 2503-33・・・・・・・・取 2、法 31

東京地判令 2・1・30 判タ 1494-175・・・・・・・・・・法 52

東京地判令 2・1・31 判タ 1491-228・・・・・・・動 8、法 28

東京地判令 2・3・2 判時 2509-50・・・・・・・・・・・・取 32

札幌地判令 2・5・29 判タ 1492-229・・・・・・・・・・法 53

東京地判令 2・5・29 判タ 1496-227・・・・・・・・・・医 12

宇都宮地判令 2・6・5 労判 1253-138・・・・・・・・・労 22

福岡地判令 2・6・15 判タ 1491-203・・・・・・・・・・法 8

札幌地判令 2・7・31 判タ 1495-219

　　　　　　　　　　　　取 27、法 25、医 15

名古屋地判令 2・8・19 判タ 1490-159・・・・・・・・法 23

津地四日市支判令 2・8・31 判時 2477-76・・・・・・・医研究

大阪地判令 2・9・18 判時 2505-69, 判タ 1495-212

　　　　　　　　　　　　　　　　　　　　法 19

名古屋地判令 2・10・1 判タ 1494-162・・・・・・・・法 16

大阪地判令 2・10・19 判時 2511-98・・・・・・・・・・取 8

東京地判令 2・11・6 判時 2501-87・・・・・・・・・・・取 5

東京地判令 2・11・6 労判 1259-73・・・・・・・・・・労 17

東京地判令 2・11・6 労判 1263-84・・・・・・・・・・労 20

奈良地判令 2・11・12 判時 2512-70・・・・・・・・・・取 35

東京地判令 2・11・12 判時 2505-3・・・・・・・・・・・動 10

松山地宇和島支判令 2・11・13 判タ 1490-222

　　　　　　　　　　　　　　　　　　　　取 25

京都地判令 2・11・19 判タ 1493-141・・・・・動 12、法 61

東京地判令 2・11・24 労判 1259-69・・・・・・・・・・労 1

長野地判令 2・11・27 判時 2502-43・・・・・・・・・・取 3

大阪地判令 2・11・30 判時 2506=2507-69,

　　判タ 1495-167・・・・・・・法 41、医 26、法研究 2

横浜地判令 2・12・11 判時 2503-49・・・・・・・・・・法 9

東京地判令 2・12・17 判時 2508-53・・・・・・・・・・家 25

福岡地判令 2・12・23 判タ 1491-195・・・・・・・法 2、家 8

静岡地判令 2・12・24 判時 2511-20・・・・・・・動 13、環 13

東京地判令 2・12・25 判時 2513-42

　　　　　　　　　　　　　　　　家 20、家研究 2

大阪地判令 3・1・12 労判 1255-90・・・・・・・・・・労 21

宮崎地判令 3・1・13 判時 2506=2507-101・・・・・・法 46

大阪地判令 3・1・14 判タ 1493-210・・・・・・・・・・動 7

長崎地判令 3・1・19 判時 2500-99・・・・・・・法 6、労 29

大阪地判令 3・1・22 判例自治 484-89・・・・・・・・環 17

東京地判令 3・1・26 判時 2512-48・・・・・・・・・・法 60

東京地判令 3・1・27 判タ 2514-39・・・・・・・法 3、家 9

札幌地判令 3・1・28 判タ 1494-114・・・・・・・・・・労 6

熊本地判令 3・1・29 判時 2510-33・・・・・・・・・・法 21

福岡地久留米支判令 3・2・5 判時 2508-57

　　　　　　　　　　　　　　　　　動 17、法 45

さいたま地判令 3・2・10 判例自治 483-92・・・・・・環 16

東京地判令 3・2・16 判時 2516-81・・・・・・・法 4、家 10

大阪地判令 3・2・16 判タ 1493-118・・・・・・・・・・法 24

大阪地判令 3・2・17 判時 2506=2507-53・・・・・・・医 17

さいたま地判令 3・2・24 判例自治 480-72・・・・・・環 19

東京地判令 3・2・26 判タ 2514-43, 判タ 1494-139

　　　　　　　　　　　　　　　　　取 13、法 44

東京地判令 3・2・26 労判 1256-78・・・・・・・・・・労 38

宇都宮地判令 3・3・3 判時 2501-73・・・・・・法 26、家 44

東京地判令 3・3・5 判タ 1491-191・・・・・・・・・・法 17

神戸地洲本支判令 3・3・11 判時 2509-58

　　　　　　　　　　　　　　　　　取 9、法 30

東京地判令 3・3・16 判タ 1490-216・・・・・・・・・・法 18

東京地判令 3・3・18 労判 1260-50・・・・・・・・・・労 56

広島地決令 3・3・25 判時 2514-86・・・・・・・動 14、環 2

大阪地判令 3・3・25 判例自治 484-67・・・・・・・・環 6

京都地判令 3・3・26 判時 2512-60・・・・・・・・・・取 17

大阪地判令 3・3・26 判時 2500-75

　　　　　　　　　　　　取 22、動 11、法 33

大阪地判令 3・3・26 労判 1259-55・・・・・・・・・・労 10

東京地判令 3・3・26 労判 1254-75・・・・・・・・・・労 23

横浜地川崎支判令 3・3・30 労判 1255-76・・・・・・労 63

東京地判令 3・3・30 労判 1258-68・・・・・・・・・・労 57

東京地判令 3・3・31 判時 2512-38・・・・・・・・・・家 30

東京地判令 3・3・31 労判 1256-63・・・・・・・・・・労 65

宮崎地都城支判令 3・4・16 労判 1260-34,

　　労経速 2468-29・・・・・・・・・・・・・・・・・労 35

静岡地判令 3・5・7 判時 2515-63・・・・・・・・・・法 10

福井地判令 3・5・11 判時 2506=2507-86・・・・・・・取 26

大阪地判令3・5・20判タ1493-79, 判例自治481-32
‥‥‥‥‥‥‥‥‥‥‥‥‥‥‥動16、環14

名古屋地判令3・5・20判時2513-50‥‥‥取33、法35

松江地判令3・5・31労経速2466-3‥‥‥‥‥労25

東京地判令3・5・31労判1256-50‥‥‥‥‥労69

東京地判令3・6・7判時2504-102‥‥‥‥‥‥取6

東京地判令3・6・10判時2513-24‥‥‥‥‥‥取42

福岡地小倉支判令3・6・11労経速2465-9‥‥労30

東京地判令3・6・22金法2181-85‥‥‥‥‥‥取43

札幌地判令3・6・23労判1256-22‥‥‥‥‥‥労13

札幌地判令3・6・25労判1253-93‥‥‥‥‥‥労31

東京地判令3・6・29労経速2466-21‥‥‥‥‥労45

東京地判令3・7・6労経速2465-31‥‥‥‥‥労66

東京地判令3・7・8労経速2467-18‥‥‥‥‥労36

山口地判令3・7・15金判1633-46‥‥‥‥‥‥取39

大阪地判令3・7・16金判1637-24‥‥‥‥‥‥取18

東京地判令3・7・16金判1633-36‥‥‥‥‥‥取40

東京地判令3・7・29労経速2465-19‥‥‥‥‥労48

大阪地判令3・7・29労判1255-49‥‥‥‥‥‥労73

福島地郡山支判令3・7・30判時2499-13‥‥‥法58

東京地判令3・8・3労経速2468-22‥‥‥‥‥労74

東京地判令3・8・16金法2182-88‥‥‥‥‥‥家31

東京地判令3・8・17判時2513-36, 金法2177-88
‥‥‥‥‥‥‥‥‥‥‥‥‥‥‥取28、家33

徳島地判令3・8・18金判1634-20‥‥‥‥‥‥法27

福岡地小倉支判令3・8・24労経速2467-3‥‥‥労18

東京地判令3・8・25金法2187-65, 金判1634-10
‥‥‥‥‥‥‥‥‥‥‥‥‥‥‥取14、法36

横浜地横須賀支判令3・8・30労判1255-39‥‥労33

広島地判令3・8・30労判1256-5‥‥‥‥‥‥‥労50

名古屋地岡崎支判令3・9・1労経速2481-39‥労2

東京地判令3・9・7労経速2469-3‥‥‥‥‥‥労3

徳島地判令3・9・15労判1261-87, 労経速2470-28
‥‥‥‥‥‥‥‥‥‥‥‥‥‥‥‥‥‥労60

大阪地判令3・9・16金判1639-30‥‥‥取15、担3

東京地立川支判令3・9・16労判1258-61‥‥‥労70

東京地判令3・9・17金判1640-40‥‥‥取21、法29

札幌地判令3・9・24判タ1490-210‥‥‥‥‥‥家27

東京地判令3・9・28労判1257-52, 労経速2470-22

‥‥‥‥‥‥‥‥‥‥‥‥‥‥‥‥‥‥労28

大阪地判令3・9・29金判1639-18, 判タ1499-195
‥‥‥‥‥‥‥‥‥‥‥‥‥‥‥家29、家研究1

東京地判令3・9・29労判1261-70‥‥‥‥‥‥労46

さいたま地判令3・10・1労判1255-5, 労経速2468-3,
判例自治484-40‥‥‥‥‥‥‥‥‥‥‥‥労19

徳島地判令3・10・25労経速2472-3‥‥‥‥‥労64

東京地判令3・10・27金判1640-28‥‥‥取23、法34

横浜地判令3・10・28労経速2475-26‥‥‥‥‥労14

大阪地判令3・10・28労判1257-17, 労経速2471-3
‥‥‥‥‥‥‥‥‥‥‥‥‥‥‥‥‥‥労27

東京地判令3・10・28労経速2473-3‥‥‥‥‥労55

大阪地判令3・11・11金判1638-41‥‥‥取16、担4

東京地判令3・11・12労経速2478-20‥‥‥‥‥労47

東京地判令3・11・22労判1258-5‥‥‥‥‥‥‥労7

東京地判令3・11・25労経速2473-16‥‥‥‥‥労54

東京地判令3・11・29労判1263-5, 労経速2476-29
‥‥‥‥‥‥‥‥‥‥‥‥‥‥‥‥‥‥労16

大阪地判令3・11・29労経速2474-3‥‥‥‥‥労51

横浜地川崎支判令3・11・30労経速2477-18‥‥労11

広島地判令3・11・30労判1257-5‥‥‥‥‥‥‥労49

東京地判令3・12・13労経速2478-3‥‥‥‥‥労40

福岡地小倉支決令3・12・15労経速2473-13‥‥労52

東京地判令3・12・16労判1259-41‥‥‥‥‥‥労61

東京地判令3・12・21労経速2477-3‥‥‥‥‥労44

広島地福山支判令3・12・23労経速2474-32‥‥労43

東京地判令4・1・14LEX/DB 25603258‥‥‥医1

大津地判令4・1・14LEX/DB 25591888‥‥‥医9

東京地判令4・1・14LEX/DB 25603257‥‥‥医18

東京地判令4・1・17労経速2480-22‥‥‥‥‥労4

東京地判令4・1・20LEX/DB 25603267‥‥‥医13

東京地判令4・1・20労経速2480-3‥‥‥‥‥労15

宇都宮地判令4・1・27裁判所HP‥‥‥‥‥‥環18

東京地判令4・1・27LEX/DB 25603105‥‥‥医10

東京地判令4・1・28LEX/DB 25603264‥‥‥医2

東京地判令4・1・28LEX/DB 25603265‥‥‥医19

鳥取地判令4・1・31LEX/DB 25592084‥‥‥医3

大阪地判令4・1・31労経速2476-3‥‥‥‥‥労62

東京地判令4・2・3LEX/DB 25603812‥‥‥‥医6

大阪地判令 4・2・10（令元(ワ)10829）⋯⋯⋯知 19

東京地判令 4・2・16 労経速 2481-29⋯⋯⋯⋯⋯労 9

東京地判令 4・2・17LEX/DB 25603814⋯⋯⋯医 11

東京地判令 4・2・24LEX/DB 25603767⋯⋯⋯医 28

東京地判令 4・2・25LEX/DB 25603809⋯⋯⋯医 14

東京地判令 4・2・25（令 2(ワ)33027）⋯⋯⋯知 7

東京地決令 4・2・28 裁判所 HP⋯⋯⋯⋯⋯⋯環 5

東京地判令 4・2・28LEX/DB 25603768⋯⋯⋯医 23

東京地判令 4・3・4（令 3(ワ)3824）⋯⋯⋯⋯知 26

福岡地判令 4・3・10 金判 1642-23⋯⋯⋯⋯⋯法 37

名古屋地判令 4・3・10 裁判所 HP⋯⋯⋯⋯⋯環 10

札幌地判令 4・3・11LEX/DB 25572071⋯⋯⋯医 25

東京地判令 4・3・11（平 31(ワ)11108）⋯⋯⋯知 25

横浜地決令 4・3・15 労経速 2480-18⋯⋯⋯⋯労 34

名古屋地判令 4・3・16 裁判所 HP⋯⋯⋯⋯⋯環 4

東京地判令 4・3・18（平 30(ワ)4329 等）⋯⋯⋯知 9

大阪地判令 4・3・24（平 29(ワ)7391 等）⋯⋯⋯知 4

東京地判令 4・3・24（令元(ワ)25152）⋯⋯⋯知 15

宮崎地判令 4・4・13LEX/DB 25592615⋯⋯⋯医 24

大阪地判令 4・4・15LEX/DB 25592696⋯⋯⋯⋯医 7

さいたま地判令 4・4・20 裁判所 HP⋯⋯⋯⋯⋯環 11

鹿児島地判令 4・4・20LEX/DB 25572123⋯⋯⋯医 4

東京地判令 4・4・22（平 31(ワ)8969）⋯⋯⋯知 2

札幌地判令 4・4・25LEX/DB 25592619⋯⋯⋯医 20

東京地判令 4・4・27（令 2(ワ)29604）⋯⋯⋯知 14

山形地判令 4・5・24LEX/DB 25592818⋯⋯⋯⋯医 8

東京地判令 4・5・27（令元(ワ)26366）⋯⋯⋯知 1

東京地判令 4・5・27（令 2(ワ)29897）⋯⋯⋯知 5

札幌地判令 4・5・31 裁判所 HP⋯⋯⋯⋯⋯⋯環 9

大阪地判令 4・6・9（令元(ワ)9842）⋯⋯⋯⋯知 13

家庭裁判所

静岡家浜松支審令 2・1・14 判タ 1490-254⋯⋯⋯家 38

水戸家審令 2・3・9 家判 36-136⋯⋯⋯⋯⋯⋯家 22

東京家審令 2・4・17 判タ 1492-251⋯⋯⋯⋯⋯家 39

奈良家審令 2・9・18 判タ 1492-246⋯⋯⋯⋯⋯家 18

宇都宮家審令 2・11・30 判時 2516-87⋯⋯⋯⋯家 6

東京家審令 3・1・4 家判 38-92⋯⋯⋯⋯⋯⋯⋯家 40

東京家審令 3・1・27 判時 2511-101, 判タ 1494-253
⋯⋯⋯⋯⋯⋯⋯⋯⋯⋯⋯⋯家 41

東京家判令 3・3・29 家判 38-81⋯⋯⋯⋯⋯⋯家 42

東京家審令 3・5・31 家判 38-73⋯⋯⋯⋯⋯⋯家 43

静岡家審令 3・7・26 家判 37-81⋯⋯⋯⋯⋯⋯家 34

民事判例 25——2022年前期

2022 年 12 月 10 日　第 1 版第 1 刷発行

編　者——現代民事判例研究会（代表・田髙寛貴）
発行所——株式会社日本評論社
　　　　〒 170-8474　東京都豊島区南大塚 3-12-4
　　　　電話 03-3987-8621　FAX 03-3987-8590　振替 00100-3-16
印　刷——精文堂印刷
製　本——難波製本

Printed in Japan ⓒ 現代民事判例研究会（代表・田髙寛貴）2022　本文組版／中田　聡　装幀／林　健造
ISBN 978-4-535-00253-1

民事判例24
2021年後期

現代民事判例研究会編

日本評論社

好評発売中　定価 3,080円（税込）

第1部　最新民事裁判例の動向

取引裁判例の動向　石田　剛　／　担保裁判例の動向　下村信江　／　不動産裁判例の動向　野村豊弘

不法行為裁判例の動向　加藤雅之　／　家族裁判例の動向　稲垣朋子

第2部　最新専門領域裁判例の動向

環境裁判例の動向　大塚　直・及川敬貴　／　医事裁判例の動向　小西知世

労働裁判例の動向　石井妙子　／　知財裁判例の動向　城山康文

第3部　注目裁判例研究

取引1——納骨壇使用契約の法的性質と永代使用料・永代供養料の返還の可否
　　　（大阪地判令2・12・10）　熊谷士郎

取引2——電子商取引において、当該プラットフォームを提供する事業者またはそのグループ会社が販売する商品の売
　　　主を判断する際に考慮する事情、および、インターネットバンキングが不正に利用された場合の被害者と売
　　　主との間の不当利得の成否（京都地判令3・1・19）　原田昌和

担　保——当事者間のファクタリング契約が債権譲渡担保付きの金銭消費貸借契約であると認められなかった事例
　　　（東京地判令2・9・18）　下村信江

不動産——土地賃借人の掘削により湧出させた温泉利用のための温泉権の成否
　　　（東京高判令元・10・30）　武川幸嗣

不法行為1——不動産の所有権移転登記が連件申請の方法により行われる場合における後件のみの登記申請代理
　　　をする司法書士の注意義務（東京地判令2・10・5）　加藤新太郎

不法行為2——責任能力者である未成年者による加害行為と親権者の監督義務違反の成否
　　　（東京高判令2・6・24）　宮下修一

家族1——親権者の再婚・連れ子養子縁組と実親の扶養義務（東京高決令2・3・4）　松久和彦

家族2——「負担付相続させる」旨の遺言の取消しを求めた事案において、負担に関する文言が、抽象的でその解釈
　　　が容易でないこと、義務の内容が定まれば遺産を承継した相続人に履行する意思があることを考慮して、
　　　申立てを認めた原審を取り消し、却下した事例（仙台高決令2・6・11）　冷水登紀代

環　境——名古屋城天守閣木造復元事業差止等請求事件（名古屋地判令2・11・5）　越智敏裕

医　事——同意なく凍結保存胚を利用して融解胚移植を受けることで夫の自己決定権を侵害した妻の損害賠償責任
　　　（大阪高判令2・11・27）　大塚智見

労　働——定年後再雇用における雇止めと労契法19条2号〔Y社事件〕（広島高判令2・12・25）　今津幸子

知　財——応用美術の著作物性について判示した事例〔タコの滑り台事件〕（知財高判令3・12・8）　武生昌士

今期の裁判例索引